언 약
복 음

복음을 사모하는 사람들

CONTENTS

	들어가기	04
1장	계시의 언약	13
2장	언약의 흐름	39
	1. 창세전 언약	40
	2. 아담 언약	48
	3. 노아 언약	56
	4. 아브라함 언약	66
	5. 모세 언약	76
	6. 다윗 언약	109
	7. 새 언약	137
3장	언약의 십자가	181
4장	믿음의 내용	205
5장	십자가 복음	265
	나가면서	294

들어가기

　하나님의 경륜은 인간을 향한 하나님의 계획과 목적 그리고 그 목적을 이루어가는 방법과 모든 과정을 말합니다. 이는 하나님께서 자신의 통치를 시행하고 조정하는 하나님의 방식이며, 모든 세상이 언약 중심으로 통일되도록 하는 진행 과정입니다. 이 언약 자체는 창세전에 삼위 하나님 관계 속에서 계획되었습니다. 하나님께서 목적하신 바와 같이 언약이 창조세계에 펼쳐지게 됩니다.

　하나님께서 만물을 창조하신 목적은 언약의 주체이신 예수 그리스도가 어떤 분이신지를 보여주기 위한 것입니다. 그리스도에게서, 그리스도로 말미암고, 그리스도를 위하여 창조되었습니다. 그리스도께서 하신 일을 통해서 그리스도의 주되심을 나타내기 위하여 우리에게 은혜로 구원이 주어진 것이지 인간을 구원하기 위한 목적으로 하나님이 세상을 창조한 것이 아닌 것입니다. 이러한 바탕위에서 하나님께서는 예수 그리스도를 통해 계시하시고 예수 그리스도를 통해 자신의 뜻을 이루어 가십니다. 이 뜻을 이루어 가시는 일의 중심에는 '언약의 그리스도'가 계십니다. 사실 인간의 구원도 그리스도를 위한 일이며 주의 영광을 보여주기 위한 것입니다.

언약은 아담이 범죄한 이후에 더 밝히 주어집니다. 이 언약의 목적지는 태초부터 예수 그리스도를 향하고 있습니다. 그리스도 안에는 하나님의 뜻하신 바가 담겨져 있는데, 그것은 모든 것을 그리스도로 통일하시려는 것입니다. 그리스도인은 예수 그리스도 안에서 언약 완성에 참여시키기 위하여 예정된 자들이며 부름 받은 자들입니다. 그래서 언약을 중심으로 성경을 보는 것은 매우 중요합니다. 내 중심으로 성경을 보면 아무리 성경을 보아도 왜곡되게 볼 수밖에 없습니다. 성경은 예수 그리스도를 중심으로 기록되었습니다. 유대인들이 성경에서 영생을 얻는 줄 알고 성경을 연구합니다. 그들은 성경에 매우 정통하였습니다. 그럼에도 불구하고 예수 그리스도를 알아보지 못하였습니다. 그런데 이 성경은 예수님을 증거한다고 말씀합니다.

유대인들이 성경을 그렇게 열심히 보고 율법을 다 지킨다는 사람들이었는데 모든 성경, 즉 율법과 선지자와 시편에서 증거한 예수님을 알아보지 못하므로 믿지 않고 오히려 배척하고 십자가에 못 박아 죽였다는 사실은 충격이 아닐 수 없습니다. 성경을 보기는 보아도 하나님의 말씀이 그들 속에 없음으로 사람들은 서로 자기들의 영광을 취하는 데 목적이 있기 때문에 유일하신 하나님께로부터 오는 영광을 구하지 않고 영광의 주님을 믿을 수가 없게 된 것입니다. 그들이 그토록 메시아를 기다렸지만 각자 자기들의 영광을 취할 가짜 메시아를 기다렸기에 십자가를 지시는 예수님을 진정한 메시아로 받아들이고 믿을 수가 없었던 것입니다. 이는 성령을 받기전에는 예수님의 제자들도 마찬가지였습니다.

　우리가 나의 목적과 나의 영광을 위하여 성경을 보게 되면 평생 신앙생활을 하며 수없이 성경을 보아도 성경의 중심인 예수 그리스도가 보이지 않고 그를 알고 믿기 보다는 점점 더 멀어질 뿐입니다. 이런 일들마저 예상한 대로 이미 성경에 다 증언되었다고 기록되어 있습니다. 주의 이름을 부르면서 주의 이름으로 온갖 능력을 행하고 주의 이름으로 귀신도 쫓아내었는데 그 날에 주님께서 그렇게 한 자를 도무지 모른다고 하신다면. 그것은 주의 이름을 부르기는 하지만 주의 이름을 모르고 주의 거룩하신 이름을 이용하여 결국에는 자기의 이름을 드높이고 자기의 영광을 취하기 위하여 종교생활을 했을 뿐입니다.

　사실 아담의 후손들은 예외 없이 이런 유혹 안에 놓여있는 인간들입니다. 이들이 자연스럽게 추구하는 것들이 이러한 유혹의 내용 속에 다 들어 있습니다. 그러나 예수님은 이런 유혹을 다 물리치시고 십자가를 지셨습니다. 이러하신 예수님의 이름을 부르면서 우리는 지금 정작 무엇을 구하고 있는지를 자문해 볼 필요가 있습니다. 경제의 성장과 종교적인 기적과 세상의 영광을 구하면서 주의 이름으로 이런 저런 일에 수고하였기 때문에 칭찬받고 복을 받는 것이 당연하다고 기대하고 있는지 모르겠습니다.

　따라서 우리가 성경의 중심이 무엇인지, 이 세상의 천지만물은 누구를 위하여 창조되었는지를 제대로 알아가는 것이 중요합니다. 물론 이것을 알고 믿는 일에는 우리의 힘으로는 결코 이루어지지 않습니다. 이는 오직 주의 성령이 임하셔서 말씀을 깨닫게 해주시고 믿게 해주셔야 합니다.

우리는 성경이 무엇을 말씀하시는가에 대한 올바른 이해가 되지 않으면 바른 신앙생활을 할 수가 없습니다. 다만, 자기도 모르게 우상만을 열심히 섬기게 될 뿐입니다. 그래서 우리 신앙생활에 있어서 기본 중의 기본은 성경을 어떻게 이해하고 믿느냐에 달려있습니다. 하나님 말씀인 성경의 본래 뜻이 때때로 해석자들의 온갖 주관적인 생각에 의하여 혼잡하게 되기도 합니다. 하나님께서는 많은 성경의 기자들을 동원하여 성경을 기록하게 하신 근본 목적이 있는 것입니다. 우리가 그것을 정확하게 알아야 성경의 객관적인 내용을 제대로 파악할 수가 있으며, 성경을 자기 임의대로 해석하는 일과 왜곡하는 일을 막을 수가 있습니다.

성경을 해석할 때, 기존의 일부 조직신학에서는 '인간 구원을 위한 구속사' 중심으로만 한정시켜 인간의 죄와 관계를 시켜서 예수님을 설명하고 있습니다. 즉, 인간이 사탄의 유혹에 넘어가 죄를 지어 타락하여 죽게 되었는데, 예수님은 타락한 죄인을 구원하기 위해서 오신 '구원자'로만 가르치고 있다는 것입니다. 철저하게 예수님을 인간 구원과 결부시키고, 인간의 죄와 연결시켜서 소개를 하고 있습니다. 그리하여 '그리스도 중심'의 해석인 '예수님이 주와 그리스도가 되심'보다는 각자 개인들이 구원받는 일에 집중하고 구원받은 자신을 증거 하는 우를 범하는 경우가 많습니다. 말하자면 인간구원을 위한 신학이 되어버린 것입니다. 그리하여 예수 그리스도의 십자가를 창세전 언약으로 인한 최종 목적으로 여기지 않고 인간 구원과 회복을 위한 필수과정으로 삼으며 효용가치가 다 되면 폐기처분하듯이 버리는 것은 하나님의 영광을 짓밟는 행위입니다. 예수 그리스도의 십자가는 과정이 아니라 완성입니다.

그러나 성경은 철저히 하나님의 언약과 관련시켜서, 예수님은 하나님의 언약대로 아브라함과 다윗의 혈통으로 말미암아 오신 분이라고 증언합니다. 심지어 첫 아담 역시도 장차 언약대로 오실 둘째 아담이신 예수님의 표상이라고 말씀하고 있습니다. 이처럼 성경은 '그리스도'를 증언 하려는데 그 목적이 있습니다. 오늘날처럼 그리스도께서 행하신 수많은 사역 가운데 하나인 구원사역에만 초점을 맞추고 있는 것이 결코 아닙니다. 성경은 창세기로부터 계시록까지 예수 그리스도 중심으로 기록되어 있습니다. 말씀이신 그리스도 안에서 영원한 작정과 그 작정대로 언약하시고 그 언약대로 성취하신 그리스도를 중심으로 증거하고 있습니다. 만물이 주에게서 나오고 주로 말미암고 주에게로 돌아감으로 주에게 영광이 세세에 있게 됩니다.

그리스도 중심이 아닌 인간이 중심이 되는 바탕위에 신앙이 세워질 수 없습니다. 즉, 유한한 존재이자 무능한 인간이 모든 지식의 기초가 될 수는 없습니다. 그래서 동서양을 막론하고 모든 세상의 이론들은 주관적일 수밖에 없습니다. 왜냐하면 인간들의 경험과 사색을 통해서 만들어진 내용들이기 때문입니다. 그래서 철학자들마다 생각하는 것과 보는 것 그리고 경험도 한계가 있기 때문에 이론이 다 다를 수밖에 없습니다. 그래서 세상학문에서는 '절대 진리란 없다'고 주장합니다. 그러나 성경은 객관적인 진리이자 절대적 진리입니다. 그 이유는 성경은 인간들의 경험과 사고에 의해서 만들어진 것이 아니라, 객관적이고 절대적인 세계로부터 온 것이기 때문입니다. 따라서 성경의 중심내용인 언약, 즉, 언약의 그리스도가 진리가 시작되는 출발점이며, 이러한 성경의 내용인 언약에 근거하지 않는 것은 사실 기독교가 아닙니다.

성경을 하나님의 말씀으로 믿으면서도 인간의 힘과 조직의 권위를 성경의 권위보다 위에 두어서도 안 되며, 기도 할 때나 꿈속에서 들었던 음성도 하나님 말씀이라고 주장하는 것도 옳지 않습니다. 그러기에 말씀을 전하는 자들은 성경본문을 읽어 놓고 이 언약의 말씀과는 상관없이 자기의 경험이야기나 세상 이야기를 하면서 하나님의 말씀을 전했다고 할 수 없습니다.

그러나 성경은 그리스도를 통한 하나님의 자기 계시입니다. 하나님의 말씀인 성경은 그리스도안에서 완성되었습니다. 그리스도 안에서 자기를 계시하신 동일하신 하나님은 구약 백성의 역사 속에서도 자신의 흔적을 새겨 놓으셨습니다. 그러나 죄로 인하여 타락한 인간은 자력으로 하나님을 알 수도 없고, 찾을 수도 없게 되었습니다. 그래서 하나님은 자신을 계시하는 방도로 예수 그리스도를 하나님의 아들로 이 세상에 보내신 것입니다. 예수님께서는 '자기를 본 자는 아버지를 본 자'라고 말씀 하셨습니다. 그래서 성경 어디를 해석하든지 성경의 중심 내용인 그리스도를 중심으로 읽어야 하고, 예수 그리스도를 통해 하나님이 누구이시고, 어떠하신 분이신가에 생각을 집중해야 합니다. 그래야 성경이 도덕책이나 세속적인 복을 받는 비결서로 전락되는 것을 막을 수가 있습니다.

모든 인간은 신이라는 것을 자신보다 능력이 많은 분이라고 생각하고 이해하면서 자기가 신을 만들어 섬기고 살아갑니다. 이를 '관념신'이라고 하는 데, 내가 신을 인정함으로 천국에 간다고 생각하는 것입니다. 이는 성경이 가르쳐 준 것이 아니라, 이미 자기가 스스로 생각하고 추구하고 있는 것을 '신'이라고 고백하는 것일 뿐입니다. 그런데 이렇게 자기들 나름대로 하나님을 믿는다고 하였지만, 막상 진짜 하나님이 이 땅에 오시니까 하나님의 말씀을 안 듣고, 또 못 알아보게 된 것입니다.

그래서 예수님께서는 "하나님께로부터 나와서 왔고, 아버지께서 나를 보내서 온 나를 모르면 아무 소용이 없다, 나를 믿고 내 말이 들려지는 자 외에는 마귀로부터 왔다"라고 하신 것입니다. 너희들이 스스로 알고 욕심을 따라 자기 영광을 위하여 찾는 신은 우상이요 잡신이라고 알려주시니까 이에 이 말을 들은 인간들이 분개함으로써 서로 합세하여 예수님을 십자가에 죽이고 만 것입니다.

유대인들 중에 바리새인들은 성경에 대하여 자칭 정통하고 철저한 사람들이었습니다. 그런데도 성경에서 예수님을 찾아내지 못하여 예수님을 믿지 않았습니다. 마찬가지로 우리가 구약성경에서 진짜 하나님을 찾아낸다는 것은 불가능합니다.

절대로 인간의 능력으로는 하나님을 믿을 수도 없고, 믿고 구원을 받을 수도 없습니다. 오직 성령이 임하여 예수님이 하나님이심을 알고 믿어지는 자에게만 구원이 있습니다. 자기의 선행이나 자기의 행함으로 구원받는 것이 아니라, 예수님이 행하신 의로만 구원받는다는 것이 믿어지는 자가 그리스도인입니다.

예수님의 제자들도 예수님이 부활하시고 약속된 성령이 임한 후에야 구약 성경 전체가 예수님에 관한 말씀임을 깨닫게 되었습니다. 우주만물의 주인이 되시는 하나님께서 인간 세상을 찾아 이 땅에 오셨다가 가신 것을 알게 됩니다. 그리고 또 오실 것입니다. 바로 그 분만이 하나님이십니다. 그 이외의 다른 신은 다 인간이 만들어낸 가짜인 우상의 신들입니다.

구원받기 위한 욕심으로 성경을 연구하고 본 사람이 구원되는 것이 아니라 다만 예수님 덕분에 성령으로 말미암아 구원받았기 때문에 비로소 성경이 이해가 되고 믿어지는 것입니다. 성경을 우리에게 주신 것은 먼저 우리가 죄인 됨을 알게 하기 위해서입니다. 우리가 어떤 처지에 놓여 있는지를 알도록 하신 것입니다. 그래서 성경을 언약의 완성이신 예수님을 통하여, 더 구체적으로는 예수님의 인격과 사역의 완성인 십자가를 통하여 보지 않고, 직접 우리 생활 속에 적용하게 되면, 성경에서 말씀하는 예수님과는 전혀 상관이 없는 '다른 예수'라는 신을 섬기면서도, 성경에서 약속하신 그리스도 되신 예수님을 섬기는 줄 착각할 수 있다는 점을 분명히 알아야 하겠습니다.

우리는 성경은 보는 관점, 즉 성경관은 어디에 강조점을 두느냐에 따라 표현 방식에서 약간의 차이가 있습니다. 첫째로, 하나님께서 인간에게 '자신이 누구신지' 그리고 자기 백성에게 어떤 존재이기를 원하시는 지를 보여줍니다. 이와같이 자신을 드러내신 시간 전체를 우리는 '계시사'라고 부릅니다. 그는 권능과 진노와 심판을 나타내시지만 더욱 중요한 것은 자기 백성에게 자신의 은혜와 사랑을 드러내셨다는 사실입니다. 이 계시는 하나님께서 그의 아들 안에서 그리고 그리스도의 영을 통하여 완전하게 하십니다.

둘째로, 하나님께서 사랑의 교제 가운데 자기 백성과 함께 살려는 목적을 실현하기 위해 '활동'하시는 역사의 과정에서 이 땅에 자신의 '구원을 실현한다는 사실'을 강조할 때는 '구속사'라 부릅니다.

셋째로, 하나님께서 사람들과 함께하는 자신의 구체적인 교제의 길에서 스스로를 드러내시고 자신의 구원을 주신다는 사실에 주목할 것을 요청하면서도 교제 속에서 그의 '사랑과 긍휼'을 강조할 때는 "언약사"라고 부릅니다. 이와 같이 강조점에 따라서 계시사와 구속사와 언약사의 상호 관계 속에서 성경으로서 하나님의 경륜은 역사속에서 특성에 따라 여러가지로 표현할 수 있는 것입니다. 그러나 이 모두가 예수 그리스도의 십자가로 완성된 세계속에서 바라보아야 합니다.

1장

계시의 언약

1장
계시의 언약

하나님이 자신을 나타내시고 드러내시는 계시는 하나님과
인간의 관계로서 약속하시고 성취하시는 언약에 집중되어 있다.

계시의 역사성

언약은 예수님이 어떤 분이시며 어떤 일을 하셨는가를 가르쳐 주십니다. 그래서 예수님이 아닌 자신의 생명을 얻기 위해서 성경을 보려는 자들에게 성경은 닫혀있는 책입니다. 성령께서는 십자가를 선명하게 보이도록 성경을 열어 보여 주십니다. 성경은 처음부터 끝까지 일관되게 하나님 자신을 계시하십니다.

이러한 계시는 하나님께서 자신이 약속하시고 성취하시는 언약에 집중되어 있습니다. 성경의 말씀계시가 하나님과 인간의 관계가 언약관계가 되게 하였습니다. 이 계시가 없이는 기독교는 자연종교에 불과합니다. 그리하여 세상의 모든 움직임은 그 자체를 위해 움직이는 것이 아니라 언약 완성을 위한 수단과 배경과 환경으로서 움직이고 있는 것입니다.

어떤 이들은 말하기를 '계시는 신의 영역이고 역사는 인간의 영역'이라고 이분법적으로 생각하면서, 계시는 역사와 관계없다고 주장하는 경우들도 보게 됩니다. 그러나 성경의 계시는 역사성을 가집니다. 하나님과 인간은 함께 가며, 그것은 땅과 시간을 통해서 가는 것이기에 그 길을 계시 역사와 구원 역사라고 말하는 것입니다. 1500여년의 과정과 여러 사람을 통해서 이루어진 역사성은 다른 종교의 경전과 다른 특이성이라 할 수 있습니다. 따라서 기독교 계시는 역사 속에서 주어졌고, 계시 자체가 역사를 통해 나타나게 되어 있습니다. 그러나 사실과 역사의 세계는 실체와 의미의 세계로 나아가지 않는 한 그 자체 속에 갇힌 채 버려져 있지만, 진리와 의미의 세계는 역사 속에서 역사를 넘나듭니다. 기독교는 말씀과 계시의 종교입니다. 계시가 담고 있는 하나님과 인간의 관계성이 가장 중요한 관심사요 우리 믿음의 내용이기도 합니다. 이런 맥락에서 하나님의 말씀을 우리 주 예수 그리스도의 말씀으로 알고, 거룩하신 성령이 성경 저자들을 통해서 기록하신 성경을 계시로 이해하고 고백하는 것이 신앙의 출발입니다.

우리는 기록된 계시를 통해서 하나님의 활동성을 알게 됩니다. 사실 기록된 계시보다 기록되지 않는 계시가 많지만 성경은 계시로서 부족함이 없습니다. 그러므로 성경은 하나님의 자기계시이며 최종계시이고 궁극적인 계시입니다. 성경에는 계시의 구조가 있습니다.

사건이 이루어지고, 그 사건의 의미를 이야기하는 형식을 가집니다. 또한 성경은 구속의 계시가 담겨있기 때문에 구속 역사적이라고 말할 수 있습니다. 이 말은 언약의 진행 과정과 같은 말인데 언약이라는 형식 자체가 역사에서 진행을 하는 것입니다.

하나님께서 스스로를 낮추셔서 역사 속에 있는 우리에게 찾아오셨습니다. 하나님이 우리를 창조하시고 우리를 찾아오셨고 성경이라는 계시로 우리에게 자신의 존재와 그 내용을 드러내셨습니다. 계시 속에는 신의 존재도 있고 존재의 내용도 충만하게 담겨 있습니다. 그 속에서도 언약으로 언약 성취의 주인공이 누구신지를 더욱 선명하게 알려주는 것은 언약 완성의 자리인 '예수님의 십자가'입니다. 여기서 언약으로 출발해야 하는 이유가 있는데 언약이 아니고서는 그리스도의 십자가로 찾아오신 하나님을 발견할 수 없기 때문입니다.

언약에 있어서 아담 언약, 노아 언약, 아브라함 언약, 모세 언약, 다윗 언약이 어떤 독특성이 있는지를 파악하는 것을 우리는 '성경신학'이라고 부릅니다. 이것은 '역사성의 관점'에서 파악하는 것입니다. 그러나 어떤 언약이든 본질적으로 '하나의 언약'이라는 점입니다. 결국 모든 언약의 역사는 아들이신 예수 그리스도에게 초점이 맞추어질 때 진정한 의미가 있는 것입니다. 이것은 '종말론적'이라는 말로 표현될 수 있습니다. 말하자면 일의 마무리인 완성과 성취를 향해 점진적인 성향을 지닌다는 것입니다. 성취를 향해 접근해 가고 있다는 것의 표현입니다.

계시는 본래 하나인데, 성질상 계시의 역사성을 조금 더 구체적이고 입체적이며 유기적으로 이해하기 위해서 행위계시와 말씀계시로 나누어 생각해볼 수 있습니다. 말씀계시는 사실 행위계시를 위해서 존재합니다. 이를테면 구속 사건이 말씀계시의 주체가 됩니다. 항상 말씀계시와 행위계시 사이에는 연관관계가 있습니다. 말씀과 무관한 행위가 없고, 행위와 무관한 말씀이 없습니다. 말씀계시는 행위계시에 대해 예언하고 설명하고 증언하는 기능을 가지고 있습니다. 이 자체가 계시의 역사성입니다. 바꾸어 말하자면, 예수 그리스도가 계시의 중심으로서 성경은 예수 그리스도의 구속 사건을 놓고 보아도 말씀을 통한 계시와 행위를 통한 계시가 밀접히 연관되어 있음을 알 수 있습니다. 따라서 계시는 역사와 맞물려 있는 함수관계라고 볼 수 있습니다. 계시는 하나님이 자신을 드러내시는 것인데, 그 방식은 자신을 가리 우심을 통해서 드러내십니다. 가리는 수단은 피조물의 것을 이용합니다. '언어'가 그것입니다. 피조물의 것으로 가린다는 것은 피조의 존재적 성질이 반영된다는 것을 뜻하는 것입니다. 계시를 주신것은 우리에게 '문제가 있음'을 알려주기 위해서 주신다는 것을 기억해야 합니다.

여기서 나타난 계시로서 성경을 어떤 시각으로 보고 해석해야 하는지를 아는 것은 기독교의 존재와 연결된 매우 중요한 사항입니다. 그래서 성경에 대한 잘못된 시각과 해석으로 인해 기독교 본질이 무너지고 다른 종교와 다를 바 없는 수준으로 전락되어 버린 것이 현재의 기독교가 당면한 심각한 문제입니다. 따라서 성경을 무엇을 중심으로 보느냐 하는 문제는 대단히 중요합니다. 항상 인간 본인이 중심이 되기 십상이기 때문입니다. 인간은 죄인이기 때문에 자신이 보는 시각도 항상 잘못 정렬되어 있습니다. 성경을 통해서 신학의 체제를 정립하는 과정에서도 오류는 생기기 마련입니다. 모든 오류는 그 중심을 잘못 잡았기 때문에 생기는 현상입니다.

죄인으로 출생된 인간의 중심적 사고방식은 자신의 꿈과 포부와 정복을 통해 자아를 실현시키는 방향으로 목표점을 잡게 됩니다. 무슨 활동을 하고 있더라도 자기중심적 사고방식이 요구하는 소원을 무시하지 못하는 것입니다. 예를 들어, '율법'이라는 주제를 거론해도 마찬가지입니다. 율법이 무엇이며 율법이 왜 있으며 이 율법을 가지고 어디에 이용할 것인가를 탐구하면서 결국 기대하고 있는 것은 자아를 확장하는 쪽으로 변질시키는 일입니다. 보다 많이 아는 자아가 됨으로 자아의 존재적 의미가 더욱 더 강해진다고 인식하고 있는 것입니다. 자아는 뭐든지 많이 확대해 가면서 모든 문제를 해결할 수 있는 해결 주체자로서 제 구실을 할 수 있다고 자부하고 있는 것입니다. 그러나 이러한 사고방식이 죄에 오염된 생각이라는 사실을 인간 스스로 잘 파악하지 못합니다.

성경해석은 하나님 중심의 해석과 사람 중심의 해석으로 구분해 볼 때, 누구나 '하나님 중심의 성경해석'이 바른 해석이라고 할 것입니다. 하지만 문제는 이러한 의미가 무엇인지에 대해서는 전혀 생각해보지도 않고, 임의대로 해석을 하면서 '하나님 중심'의 성경해석을 하고 있다고 자신을 변호하고 정당화하기에 급급합니다.

언약의 완성인 그리스도의 십자가는 자아중심의 사고방식인 인간의 존재 가치를 무너뜨립니다. 자신의 존재 가치를 향상시키기 위해 사는 인간을 십자가라는 은혜의 세계에 속하게 함으로써 인간 존재의 무가치함을 드러내고 십자가만이 가장 가치 있는 것임을 알게 합니다. 십자가에서 드러난 은혜의 세계에 눈을 뜬 그리스도인은 자신의 존재 가치를 추구하지 않게 되고, 오히려 자신을 위하여 십자가를 지신 그리스도를 위해 새롭게 된 자신의 존재성을 알게 됩니다. 이것을 '새로운 피조물'이라 말씀합니다.

따라서 하나님 중심의 성경해석으로부터는 '인간을 위한' 말이 나올 수는 없습니다. 오히려 끊임없이 '자기 존재를 추구하는 것이 곧 죄'라는 사실을 폭로하며, 인간은 십자가에 피 흘려죽으신 그리스도의 은혜를 높임으로써 하나님의 영광이 되기 위해 존재하고 있음을 선포하게 됩니다.

창조에 있어서 인간의 존재란 인간을 위하여 창조된 것이 아니라 '주를 위하여' 창조되었습니다. 마찬가지로 구원에 있어서도 그리스도인은 '예수 그리스도'를 위해 구원된 것이기에 '자기 구원'을 위해 하나님을 수단으로 삼을 수는 없습니다. '나의 구원을 위한 하나님'은 토마스 아퀴나스 신학의 핵심으로서 천주교가 채용하고 있는 구원론입니다. 사실 인간이 자기 쪽에서 신을 찾아 자기구원을 달성해나가겠다고 하는 사고방식 자체가 죄의 결과로 인한 자기 몸부림입니다.

성경에 계시된 하나님은 인간을 위해 일하시고 존재하는 분이 아님에도 불구하고 하나님 중심의 성경해석을 주장하고 강조한다는 현대 교회가 하나님을 인간을 위해 존재하는 신으로 가르치고 있다면, 하나님 중심의 성경해석이 아니라 사람 중심의 성경해석을 하고 있는 것이 됩니다. 하나님 중심의 성경해석, 더 구체적으로 그리스도 중심의 성경해석은 인간을 죄인으로 규정하고 시작합니다. 그리스도의 완성된 십자가로 시작하기 때문입니다. 이러한 성경해석에 의해서 이제는 그리스도인이라면 자기 유익을 구하는 것이 아니라 십자가로 이루신 하나님의 사랑을 확인하고 그 사랑 안에서 그리스도를 사랑하고 자랑하고 높이는 것을 자신에게 부여된 삶의 의미로 보게 됩니다. 이러한 그리스도인은 오직 십자가의 은혜만을 증거 합니다. 그래서 하나님은 자기 백성에게 십자가의 은혜를 남기기 위해 일하시고, 이것이 '하나님의 언약'의 내용이자 완성이며, 성경은 처음부터 끝까지 이것을 나타내며 증거하고 있는 것입니다.

언약의 특성

그리스도인의 믿음은 언약을 바라보는 시각이 어떠하냐에 따라서 바른 믿음과 그릇된 믿음으로 구분됩니다. 그렇기 때문에 다시 강조하거니와 성경해석에 있어서 언약은 매우 중요한 위치에 있습니다. 언약을 알지 못하고서는 성경전체의 일관된 성경해석 자체가 되지 않습니다. 그렇게 되면 상황에 따라서 성경을 짜 맞추어 해석하게 되고, 기준이 없이 자기 입맛대로 해석함으로써 성경의 유기적 통일성이 사라지게 되어 본문말씀이 무슨 말을 하는지 알지 못하게 됩니다. 따라서 언약에 무지하거나 쉽게 여기고 간과하게 되면 믿음의 본질이 크게 왜곡되어 버립니다.

언약의 특성은 일방적입니다. 하나님께서 언약을 세우실 때 언약의 대상자인 인간의 의사를 묻지 않고 하나님께서 일방적으로 세우셨기 때문입니다. 자신의 힘으로도 얼마든지 믿음이 가능하다고 생각하는 인간은 언약의 필요성을 느끼지 못합니다. 때문에 하나님께서 일방적으로 언약을 세우셨다는 것은 애당초 인간에게서 믿음이 나올 수 없다는 것을 전제로 하는 것입니다. 이것이 언약의 특성임을 생각한다면, 믿음을 인간이 추구하는 것을 성취하게 하는 능력으로 이해하는 것이야말로 언약에서 벗어난 것임을 알 수 있습니다. 이것은 성경에서의 믿음이 아닌 일반적인 종교의 모습입니다.

하나님 중심의 성경해석은 성경을 언약의 시각으로 이해했을 때 가능합니다. 그 이유는 하나님께서 언약이라는 방식으로 하나님을 계시하셨고 하나님의 행하심 또한 언약을 중심으로 나타나기 때문입니다. 따라서 언약을 빠진 성경해석은 하나님의 행하심이 아니라 인간의 행함이 중점이 될 수밖에 없고 자연히 하나님 중심이 아닌 인간 중심의 해석으로 나타나기 마련입니다. 여기서 하나님 중심이란 언약 중심이라는 말이며 그리스도 중심이라는 말입니다.

따라서 더 정확하게는 성경해석의 초점은 단순히 하나님에게 두기보다는 더 구체적으로 언약의 하나님, 하나님께서 약속하신 분이신 그리스도에게 초점을 두고 해석을 해야 합니다. 그냥 하나님께 두게 되면 율법을 해석할 때에도, 왜 율법이 예수님보다 먼저 주어졌는지를 해명할 수 없습니다, 이것이 해명되지 않는 하나님은 허구적인 신에 불과합니다.

언약의 초점은 그리스도를 향하고 그리스도로 완성되는 것입니다. 그런데 언약이 없는 상태에서도 단지 하나님의 행하심에 초점을 둔 성경해석이 얼마든지 있을 수 있습니다. 누군가 믿음의 의미를 안다고 하면서 인간의 행함보다 하나님의 행하심에 관심을 가질 수는 있습니다. 하지만 하나님이 말씀대로 어떤 일을 행하시는 이유에 대해서는 전혀 알지 못하게 됩니다. 이것이 언약을 알아야 하는 이유이고 언약의 시각에서 성경을 해석해야 하는 당위성이라 할 수 있습니다.

예를 들면, 에덴동산에 사탄이 존재하는 이유, 선악을 알게 하는 나무를 있게 하신 이유, 인간이 선악과 먹는 것을 두고 보신 이유, 하나님이 창조하신 세상을 심판하시는 이유에 대하여 '왜 그렇게 하시는 지'를 언약의 시각으로 보지 않고서는 도저히 풀리지 않을뿐더러, 하나님의 행하시는 일에 대하여 이유를 모르고 더 많은 궁금증이 생길 수밖에 없습니다. 그 결과 그냥 믿으면 된다는 맹신을 가져오기도 합니다.

가령, 가장 먼저 에덴동산에 사탄이 존재하지 않았다면 인간이 죄를 범하지 않았을 것입니다. 그렇다면 인간이 구원 받아야 할 필요 없이 에덴동산에서 계속 생명을 누리면 됩니다. 다시 말해서 하나님이 인간의 구원을 위해 예수님을 보내시고 십자가에 죽게 하신 것이라면 굳이 십자가라는 방식이 아니라 처음부터 사탄을 제거한 상태에서 에덴동산을 만들면 되지 않느냐는 식으로 문제를 제기할 것입니다.

그런데 이러한 생각 자체가 성경을 인간중심의 시각에서 이해하려고 하는 데에서 나타나는 현상입니다. 우리가 성경을 보면서 그러한 생각을 갖게 된다는 것이 곧 인간이 얼마나 자기중심적 존재인가를 보여주는 것인데, 그러한 것이 죄라는 사실이 언약에 의해서 드러나는 것입니다. 따라서 성경을 언약의 시각에서 이해하고 해석하는 것은 성령의 지혜로 알게 된 것이며 그리스도인이 하나님의 뜻을 알고 바른 믿음의 길을 가기 위해 필수적인 요구라고 보아야 할 것입니다.

이와같이 성경을 무엇으로 보느냐에 관한 관점이 성경내용에 대한 해석에 지대한 영향을 주는 것입니다. 죄인으로 태어나서 죄인으로 죽는 존재인 인간들은 자기 중심으로 우주의 모든 현상을 설명하려 할지라도 언약의 특성상 하나님께서는 하나님 말씀인 언약으로 활동하시는데 그 중심은 하나님의 일의 중심인 십자가에 관한 것입니다. 하나님의 모든 일은 십자가에서 절정을 이루게 됩니다. 따라서 최종적으로 언약이 중심이신 십자가를 드러내지 않거나 십자가로 모아지지 않는 성경해석은 거짓 종교 일뿐입니다.

언약 백성

언약 백성에 관하여 말하자면, 언약의 하나님은 인간에게 언약을 세우시고 언약으로 일하십니다. 하나님의 백성이 누구인가에 대해서도 언약에 의해 증거가 됩니다. 때문에 언약 밖에서의 인간이 생각하는 하나님의 백성다움은 인간에게 있는 종교적 습성에 의한 주관적 생각입니다. 세상이 선과 의로움으로 인정하는 윤리와 도덕을 바탕으로 하나님의 백성을 나름대로 생각하여 스스로 구축하고 있기 때문입니다.

하지만 하나님은 언약을 원칙으로 세워 자기 백성을 찾으십니다. 하나님께서 말씀하시기를 언약의 말을 따르지 않는 자는 저주를 받을 것이며 내 목소리를 순종하고 나의 모든 명령을 따라 행하면 너희는 내 백성이 되겠고 나는 너희의 하나님이 되리라고 하셨습니다. 여기에서 축복과 저주의 판단기준은 '언약'입니다. 누구든 언약을 지키지 않으면 저주를 받습니다. 이스라엘이라 해도 예외가 아닙니다. 이스라엘이란 민족성이라 할지라도 그들을 저주로부터 지켜주는 의가 되지 못합니다. 따라서 언약 밖에 있는 것이 저주이고 언약 안에 있는 것이 생명이 됩니다. 이스라엘은 생명이 되는 언약이 무엇인가를 증거 하기 위한 도구로 존재하게 된 것이고 그런 의미에서 이스라엘은 '언약의 나라'인 것입니다.

이 언약의 의미는 현대 교회에도 그대로 적용됩니다. 교회가 세상의 종교 단체와 다른 이유가 언약과의 관계에 있기 때문입니다. 언약 안에 있는 것이 교회이며 교회는 하나님의 언약을 세상에 증거 해야 할 도구로 존재하는 것입니다. 십자가 역시 언약 안에서 해석될 때만 복음이 되는 것이지 언약 밖에서 해석하는 십자가는 그저 인간의 구원을 위한 도구로 존재할 뿐입니다. 그래서 언약 밖에서 해석하는 십자가는 단지 자기구원을 위한 용도로 사용하고 폐기 처분하기 위해 잠시 사용되어진 것에 불과하게 됩니다.

이렇게 인간 중심의 해석을 하면, 하나님 중심으로 십자가를 증거하고 십자가 복음으로 은혜에 감격하며 신앙생활을 하는 자가 더 어리석게 보이면서 십자가만 붙들고 십자가 밑에서만 머물러 있는 자로 조롱받지만 오히려 그러한 생각이 십자가를 알지 못하는 지극히 인간중심의 해석을 한 결과인 것입니다. 이것은 바로 십자가를 빨리 비껴 나감으로써 생명 되신 예수 그리스도의 언약의 십자가 안에서만 누릴 수 있는 생명을 누리지 못하도록 만드는 마귀의 조종을 받고 있는 상태입니다. 마귀는 예수님의 공로인 십자가를 무용지물로 돌리기 위하여 안간 힘을 다 쓰고 있는 것입니다.

　이러한 현상은 성령께서 증거 하는 언약의 십자가를 경험하지 못한 자들의 종교성으로 신앙을 갖고자 하는 인간중심의 한 단면을 보여주고 있는 것입니다. 이들이 놓치고 있는 것은 십자가에서 나오는 놀라운 부요함을 맛보지 못한 결과입니다. 그래서 십자가 밖에서 자기 영광을 위하여 또 다른 것을 확보하려는 욕구의 발로라고 말할 수밖에 없는 것입니다. 이것이 교회가 십자가 없어도 되는 일반 종교의 수준으로 전락되는 이유라 할 수 있습니다.

　세계는 모두 하나님께 속해있습니다. 하나님께 속했다는 것은 생명에 속했다는 뜻이 아니라 세상 만물과 모든 피조물, 심지어 천사와 사탄까지도 하나님의 권세 아래 있다는 뜻입니다. 이처럼 하나님께 속한 세계 중에서 하나님의 소유가 된 제사장 나라, 거룩한 백성들에게만 영생이 주어집니다. 출 19:5-6

　따라서 하나님이 언약의 방식으로 일하시는 것은 인간의 행함과 무관하게 하나님의 선택에 의해서 하나님의 백성 된 자들에게만 영생이 돌아가게 하기 위함입니다. 이것이 언약으로 일하시는 하나님의 뜻이고 목적이라 할 수 있습니다. 하지만 어쨌든 언약의 목적이 하나님의 거룩한 백성에게 영생을 주기 위함이라면 그것은 곧 자기 백성을 구원하시겠다는 의미가 됩니다. 그렇다면 굳이 언약의 방식이 아니라 해도 택한 자기 백성에게만 영생을 주면 되지 않겠는가라는 의문을 갖게 하며 이러한 의문은 결국 성경의 처음으로 되돌아가게 합니다.

자기 백성에게 영생을 주고 구원하시겠다는 것이 하나님의 뜻이라면 이는 마치 인간이 사탄의 유혹에 빠져 선악과를 먹는 것을 왜 사전에 막지 않고 방치하셨느냐고 의문을 제기하는 것과 같습니다.

하나님의 선택은 창세전에 세워진 계획입니다. 그리스도 안에서 택하여 사랑 안에서 거룩하고 흠이 없게 하시겠다는 것이 하나님의 예정입니다. 하나님의 예정은 하나님의 거저 주신 은혜를 아는 백성 되게 하는 것이고 그로 인해서 은혜의 영광을 찬송하게 하는 것입니다. 따라서 거룩하고 흠이 없게 하시는 은혜를 아는 백성의 창조를 위해 잠시 죄 아래 두신 것이 하나님의 뜻입니다. 엡 1:4-6

그런데 은혜의 영광을 찬송하는 하나님의 백성은 인간의 뜻과 의지와 열심에 의해 되는 것이 아니라 하나님에 의해서 새롭게 창조됩니다. 이것이 언약입니다. 따라서 언약 백성의 특징은 자신의 행함과 공로를 높이는 것이 아니라 '자신이 죄인임을 아는 것이며 자신의 불의를 봄으로써 예수 그리스도를 바라보도록 하기 위하여 예수님께서 오신 것'을 아는 자입니다. 그리고 죄인 된 자신을 거룩하고 흠 없는 백성 되게 한 언약의 십자가만을 높이고 자랑하게 되어 있습니다. 이것이 언약을 세우고 언약의 방식으로 일하시는 이유입니다. 때문에 언약이 아니고서는 인간을 죄 아래 두신 하나님의 뜻을 알 수 없습니다. 언약을 아는 자는 '믿음이 인간에게 가능하지 않다'는 것을 이해하고 받아들입니다. 그리고 언약이 아니면 인간은 생명과 상관없는 존재일 뿐임을 자각하기 때문에 언약하시고 언약으로 일하신 하나님을 찬양하게 됩니다.

이처럼 언약은 인간의 모든 가능성, 즉 노력과 열심이 있으면 원하는 바를 이룰 수 있다는 생각을 철저히 배제하기 때문에 '언약 신앙'은 '자신이 부인되는 것으로 증거' 되는 것입니다. 말하자면 언약이 증거 하는 것은 인간의 실천과 행함 및 능력이 아니라 하나님의 은혜와 능력입니다. '하나님이 다 이루셨다'는 십자가가 언약이 증거 하는 내용입니다.

이렇게 언약이 증거 하는 내용을 알고 믿으면 구원 백성이 됩니다. 구원이 유대인에게서 난다는 것은 하나님과 언약 관계에 있는 유대인으로 이해할 수 있습니다. 유대인이라는 민족에 의해서 구원을 받게 된다는 것이 아니라 하나님과 '언약 관계에 있게 된 것'이 곧 구원이라는 뜻입니다. 요 4:22

그래서 유대인과 이방인도 하나님의 언약 관계에서 구분되어야 하는데 하나님과 언약 관계에 있는 것이 유대인이고, 언약 관계 밖에 있는 것을 이방인이라고 하는 것입니다.

유대인들은 자신들이 아브라함의 후손인 유대인이라는 사실에 자부심을 가지고 있었습니다. 그리고 유대인이라는 증거로 하나님의 규례를 따라 행하는 할례를 중요하게 여겼습니다. 유대인, 할례, 이 조건으로 하나님의 백성으로 인정되고 그들이 생각하는 참된 메시아가 오시면 자신들이 세상의 중심이 되는 영광을 누리게 될 것으로 믿은 것입니다.

하지만 바울은 유대인이 자부했던 모든 표면적 조건을 부인해 버리고 이면적 유대인을 참된 유대인으로 인정하고 할례 역시 육신이 아닌 마음에 하는 것을 참된 것으로 말합니다.[롬2:28-29] 할례는 한 번 행하면 사라지지도 변하지도 않습니다. 따라서 마음에 할례를 행한다는 것은 변하지 않고 사라지지도 않는 영원한 것이 마음에 박혀 자리하게 됨을 뜻합니다.

그것이 언약입니다. 하나님이 세우신 언약은 변하지 않고 사라지지 않으며 영원하기 때문입니다. 따라서 언약을 믿는 것이 마음에 할례를 행한 것이고 언약으로 오신 그리스도만을 바라보며 모든 소망을 두게 되고 그리스도만을 자랑하게 되는 것입니다. 마음에 이러한 할례가 있는 그가 진정한 유대인인 것입니다. 이러한 해석이 언약을 중심으로 했을 때 가능한 것입니다.

하나님을 위한 언약

언약은 무엇보다도 하나님을 위한 언약입니다. 성경에는 언약 사건이 다양하게 등장합니다. '언약 사건은 다양'하지만 언약이 다양한 것이 아니라 '하나의 언약'이 다양한 사건을 통해서 하나님을 계시하며 하나님이 행하신 사역을 증거 하는 것입니다. 여기서 한 가지 주지해야 할 사실은 언약은 하나님을 위해 존재한다는 것입니다. 인간을 위한 언약이 아니라 '하나님을 위한 언약'의 시각으로 접근하는 것은 성경해석에 있어서 매우 중요합니다. 하나님을 위한 언약의 시각으로 바라볼 때, 하나님 중심의 성경해석이 가능하기 때문입니다.

하나님을 위한 언약이라는 말은 하나님의 구속 사역 또한 인간이 아닌 하나님을 위한 것이라는 의미가 됩니다. 하나님이 자기 백성을 구원하기 위해 아들을 보내시고 십자가에 죽게 하신 모든 일들이 인간이 아닌 하나님을 위한 일이라는 뜻입니다. 이 말에 의구심이 들 수 있겠지만 반대로 인간을 위한 구원에 초점을 맞추게 되면 성경해석은 창세기의 시작부터 막힐 수밖에 없습니다.

구원이 인간을 위한 구원이라면 하나님의 창조 역시 인간을 위한 것이어야 합니다. 하지만 사도 바울은 만물이 '그리스도를 위해' 창조되었다고 말씀합니다.^{골 1:16} 그리스도를 위한 창조이기 때문에 인간이 거주했던 에덴동산 역시 인간과 인간만족을 위한 최상의 조건으로 창조되어야 할 이유는 없는 것입니다. 에덴에서의 뱀, 곧 마귀의 등장이 에덴동산이 인간을 위한 최상의 조건이 아니었음을 말해 줍니다.

에덴에서 인간을 유혹했던 뱀은 하늘의 전쟁에서 패하여 땅으로 내어 쫓긴 마귀입니다. 하늘에서의 전쟁이 있었다는 것을 말해줍니다.^{계 12:7-9} 구원을 타락으로부터의 구원으로만 본다면 타락 이전은 구원과 관계없는 영역입니다. 그러나 타락 이전에도 영생에 대해서는 동일하게 약속되고 있습니다. 따라서 영생은 타락 전후와 관계가 없습니다. 하나님은 이미 창세전에 그리스도로 인한 택한 백성의 구원을 예정하셨기 때문입니다.

하나님의 구원 방식은 선택과 예정입니다. 하나님의 구원 방식이 선택과 예정이라는 것은 구원에는 인간의 공로와 의가 개입될 수 없다는 것을 말씀합니다. 인간의 행함 자체가 구원과 무관하다는 것입니다. 이처럼 인간의 공로와 의가 개입될 수 없는, 오직 하나님의 뜻과 실행에 의해서만 완성되는 구원을 말하는 것이 선택과 예정이며 그 목적은 선택과 예정에 의해 구원된 하나님의 백성을 하나님의 영광의 찬송이 되게 하기 위해서입니다.

죄 사함으로 증거 된 은혜의 풍성함이 찬송의 내용이기에 세상은 죄로 시작될 수밖에 없습니다.^{엡 1:7} 죄가 존재해야 죄 사함이 가능하기 때문입니다. 이것을 위해 땅으로 내어 쫓긴 마귀가 존재하는 상태에서 창조한 세계라 해도, 인간이 마귀의 유혹으로 하나님의 말씀에 순종하는 일에 실패하는 것을 허용하십니다. 창조된 세계에서 마귀의 유혹으로 인하여 질서가 파괴된 것이라도 보아도 혼돈, 공허, 흑암의 상태는 변함이 없습니다. 그 이유는 마귀의 존재 때문입니다.^{창 1:1-2} 죄의 실체가 드러나게 하는 선악과는 혼돈, 공허, 흑암의 내막을 드러내기 위한 장치라 할 수 있습니다. 혼돈, 공허, 흑암의 내막은 마귀의 유혹에서 드러납니다.

마귀의 유혹은 인간이 현재의 존재보다 나은 신적 존재가 되는 것입니다. 선악과를 먹는 날에는 하나님과 같이 된다고 유혹한 것은 인간으로 하여금 현재의 존재에 대한 결핍을 느끼게 합니다. 창 3:4-5 그리고 신적 존재라는 우월성에 눈을 뜨게 합니다. 결국 마귀의 유혹에 따라 선악과를 먹은 것은 우월적 존재가 되고자 하는 인간의 욕망의 시작이고, 그것이 곧 혼돈과 공허와 흑암의 내막인 것입니다.

이제 선악과를 먹은 '죄의 실체'는 '우월적 존재가 되는 것'에 목적을 두는 것으로 드러납니다. 인간의 타락에 대해서 하나님께서 자유의지를 주어서 선택할 수 있게 하였다고 말하는 경우가 많이 있습니다. 선택이라는 것은 중립적인 위치에 있을 때에만 가능한 것입니다. 갑을 취할 것인가, 을을 취할 것인가 아니면 둘 다 취할 것인가, 아니면 둘 다 취하지 않을 것인지를 말합니다. 그러나 중립의 위치에 있다는 것은 내가 의지하는 무엇인가를 배제해야만 가능한 것입니다. 즉 하나님이 주신 지식을 배제하고 판단 선택하라는 것이 되어 버립니다.

하나님이 주신 자신의 존재에 대해서는 결핍을 느끼며 스스로의 힘으로 결핍을 보충하고자 하는 길로 가는 것입니다. 이것이 죄의 실체이고 죽음의 상태이며 마귀에게 장악된 세상의 현실입니다.

우월적 존재가 되고자 하는 인간의 욕망은 교회에서도 예외 없이 드러납니다. 참된 믿음이 아닌 종교적이고 윤리적인 행함을 내세워 자신의 우월한 거짓 믿음을 믿음이라고 우기며 다른 사람에게 보이고자 하는 것이 그것입니다.

이러한 믿음마저 이용하여 자기의 우월감으로 살아가는 세상에 아들을 보내어 십자가 사건이 있게 하신 것은 죽음에서 자기 백성을 구출하기 위해 아들을 희생하신 하나님의 은혜의 풍성함을 찬송하게 하고자 하는 것입니다. 이것이 세상을 창조하신 하나님의 계획입니다. 이처럼 인간의 구원은 인간 자체의 영광을 드러내는 것이 아니라 하나님의 영광을 목적으로 하기 때문에 '하나님을 위한 구원'사 43:25인 것이고, 이것을 언약으로 나타내신 것이기 때문에 '하나님을 위한 언약'이 되는 것입니다.

하나님의 은혜의 풍성함을 찬송하는 것은 모든 것이 하나님으로 말미암아 되어졌음을 믿는 믿음에 의해서만 가능합니다. 이러한 참된 믿음이 인간으로 하여금 자신의 욕심에 의한 자아실현과 자기의 모든 것을 부인하게 합니다. 따라서 믿음은 인간을 높아지는 자리로 끌어가는 것이 아니라 낮아지신 예수님의 자리로 이끌어갑니다. 낮아지신 예수님의 자리에서 자신이 그동안 장악되어 있던 죄의 실상을 보게 되면서 예수님이 피 흘리신 십자가의 내막을 알게 되고 모든 것을 예수님의 공로로 돌리게 됩니다. 이것을 위해 성령을 보내신 것이고 성령으로 말미암아 혼돈과 공허와 흑암이 자신의 본래의 자리임을 알게 된 인간이 자신을 구출하신 하나님의 은혜만을 높이게 되는 것이 하나님의 궁극적인 목적이라 할 수 있는 '하나님의 나라'인 것입니다.

저주의 목적

선악과 사건이후에 하나님의 저주가 내려지게 됩니다. 하나님은 아담과 하와와 뱀, 그리고 세상을 저주하십니다. 그로 인해 세상은 저주 아래 있게 됩니다. 하나님 보시기에 좋은 세상은 사라지고 죄의 속성만 있는 타락한 저주의 세상이 된 것입니다.^{창3:14-19} 저주에 속한 세상의 결국은 심판입니다. 이것을 구체적으로 보여준 사건이 노아 시대의 홍수 심판입니다. 홍수 심판으로 세상은 스스로의 힘으로는 저주에서 벗어날 수 없음이 드러납니다.

하나님의 저주로 인해서 여자는 수고하고 자식을 낳는 고통 아래 있게 됩니다. 물론 자식을 낳는 고통 자체가 하나님의 저주는 아닙니다. 아담이 평생 수고하여야 그 소산을 먹고 흙으로 돌아갈 때까지 땀을 흘려야 먹을 것을 먹게 하신 것도 노동을 선악과를 먹은 죄에 대한 징벌의 차원에서 내려진 최종적으로 끝나버린 저주라는 뜻이 아닙니다. 하나님의 저주는 영원한 저주를 목적으로 하지 않습니다. 말하자면 죄에 대한 징벌의 의미가 아니란 것입니다. 여자에게 임신하는 고통을 더하게 하시고 수고하고 자식을 낳게 하셨다고 하지만 여자가 아이를 낳으면서 그것을 하나님의 저주로 생각하지는 않을 것입니다. 그리스도인은 오히려 아이를 하나님이 주신 선물로 여기며 감사하고 기뻐합니다. 해산의 고통은 있지만 그 고통 뒤에는 오히려 기쁨으로 다가오는 것입니다.

아담 또한 땀을 흘려야 먹을 것을 먹는다는 것이 저주의 내용이지만, 이 역시 일을 해서 돈을 벌고 먹을 것을 먹으면서 그것을 죄로 인한 저주의 고통으로 생각하는 사람은 없을 것입니다. 오히려 땀을 흘리며 열심히 일할수록 소득이 많아질 것이고 그로 인해 세상의 것을 더욱 많이 누리면서 즐거워 할 것을 생각해 보면 노동 자체가 죄에 대한 징벌이라고 생각할 수 없습니다. 뱀에 대한 저주도 다르지 않습니다. 배로 다니고 흙을 먹는다는 것이 뱀에 대한 저주이지만 무엇보다 뱀은 흙을 먹지 않습니다. 그럼에도 흙을 먹는다는 것이 저주의 내용으로 주어진 것은 하나님의 저주를 문자의 의미가 아닌 다른 시각에서 다른 의미로 이해해야 할 필요가 있음을 알게 합니다. 여자가 고통 가운데 아이를 낳는 것은 여자의 해산 자체가 '죄의 권세 아래 있다는 증거'가 됩니다. 남자와 여자의 후손은 죄의 권세 아래 태어난 존재일 뿐입니다. 죽은 자에게서 죽은 자가 태어나는 것입니다. 또한 사람이 땀을 흘려 먹을 것을 먹으면서도 그것으로 만족하지 못하는 모습을 통해 세상이 죄 아래 있음을 보여주게 되는 것입니다.

이처럼 하나님의 저주는 '세상이 죄 아래 있음'을 알려주는 것이 저주의 목적입니다. 그리고 스스로의 힘으로는 저주에서 벗어날 수 없는 인간의 무능을 알게 하시며 자기 백성을 죄에서 구출하기 위해 보내신 '여자의 후손'을 고대하게 하는 것입니다. 이런 의미에서 저주에는 세상에 구원자로 오실 후손을 기다리게 함으로 죽음에서 생명으로 건지시기 위한 은총이 담겨 있다고 할 수 있습니다.

위대한 약속

하나님께서 놀랍고 위대한 약속을 저주 아래에 있는 세상에 주십니다. 저주 아래 있게 된 세상을 향한 하나님의 약속은 여자의 후손에 대한 것입니다. 여자의 후손이 등장하여 뱀의 머리를 상하게 하신다는 약속입니다.^{창 3:15} 아담은 하나님의 약속이 곧 생명과 연결되어 있음을 알게 되어 여자의 이름을 하와, 모든 산 자의 어머니라 부릅니다.^{창 3:20} 여기서 '모든 산 자'는 아담처럼 하나님의 약속으로 인해 여자의 후손이 생명이 됨을 알고 그 후손을 소망하고 기다리는 자를 가리키는 것으로 이해할 수 있습니다. 결국 저주 아래 있는 세상에서 복은 여자의 후손일 수밖에 없습니다. 여자의 후손이 등장하는 것만이 저주에서 벗어날 유일한 길이기 때문입니다.

여자의 후손이 등장하여 뱀의 머리를 상하게 하는 '약속의 성취'가 복이 이루어지는 사건이 되는 것입니다. 따라서 하나님의 복에 참여하는 것은, 자신이 죄의 세력에 장악되어 저주 아래 있음을 알고 자신을 죄의 세력으로부터 자유하게 할 여자의 후손을 믿고 기다리는 것입니다. 이들이 바로 하나님의 선택과 예정에 의해 부름받은 하나님의 백성입니다.

하나님의 복에 참여하는 일이 선택과 예정의 방식으로 이루어지는 것은 인간의 행함과 공로를 배제한다는 것을 의미합니다. 자신의 행함과 공로를 자랑하는 것은 자기 우월을 드러내는 것이고, 그것이 '죄의 속성'이기에 하나님의 복의 나라는 그 속성을 거부한다는 것을 '선택과 예정'이라는 방식으로 자기 백성을 있게 하시고 구원하심으로 보여줍니다.

여자의 후손이 뱀의 머리를 상하게 한다면 여자의 후손은 큰 능력을 가진 영웅의 모습으로 등장할 것으로 생각하기 쉽습니다. 뱀의 머리를 상하게 하려면 힘이 있어야 한다고 생각하기 때문입니다. 이것이 선악과를 먹은 인간이 생각하는 가치기준입니다. 하지만 여자의 후손은 강한 힘의 영웅이 아니라 '힘없는 약자'로 등장합니다. 힘없이 붙들려 죽음으로 메시아를 기다린 모든 사람들에게 실망감을 안겨주는 모습으로 오신 것입니다.

에덴동산에 있는 선악과와 생명나무는 실제 나무입니다. 하나님께서는 모든 피조물들이 '그리스도'를 드러내는 배경의 역할을 합니다. 골 1:16-18 그래서 생명나무가 예수님이라고 볼 것이 아니라 '생명나무와 선악나무'를 예수님으로 봐야 합니다. 즉 생명과 죽음을 주관하시는 주가 되시는 예수님의 기능을 보여주기 위해서 하나님께서 만들어 놓으신 것입니다. '선악과'는 사람만을 겨냥했다고 본다면 율법은 선악과 기능의 확장으로서 사탄의 심판까지 포함하는 약속 성취와 관련이 있습니다.^{창 3:15}

따라서 '여자의 후손에 대한 약속' 이후의 언약인 '약속들'은 여자의 후손이 어떤 존재인지를 조금씩 드러내는 기능으로 주어집니다. 언약을 추적해감으로 해서 '여자의 후손이 어떤 존재인가'를 알게 됩니다. 오늘날 우리의 입장에서 이해하자면, 하나님이 약속하신 여자의 후손으로 오신 그리스도가 어떤 분인가를 언약을 통해서 알아가게 됩니다. 언약을 통해서 드러나는 여자의 후손, 메시아가 참된 그리스도이십니다. 그러나 언약을 통하지 않고서 어떤 신을 찾거나 언약이 없는 그리스도, 즉 언약과 관계없는 예수를 부르고 찾는다면 그것은 가짜 예수라는 사실이 밝혀지는 것이 됩니다. 그러므로 언약으로, 언약의 성취로 찾아오신 예수 그리스도만이 우리의 진정한 하나님이십니다.

2장

언약의 흐름

2장
언약의 흐름

†

언약의 진행 과정은 언약사건을 통해서 최종적으로 예수 그리스도에게 초점이 맞추어져 있으며 거룩한 전쟁으로 승리의 완성을 향해 나아가는 점진적인 성향을 지닌다.

1. 창세 전 언약

언약을 말할 때에 대부분 성경에 처음 등장한 노아 언약부터 말하게 되고 시작되는 줄로 압니다. 그러나 창세전부터 있었던 하나님의 언약부터 시작됩니다. 창세전에 그리스도 안에서 우리를 택하여 거룩하고 흠이 없게 하시려고 우리를 예정하여 하나님의 아들들이 되게 하신 예수 그리스도는 만세전에 감추어졌던 비밀이며 말세에 계시되었는데 그가 영광의 소망이며 아버지 품속에 계신 독생자로서 나타나신 것 입니다. 역사 속에서는 우리가 인식하기로는 이러한 예수님을 먼저 알게 되었습니다. 그래서 전도를 할 때, 십자가에 못 박혀 죽으신 예수를 하나님이 살리시고 주와 그리스도가 되게 하셨다고 전하는 것입니다. 예수님을 주와 그리스도로 믿는 것이 우리가 인식하는 현재적인 시간과 공간속의 일이라고 해도 이것이 영원 전에,

즉 창세전에 언약된 내용 때문에 현재에 일어나는 것입니다.

우리는 태어나면서부터 시간과 공간이라는 세계 속에 갇혀있습니다. 이런 인생들이 영원을 생각한다는 것은 자신의 죽음으로 끝나는 소멸이 아니라 자신의 존재의 불멸성을 가지고 싶은 것입니다. 그래서 고대의 엄청난 무덤들이 다 자신의 사후세계를 위한 준비임을 보면 인간은 영원에 대한 희미한 생각을 하지만 그런 영원에 대한 생각은 이미 선악과를 따 먹은 아담의 후손들이 하나님처럼 되고자 하는 죄악된 모습입니다. 따라서 성경의 계시인 언약을 통하여서만 영원이 무엇인지를 알게 됩니다.

창제전 언약의 비밀이 우리에게 알려졌으니 모든 만물을 그리스도 안에서 통일되게 하시며,^{엡 4:6, 엡 1:10} 말세에 감추어졌던 비밀이 성도들에게 나타나신 그리스도시니,^{벧전 1:20, 골 1:26} 영광의 소망이 되신다고 합니다.

아무도 볼 수 없는 영이신 하나님을 나타내 보이신 유일한 분이 예수님이시며 보이지 않는 하나님의 형상이라고 표현합니다.^{요 1:18, 골 1:15} 이분이 이땅에 오셔서 하나님의 뜻을 행하십니다.^{히 10:7, 요 6:38-40} 모든 성경은 예수님이 역사 속에서 언약을 이루어가는 것을 증거하고 있습니다. 하나님이 천지를 창조하셨습니다. 하늘은 보이지 않는 하나님 나라를 상징하고 땅은 보이는 이 세상을 상징합니다. 하나님은 보이지 않는 하늘의 이야기를 보이는 이 땅에 이루십니다. 하늘에서 이룬 것 같이 이 땅에서 이루어지기를 기도하란 뜻도 여기에 있습니다. 이는 창세전 언약이 이 역사 속에서 빈틈없이 이루어지기를 기도하라는 것이며 이 세상은 창세전 언약을 위하여 창조되었기 때문입니다. 그래서 창세기 1장 2절부터는 땅에 관한 이야기로 나타나는 것입니다. 창세전 언약은 예수 그리스도가 자기 백성들을 죄와 사망으로부터 건져내고 하늘의 신령한 것으로 채워가는 것으로 되어 있습니다. 그래서 창조 이야기를 할 때, 하나님의 통치영역을 구분하여 갈라내고 채우는 것으로 말해주고 있는 것입니다. 말하자면 예수 그리스도 안에서 통일이 이루어지고 만유를 충만하게 하시려는 것입니다.

성경 전체, 즉 창세기 1장 1절부터 요한계시록 22장 21절까지 다 역사 속에서 일어나는 일입니다. 하나님이 역사 속에 개입하셔서 일하시고 역사 밖으로 나가십니다. 태초-역사-태초가 됩니다. 창세전 언약은 시작과 끝이 있는 역사 속에서 펼쳐지기 때문에 점진적으로 이루어지게 됩니다. 하나님은 보이는 이 세상에서 보이지 않는 하나님 나라에서 계획한 일을 하고 계시는 것입니다. 창세전 언약은 역사 속에서 과거와 현재와 미래로 흘러가면서 완성되어 가고 있습니다. 점진적이고 심층적으로 이루어져 갑니다. 점진적이라는 말은 진행되면서 확대된다는 것이고, 심층적이라는 말은 점점 구체적이고 뚜렷해진다는 뜻입니다. 언약은 죄 아래 가두는 언약과 죄에서 건짐 받는 언약이 있습니다.

바울이 사도가 된 것은 택하신 자들의 믿음과 경건함에 속한 진리의 지식과 영생의 소망을 인함이라고 합니다.

> "1 하나님의 종이요 예수 그리스도의 사도인 나 바울이 사도 된 것
> 은 하나님이 택하신 자들의 믿음과 경건함에 속한 진리의 지식과
> 2 영생의 소망을 인함이라 이 영생은 거짓이 없으신 하나님이 영
> 원 전부터 약속하신 것인데 3 자기 때에 자기의 말씀을 전도로 나
> 타내셨으니 이 전도는 우리 구주 하나님의 명하신 대로 내게 맡기
> 신 것이라"(딛 1:1-3)

예수님을 믿는다고 하면서 우리가 구하고 찾고 원하는 것들이 과연 믿음과 경건함에 속한 진리의 지식과 영생의 소망인지를 자문해 보아야 합니다. 예수를 믿는 내가 예수를 믿지 아니하는 사람들보다 더 나은 이 세상의 지위와 부와 영광을 주의 이름을 부르면서 구하는 것이라면 그것은 하나님이 영원한 때 전부터 약속하신 것이 아닙니다. 하나님이 영원 전부터 약속하신 것은 택하신 자들의 믿음과 경건함에 속한 진리의 지식과 '영생의 소망'입니다. 이러한 것을 사람들은 대부분 구하지 않았습니다. 그런데 이런 내용을 믿는 자들이 생겨나 오게 된 것은 참으로 기적이 아닐 수 없습니다. 영원한 때 전부터 약속하신 것을 자기 때에 자기의 말씀을 전도로 나타내셨다고 합니다. 사도된 바울은 말하기를 이 전도는 우리 구주 하나님의 명령대로 내게 맡기신 것이라고 합니다. 이러한 영원 전부터 약속된 것을 지금 이 복음을 전하는 바울 자신도 처음에는 알지 못하였습니다. 그래서 예수 믿는 사람을 잡아 죽이기 위하여 다메섹으로 가다가 부활하신 예수님을 만난 것입니다. 이후로 약속의 실체이신 예수 그

리스도를 전하는 사도가 된 것 입니다.

> "9 하나님이 우리를 구원하사 거룩하신 소명으로 부르심은 우리의 행위대로 하심이 아니요 오직 자기의 뜻과 영원 전부터 그리스도 예수 안에서 우리에게 주신 은혜대로 하심이라 10 이제는 우리 구주 그리스도 예수의 나타나심으로 말미암아 나타났으니 그는 사망을 폐하시고 복음으로써 생명과 썩지 아니할 것을 드러내신지라"
> (딤후 1:9-10)

우리를 구원하사 거룩하신 소명으로 부르심은 우리의 행위대로 하심이 아니라고 합니다. 만약에 우리의 행위대로 한다고 하면 단 한 명도 구원 얻을 자가 없습니다. 율법의 의로는 흠이 없다고 한 바울조차 예수님을 믿는 사람들을 잡아 죽인 사람인데 다른 사람들이야 더더욱 자기 행위로 의롭다함을 받을 수가 없는 것입니다. 따라서 거룩하신 부르심은 우리의 행위가 아니라 오직 자기의 뜻과 영원 전부터 그리스도 예수 안에서 우리에게 주신 은혜대로 하신 것입니다. 그 은혜란 우리 구주 그리스도 예수의 나타나심으로 말미암아 나타났는데 사망을 폐하시고 복음으로써 생명과 썩지 아니할 것을 드러내신 것입니다. 따라서 복음은 생명이며 썩지 아니할 내용입니다. 복음이라고 하면서 죽음도 이기지 못하는 썩어지고 낡아지고 더러워질 것들이 복음의 내용으로 들어가 있으면 안 됩니다.

이 은혜의 언약은 영원 전부터 약속된 것으로 '성부와 성자의 언약'인 것입니다. 따라서 '인간은 도저히 손을 댈 수가 없는 영역'

입니다. 이 언약은 예수님 홀로 이루어내셔야 하는 것입니다. 예수님께서 이 땅에 오셔서 하신 모든 일은 하나님 아버지와 아들 사이의 언약을 이루어내시는 일입니다. 하나님의 언약을 신실하게 이루어내십니다. 언약이라는 말은 '말로 한 약속'입니다. 그래서 그 언약을 신실하고 성실하게 이루어내십니다. 신실은 말에 열매가 있다는 말이고 성실은 말을 이루어 열매를 맺는다는 것입니다. 따라서 하나님의 모든 언약을 예수님께서 신실하게 이루어내신다는 것은 예수님이 '언약의 하나님이심'을 알려주는 것입니다.

"1 내가 여호와의 인자하심을 영원히 노래하며 주의 성실하심을 내 입으로 대대에 알게 하리이다 2 내가 말하기를 인자하심을 영원히 세우시며 주의 성실하심을 하늘에서 견고히 하시리라 하였나이다 3 주께서 이르시되 나는 내가 택한 자와 언약을 맺으며 내 종 다윗에게 맹세하기를 4 내가 네 자손을 영원히 견고히 하며 네 왕위를 대대에 세우리라 하셨나이다 (셀라) 5 여호와여 주의 기이한 일을 하늘이 찬양할 것이요 주의 성실도 거룩한 자들의 모임 가운데에서 찬양하리이다"(시 89:1-8)

이와같이 하나님께서 언약에 성실하심을 다윗과의 언약을 신실하게 이루어내심을 통하여 보여주고 있습니다. 주께서 다윗에게 언약하신 말씀을 바탕으로 하나님의 약속을 깨달아 믿으며 감사찬양하는 내용입니다. 이는 자기 백성을 위해 메시아를 보내겠다는 것이 인자함이요, 그 약속을 꼭 성취 시키고야 마는 것이 그분의 성실하심입니다.

"1 예수께서 이 말씀을 하시고 눈을 들어 하늘을 우러러 이르시되 아버지여 때가 이르렀사오니 아들을 영화롭게 하사 아들로 아버지를 영화롭게 하옵소서 2 아버지께서 아들에게 주신 모든 사람에게 영생을 주게 하시려고 만민을 다스리는 권세를 아들에게 주셨음이로소이다 3 영생은 곧 유일하신 참 하나님과 그가 보내신 자 예수 그리스도를 아는 것이니이다 4 아버지께서 내게 하라고 주신 일을 내가 이루어 아버지를 이 세상에서 영화롭게 하였사오니 5 아버지여 창세전에 내가 아버지와 함께 가졌던 영화로써 지금도 아버지와 함께 나를 영화롭게 하옵소서"(요 17:1-5)

다음은 예수님의 기도입니다. 창세전에 아버지와 가졌던 영광으로 들어가게 해 달라고 합니다. 예수님 혼자만 들어가시는 것이 아니라 아버지께서 자기에게 주신 자들도 함께 들어가게 해 달라는 기도입니다. 그 이유는 창세전부터 아버지가 아들을 사랑하심으로 주신 그 영광을 보게 하시기 위한 것입니다. 따라서 구원이란 하나님의 자기 아들의 영광을 위하여 구원하여 주시는 것입니다. 따라서 영생이란 하나님과 그의 보내신 자를 아는 것입니다.

"24 아버지여 내게 주신 자도 나 있는 곳에 나와 함께 있어 아버지께서 창세전부터 나를 사랑하시므로 내게 주신 나의 영광을 그들로 보게 하시기를 원하옵나이다 25 의로우신 아버지여 세상이 아버지를 알지 못하여도 나는 아버지를 알았사옵고 그들도 아버지께서 나를 보내신 줄 알았사옵나이다 26 내가 아버지의 이름을 그들에게 알게 하였고 또 알게 하리니 이는 나를 사랑하신 사랑이 그들 안에 있고 나도 그들 안에 있게 하려 함이니이다"(요 17:24-26)

성경은 언약의 책입니다. 하나님의 언약입니다. 언약을 하신 분은 하나님이시며 아버지와 아들 간 언약입니다. 이를 창세전 언약이라고 하며 모든 역사는 여기서부터 출발을 합니다. 세상역사는 여기서부터 출발을 합니다. 세상역사는 창세전 언약을 위하여 창조되었습니다. 천국에 계신 하나님의 아들이 예수라는 이름으로 세상역사에 오신 것입니다. 이를 일컬어 천국이 침노해왔다고 합니다.

천국(묵시)이 역사를 침노해 들어와서 발생된 사건들을 기록한 것이 성경입니다. 성경은 창세전 언약을 역사속에 펼쳐 보인 이야기를 기록하고 있습니다. 성경이 언약의 책이라고 하였으니 모든 성경은 언약을 담고 있는 것입니다. 하나님의 언약이며, 하나님이 언약을 하셨고 하나님이 언약을 지키십니다. 하나님이 언약을 이루는데 인간을 사용하는 것이며 우리는 언약의 혜택을 입은 자들입니다. 우리는 이 창세전 언약을 증거하기 위해서 역사적 사명을 띠고 태어난 것입니다.

2. 아담 언약

　창세전 언약이 창조 세계를 배경 삼아 역사 속에 펼쳐지는 과정인 언약의 흐름을 살펴보고자 합니다. 성경에 최초로 언약이 등장하는 것은 노아 언약입니다. 언약이라는 분명한 내용이 노아에게서부터 나타나기 때문에 대부분의 언약 신학자들은 노아 언약부터 이야기합니다. 그러나 아담도 하나님의 언약으로 인하여 지음을 받았기에 언약이 담겨있는 것입니다. 그래서 성경은 아담 언약을 언급하고 있는 것입니다. 아담과 관련해서는 언약이라는 단어 자체는 사용이 되고 있지 않습니다. 하지만 호세아서에 따르면 '아담은 언약을 어겼다'고 하는 이야기가 나옵니다. 이 이야기는 비록 아담과의 관계에서 하나님이 언약이라는 단어는 사용하지 않고 있지만 아담과 하나님과는 언약 관계에 있었다는 것으로 해석될 수 있습니다.

　　"저희는 아담처럼 언약을 어기고 거기서 내게 패역을 행하였느니라"
　　(호 6:7)

　이스라엘과 유다가 다 하나님께 범죄 하였는데 아담처럼 언약을 어겼다고 합니다. 여기서 아담을 그냥 사람으로 보는 사람도 있습니다. 그러나 사람의 대표가 아담이기에 아담으로 보아도 무방합니다. 아담이 언약을 받은 언약은 '선악과에 대한 것'[창 2:17]입니다. 한 가지 금령이지만 이것은 죽고 사는 문제를 언급하는 것으로 보아서 하나님의 언약이란 피로 맺은 약정으로서 죽고 사는 약정이 되는 것입니다. 첫 아담에 대한 이야기가 있어야 마지막 아담에 대하여 자연스럽게 연결됩니다. 여기서 인간의 유혹이 지금까지도 계속됨을 볼 수 있어야 합니다.

> "15 이 세상이나 세상에 있는 것들을 사랑치 말라 누구든지 세상을 사랑하면 아버지의 사랑이 그 속에 있지 아니하니 16 이는 세상에 있는 모든 것이 육신의 정욕과 안목의 정욕과 이생의 자랑이니 다 아버지께로 좇아 온 것이 아니요 세상으로 좇아 온 것이라 17 이 세상도, 그 정욕도 지나가되 오직 하나님의 뜻을 행하는 이는 영원히 거하느니라"(요일 2:15-17)

이 유혹을 이길 자는 아무도 없습니다. 오직 예수님만이 이 유혹을 이기신 것입니다. 예수님께서 40일 금식 후에 사단이 유혹하는 내용이 에덴동산의 아담과 하와의 유혹과 같은 것입니다. 먹음직하고 보암직하고 이 생의 자랑이 되는 것입니다. 돌로 떡을 만들어 먹는 것, 성전 꼭대기에서 뛰어내리는 것, 세상의 영광을 준다는 마귀의 유혹을 말씀으로 물리치십니다. 따라서 처음 아담과 마지막 아담의 세계가 어떠함을 대조적으로 볼 수가 있는 것입니다.

> "12 따라서 한 사람으로 말미암아 죄가 세상에 들어오고 죄로 말미암아 사망이 들어왔나니 이와 같이 모든 사람이 죄를 지었으므로 사망이 모든 사람에게 이르렀느니라 13 죄가 율법 있기 전에도 세상에 있었으나 율법이 없었을 때에는 죄를 죄로 여기지 아니하였느니라 14 그러나 아담으로부터 모세까지 아담의 범죄와 같은 죄

를 짓지 아니한 자들까지도 사망이 왕 노릇 하였나니 아담은 오실 자의 모형이라"(롬 5:12-14)

"19 한 사람이 순종하지 아니함으로 많은 사람이 죄인 된 것 같이 한 사람이 순종하심으로 많은 사람이 의인이 되리라 20 율법이 들어온 것은 범죄를 더하게 하려 함이라 그러나 죄가 더한 곳에 은혜가 더욱 넘쳤나니 21 이는 죄가 사망 안에서 왕 노릇 한 것 같이 은혜도 또한 의로 말미암아 왕 노릇 하여 우리 주 예수 그리스도로 말미암아 영생에 이르게 하려 함이라"(롬 5:19-21)

아담 안에서 죄인 된 우리는 아들 안에서 하나님과의 관계가 회복되는 의로운 상태가 됩니다. 말하자면, 아담 아래서 사망이 왕 노릇하고 예수님 안에서 생명이 왕 노릇합니다. 이것은 개인의 어떤 행동을 말한 것이 아니라 세상 전체의 구조를 말한 것입니다. 사람이 필요 여부에 따라 성경의 초점이 있는 것이 아닙니다. 이 세상이 어떤 구조로 돌아가는가를 보아야 합니다. 그것이 지혜입니다.

지혜가 부르며 명철이 소리를 높입니다.^{잠 8:1} 이 지혜는 천지를 창조하기 전에 이미 있었습니다. 하나님께서 천지를 창조하실 때에 그 곁에 있어서 창조자가 되어 날마다 그 기뻐하시는 바가 되었다는 것입니다.^{잠 8:22-31} 이 지혜를 요한복음에서는 '말씀'이라고 합니다.

"1 태초에 말씀이 계시니라 이 말씀이 하나님과 함께 계셨으니 이 말씀은 곧 하나님이시니라 2 그가 태초에 하나님과 함께 계셨고 3

만물이 그로 말미암아 지은바 되었으니 지은 것이 하나도 그가 없이는 된 것이 없느니라 4 그 안에 생명이 있었으니 이 생명은 사람들의 빛이라 5 빛이 어두움에 비취되 어두움이 깨닫지 못하더라"
(요 1:1-5)

지혜는 말씀입니다. 지혜의 말씀은 바로 예수 그리스도이십니다. 만물이 창조되기 전에 하나님의 세계에 말씀이 계셨습니다. 만물위의 세계는 만물이 아니라 말씀이 계십니다. 여기에서 말씀은 로고스입니다. 이 로고스는 만물을 창조한 그리스도일 뿐 아니라 창조 전에 계신 선재적인 그리스도입니다. 요한복음은 '태초에 말씀이 계시니라"라는 구절로 시작하고, 요한일서는 "태초부터 있는 생명의 말씀'이라는 구절로 시작합니다. 그러므로 로고스(말씀)는 곧 생명의 말씀이며 생명의 말씀은 생명을 계시하는 말씀입니다. 생명의 말씀으로서 로고스는 생명의 본체이신 하나님을 계시하는 말씀입니다.

따라서 천지를 말씀이신 예수 그리스도께서 창조하신 것입니다. 그런데도 사람들이 몰라보았습니다. 그 이유는 사람 안에 생명의 빛이 없기 때문입니다. 이 말씀이 바로 예수님이신데 예수님 안에 생명이 있습니다. 이 생명이 사람의 빛인데 이 빛이 사람에게 비추어지는데 사람들은 전혀 깨닫지를 못하는 것입니다. 즉 사람 속에 참된 생명이 없다는 것입니다. 말하자면 지혜도 없고 말씀도 없는 것입니다. 그래서 하나님의 말씀을 듣고 믿을 수 있는 사람은 아무도 없습니다. 그러나 인간으로서는 어떠한 방법으로도 불가능한 일이지만 하나님이 하시는데 '하나님의 언약'대로 되는 것입니다.

"기록된바 첫 사람 아담은 산영이 되었다 함과 같이 마지막 아담은 살려 주는 영이 되었나니"(고전 15:45)

첫 아담의 범죄로 모든 사람이 죄와 사망의 종이 되었습니다. 그러나 마지막 아담은 살려주는 영이 되십니다. 따라서 마지막 아담이신 예수님은 하나님의 모든 언약의 최종 완성의 자리인 십자가로 다 이루시고 예수 그리스도 안에서 새로운 피조물로 만들어 내시는 것입니다. 이것이 언약대로 일하시는 모습입니다. 이러한 언약을 따라 신실하게 이루어내시는 그 주님을 우리가 믿게 되는 것도 역시 하나님께서 언약에 신실하시기 때문입니다. 첫 사람 아담은 생령이 되었다는 것은, 하나님이 흙으로 사람을 지으시고 생기를 코에 불어 넣으시니 사람이 생령이 된 것, 즉 만들어진 생명을 말합니다. 하나님이 처음 아담을 만들 때는 생령의 상태였습니다. 생령의 상태라는 것은 죽음이 없는 상태를 말합니다. 그 말은 아담이 선악과를 먹지 않았다면 죽음이 없는 생령의 상태가 계속 유지되었을 것이라는 뜻입니다. 다시 말해서 처음부터 죽음이 있는 몸으로 지음 받지 않았다는 것입니다. 물론 여기서 말하는 죽음이 없는 상태는 몸의 죽음이 없다는 것이지 우리가 말하는 영원한 생명을 의미하는 것은 아닙니다. 어쨌든 하나님이 아담을 생령이 되게 하셨다면 인간이 죽는다는 것은 하나님이 처음 만드신 아담과 다른 몸이라는 뜻이 됩니다. 즉, 죄 있는 몸이 된 것입니다. 그리고 죄가 죽음으로 작용하게 된 인간의 현실이 몸이 죽고 흙으로 돌아가는 것으로 나타나는 것입니다.

그러면 죄 없는 상태의 생령이 된 아담의 몸으로도 천국에 갈 수 없는 것입니까? 갈 수 없습니다. 만약 죄를 짓지 않은 상태의 몸이기에 천국에 갈 수 있는 것이면 하나님은 처음부터 죄가 없는 상태에서 세상을 만들었어야 합니다. 하지만 하나님이 만드신 다른 세계인 천국은 '죄를 짓지 않는 몸'이 아니라 '죄를 용서 받은 몸'만 허락되는 세계로 지으셨습니다. 그래서 그 천국에서는 죄를 용서하신 예수님의 희생의 은혜로 감사하고 기뻐하는 그리스도인으로서 대접 받는 것입니다. 죄 없는 몸으로도 천국에 갈 수 없다면 그리스도인은 죄를 짓지 않도록 힘을 써야 한다거나 윤리와 도덕으로 바른 삶이 있는 그리스도인으로 만들고자 하는 모든 것이 헛수고가 됩니다. 결국 이러한 사태는 천국을 알지 못하면서 안다고 착각하고, 하나님이 만드신 천국이 아니라 '인간이 상상하는 천국'에 빠져 있기 때문에 발생하는 것입니다.

마지막 아담은 살려주는 영이 되었다는 말을 잘 생각해 보십시오. 마지막 아담은 예수님입니다. 예수님이 살려주는 영이라면 살려주는 영이 함께함으로 산 자가 된 것입니다. 이들이 신령한 사람이고 하늘에 속한 자들이고 하늘에 속한 이의 형상을 입은 것입니다. 이 모든 것은 예수님이 다시 오시고 부활했을 때 비로소 이뤄지는 것이 아니라 예수님이 영으로 오신 지금 '현재의 일'입니다. 그래서 바울은 지금 우리의 참된 현실로서 말하고 있는 것입니다.

창세전에 하나님께서 사람에게 주고자 하신 생명은 아담에게 주신 '피조 된 생명'창2:7이 아니라 그리스도로 인하여 '태어난 생명'인 아들 안에 있는 생명, 곧 영생입니다.딛1:2 하나님이 사람에게 주고자 한 영생은 창세전부터 하나님이 신실하게 약속하신 것입니다. 하나님이 사람을 지으신 목적은 아들 안에 있는 생명을 주시기 위함입니다. 이 생명이 영생이며 영생은 유일하신 참 하나님과 그가 보내신 자 예수 그리스도를 아는 것이며, 그와 사귐입니다.요 17:3, 요일 1:3 주님과 교제하며 사랑의 나라, 아들의 나라를 누리는 것입니다. 이것은 바로 영원 전 세계를 알고 아들이 아버지 안에서 보았던 영광에 참여하는 것입니다.

> "만일 너희 속에 하나님의 영이 거하시면 너희가 육신에 있지 아니하고 영에 있나니 누구든지 그리스도의 영이 없으면 그리스도의 사람이 아니라"(롬 8:9)

누구든 그리스도의 영이 있다면 그는 살려줌을 받은 자입니다. 즉 죽은 자에서 산 자가 된 것입니다. 육의 몸으로 심고 신령한 몸으로 다시 살아난 것입니다. 이들이 바로 성령 받은 자입니다. 그리스도의 영에 의해서 그리스도의 사람이 되었기에 세상이 자랑하는 것들은 쓸모없는 것이 됩니다. 세상의 기준이 아무 가치 없는 것으로 던져지는 영의 세계가 되는 것입니다. 이것이 하늘에 속한 자로 사는 것입니다.

"10 또 그리스도께서 너희 안에 계시면 몸은 죄로 말미암아 죽은 것이나 영은 의로 말미암아 살아 있는 것이니라 11 예수를 죽은 자 가운데서 살리신 이의 영이 너희 안에 거하시면 그리스도 예수를 죽은 자 가운데서 살리신 이가 너희 안에 거하시는 그의 영으로 말미암아 너희 죽을 몸도 살리시리라"(롬 8:10-11)

고린도전서 15장 45절 말씀에서 예수님이 살려주는 영이 되었다는 것이나 로마서 말씀에서 예수 그리스도가 세상에 오셔서 무슨 일을 하셨는가에 대한 것은 같은 것입니다. 예수님이 하신 일은 죽은 자를 살리신 것입니다. 이 말은 인간이 스스로 살고자 하는 모든 일은 헛수고라는 뜻이 됩니다. 천국은 인간이 관여할 수 있는 일이 아니며, 살려주시는 예수님의 일에 해당되고, 예수님이 행하신 일을 알고, 그 일이 감사가 되는 사람에게만 적용되기 때문입니다. 따라서 예수님이 하신 일에는 마음 두지 않고 자신이 행한 일로 자기 이름의 영광을 얻고자 하는 것은 종교단체에서의 활동 밖에 되지 않습니다.

아담 언약에서는 모형인 첫 아담과 실체이신 마지막 아담을 대조시킵니다. 첫 아담이 마지막 아담보다 먼저가 아닙니다. 첫 아담은 마지막 아담의 속성과 본성을 드러내는 모형이기 때문에 그러합니다. 이것은 곧 예수님의 위상을 단지 인간의 죄를 처리하시는 전문가로 이해해서는 안되다는 점을 가르쳐주고 있습니다. 인간세계의 시간상으로는 아담이 예수님보다 먼저이나 존재상으로는 예수님이 먼저 계셨습니다. 이로써 모든 만물은 예수님을 위하여 창조되었습니다. 마찬가지로 마지막 아담이신 예수님은 우리를 살려주는 영이십니다. 구속하시는 언약을 이루셔서 언약백성의 주가 되시는 것입니다.

3. 노아 언약

　성경은 사람이 생각하는 모든 계획이 항상 악하다고 합니다. 이것은 사람으로부터는 선한 생각과 계획이 나올 수 없다는 뜻입니다. 이것을 세상은 받아들이지 않습니다. 세상은 세상 나름대로 선을 행하고 선하게 살기 위해 힘쓰기 때문입니다. 그것이 인간 사회의 질서를 위해 스스로 구축한 윤리와 도덕입니다. 윤리와 도덕을 선한 것으로 간주하고 윤리와 도덕의 시각에서 생각하기 때문에 얼마든지 선을 행할 수 있는 인간으로 판단하는 것입니다.

> "여호와께서 사람의 죄악이 세상에 가득함과 그의 마음으로 생각하는 모든 계획이 항상 악할 뿐임을 보시고"(창 6:5)

　이렇게 말씀하는 것이 인간에 대한 하나님의 선언입니다. 하지만 하나님이 죄로 규정하시는 것은 하나님과의 관계에서 하나님이 기준이 됩니다. 하나님 중심이 아닌 인간 중심의 생각과 계획이 모두 죄입니다. 따라서 아담과 하와의 후손인 인간으로 태어난 이상 본질적으로 마음으로 생각한 계획은 모두 악할 뿐입니다. 하나님은 이러한 인간을 물로 심판하십니다. 그런데 심판 이후의 인간이라고 해서 심판의 이전에 비해 나아지지 않습니다. 심판 이후도 여전히 마음으로 생각하는 모든 계획이 악합니다. 그렇다면 홍수 심판이란 무슨 의미가 있는지에 관심을 가져야 합니다.

"17 내가 홍수를 땅에 일으켜 무릇 생명의 기운이 있는 모든 육체를 천하에서 멸절하리니 땅에 있는 것들이 다 죽으리라 18 그러나 너와는 내가 내 언약을 세우리니 너는 네 아들들과 네 아내와 네 며느리들과 함께 그 방주로 들어가고"(창 6:17-18)

세상은 모두 심판을 받는데 특별히 노아의 가족만 구원 받는 내용에서 언약이라는 말이 등장합니다. 노아 가족의 구원이 언약과 연결되어 있는 것입니다. 때문에 언약을 무시하고 노아와 가족의 구원을 생각하게 되면 결국 노아 자신에게서 구원의 조건을 찾게 됩니다.

"이것이 노아의 족보니라 노아는 의인이요 당대에 완전한 자라 그는 하나님과 동행하였으며"(창 6:9)

노아가 의인이었고 당대에 완전한 자로 인정을 받을 만큼 신앙생활이 철저했으며 하나님과 동행하여 하나님의 말씀대로 방주를 만드는 일에 순종했던 것을 구원의 조건으로 세우게 됩니다. 결국 우리 또한 구원 받은 자로 살기 위해서 노아처럼 하나님과 동행하고 순종하는 신앙생활이 되어야 한다는 것에 초점을 두게 되는 것입니다. 성경은 노아가 의인이요 당대에 완전한 사람이었다고 증언합니다. 우리가 성경을 통해 명확히 알고 있는 바는 하나님께서 노아를 당대의 의인으로 인정하셨다는 점입니다. 노아의 의인됨은 우리가 일반적으로 생각하는 바, 그의 사람 됨됨이나 윤리적 행위에 기초하지 않습니다.

'노아가 여호와께 은혜를 입었더라'창 6:8는 이 구절은 '노아가 의인이었다'는 사실과 대비되는 구절입니다. 결국 노아에 대한 하나님의 은혜는 그의 의로움 때문이 아니라 구원에 대한 하나님의 계획적 섭리에 기초하고 있는 것입니다. 그러므로 하나님께서 노아와 그 가족을 구원하신 것은 노아의 의로움 때문에 은혜를 받았다는 결론을 내리지 못하게 합니다. 즉 하나님께서 은혜를 베푸심으로 노아가 의로운 자로 인정받았던 것입니다. 노아가 의인으로 인정받았던 것은 메시아에 대한 그의 믿음과 연관됩니다. 아담 이후 하나님께서 언약하신 '그 여자의 후손'을 통해서만 인간의 삶의 의미가 있음을 그가 '믿음'으로 알고 있었으며 하나님께서는 그것을 노아의 의로 인정하셨던 것입니다.

하지만 의인이요 당대에 완전한 자라 일컬음 받고 하나님과 동행한 사람은 노아이지 노아의 모든 가족이 아닙니다. 그런데 하나님은 왜 노아의 가족까지 방주에 들어가도록 했을까요? 노아의 믿음을 보시고 그 가족도 구원하신 것입니까? 그렇게 되면 '아버지가 믿음 생활 잘하면 그 가족도 구원 받게 된다'는 비성경적인 주장도 가능하게 됩니다. 이러한 문제가 있을 때, 언약으로 해결되는 것입니다. 노아 가족의 구원은 노아의 행위와 상관없이 하나님의 언약에 의한 것입니다. 노아에게 구원 받을 조건이 있어서 언약을 주신 것이 아니라 노아 역시 심판 받은 사람들과 다를 바 없는 존재인 것입니다. 노아의 믿음은 하나님께 은혜를 입은 결과였던 것입니다. 하나님은 노아와 그의 가족을 심판에서 구원하기로 작정하시고 은혜를 베푸셔서 하나님을 믿는 믿음의 길로 가게 하셨습니다. 그리고 언약을 말씀하심으로 노아와 그의 가족이 방주로 들어갈 수 있게 된 것이 노아의 의가 아니라 '노아에게 세우신 언약'에 의한 것임을 나타내신 것입니다.

노아가 물 위의 방주에서 경험한 것은 '죽음에서의 구원'입니다. 자신 외에 모든 인간은 다 죽어 마땅하다는 것이 아니라 자신 또한 심판이 당연한데도 하나님이 방주에 들어가게 하심으로 살았다는 경험이 있는 것입니다. 여기서 주목할 것은 노아가 방주를 만들었음에도 불구하고 노아 마음대로 방주로 들어가지 못한 것입니다. 즉 노아가 방주의 주인이 아니었던 것입니다. 만약 방주를 만든 노아에게 방주에 대한 소유권이 있다면 자기 가족만 들어가지 않고 더 많은 사람들을 들어가게 했을 것입니다. 차라리 동물이 들어가는 것보다 사람을 더 많이 태우고 구원하는 것이 사랑이라고 할 수 있을 것입니다.

하지만 노아가 방주를 만들었으되 방주는 하나님에 의해 통제되었습니다. 그래서 언약을 세우신 노아와 가족 외에는 누구에게도 허락되지 않았습니다. 결국 구원은 언약에 의해서 구별이 된 것입니다. 이처럼 언약에 의해 구원되었음을 안다면 자신을 보지 않고, 언약하시고 언약을 이루신 하나님의 은혜를 바라보게 됩니다. 자신을 보지 않는다는 것은 자기 자랑이 될 수 있고 자기 의로 여길 수 있는 것들을 무가치한 것으로 바라보게 된다는 뜻입니다. 이렇게 언약을 세우시고 이루심으로 우리를 구원에 있게 하신 하나님의 은혜만 높이게 되는 것이 '언약의 세계'입니다.

인간이 홍수 심판을 통과해도 달라지지 않는다면, 심판이 또 다시 계속 반복되겠다는 생각을 할 수 있습니다. 그래서 홍수 심판으로 드러나는 것은 어느 시대에 존재하는 인간이건 아담과 하와의 후손은 저주 아래 있는 자로서 심판이 당연하다는 것입니다. 심판이 반복되고 또 반복되어도 하나님을 불평할 수 없습니다. 악한 존재에게 심판은 당연한 하나님의 조치이기 때문입니다. 하지만 그렇게 되면 창조는 심판을 위한 창조가 되어버립니다. 심판하기 위해 창조하신 것이라면 성경은 홍수 심판으로 막을 내리면 됩니다. 반복되는 심판 이야기만 있으면 되기 때문입니다. 하지만 다행히 '심판과 함께 언약이 등장'합니다.

"20 노아가 여호와께 제단을 쌓고 모든 정결한 짐승과 모든 정결한 새 중에서 제물을 취하여 번제로 제단에 드렸더니 21 여호와께서 그 향기를 받으시고 그 중심에 이르시되 내가 다시는 사람으로 말미암아 땅을 저주하지 아니하리니 이는 사람의 마음이 계획하는 바가 어려서부터 악함이라 내가 전에 행한 것 같이 모든 생물을 다시 멸하지 아니하리니"(창 8:20-21)

다시는 사람으로 말미암아 땅을 저주하지 않으신다는 것이 하나님의 일방적인 계획입니다. 하지만 인간의 악에 대해서는 전혀 묻지 않으시고 무작정 저주하지 않으시겠다는 것이 아닙니다. 하나님은 노아가 정결한 짐승과 정결한 새 중에서 제물을 취해 드린 번제의 향기를 받으시고 저주하지 않으시겠다고 하신 것입니다. 이것을 보면 저주를 이기는 힘은 '정결한 제물의 희생의 피'에 있음을 알 수 있습니다.

> "8 하나님이 노아와 그와 함께 한 아들들에게 말씀하여 이르시되 9 내가 내 언약을 너희와 너희 후손과 10 너희와 함께 한 모든 생물 곧 너희와 함께 한 새와 가축과 땅의 모든 생물에게 세우리니 방주에서 나온 모든 것 곧 땅의 모든 짐승에게니라 11 내가 너희와 언약을 세우리니 다시는 모든 생물을 홍수로 멸하지 아니할 것이라 땅을 멸할 홍수가 다시 있지 아니하리라"(창 9:8-11)

노아에게 세운 하나님의 언약은 다시는 모든 생물을 홍수로 멸하지 않으신다는 것입니다. 그리고 언약의 증거로 무지개를 보이십니다. 노아 언약으로 인해서 '세상은 언약에 의해 보호' 받게 됩니다. 심판이 당연하지만 언약에 의해 보존되는 것입니다. 이처럼 언약 아래 있음으로 생명이 보전되는 것을 잊지 말라는 취지로 무지개를 보이신 것입니다. 하나님이 언약을 세우셨다는 것은 하나님이 언약의 말씀대로 행하실 것을 말합니다. 따라서 하나님은 인간의 악함과 상관없이 세상을 심판하지 않으십니다. 언약을 세우시고 언약대로 행하시기 때문입니다. 그렇다면 인간이 심판을 받지 않고 존재하고 있는 것은 언약 덕분이고, 그런 의미에서 언약은 하나님의 은혜로 드러납니다. '언약이 곧 하나님의 은혜'인 것입니다.

그러므로 오늘도 무지개를 보면서 노아 언약을 기억하게 되고 언약의 완성이신 예수 그리스도 안으로 흡수되는 것을 보게 됩니다. 우리는 십자가에서 완성하신 예수님으로 인하여 우리가 심고 거두고 먹고 마시는 모든 은혜를 누리며 살게 됨을 알아야 합니다. 그런데도 자기 힘으로 살아간다고 여기는 사람들은 불신자인 것입니다.

따라서 자신에게서 저주가 당연한 악의 실상을 보게 된 그리스도인이라면, 자신이 존재할 가치와 이유가 없음을 알게 될 것이고 그럼에도 존재한다는 것은 '존재하게 하신 하나님의 은혜'로 인한 것임을 알게 됩니다. 이처럼 언약을 은혜로 보게 된 그리스도인은 언약 안에서 신앙생활하게 되는 것은 오직 이러한 은혜의 자랑 밖에 없습니다.

> "8 내가 넘치는 진노로 내 얼굴을 네게서 잠시 가렸으나 영원한 자비로 너를 긍휼히 여기리라 네 구속자 여호와께서 말씀하셨느니라 9 이는 내게 노아의 홍수와 같도다 내가 다시는 노아의 홍수로 땅 위에 범람하지 못하게 하리라 맹세한 것 같이 내가 네게 노하지 아니하며 너를 책망하지 아니하기로 맹세하였노니 10 산들이 떠나며 언덕들은 옮겨질지라도 나의 자비는 네게서 떠나지 아니하며 나의 화평의 언약은 흔들리지 아니하리라 너를 긍휼히 여기시는 여호와께서 말씀하셨느니라"(사 54:8-10)

홍수로 멸하지 않겠다는 하나님의 맹세는 인간을 의식하신 것이 아닙니다. 인간의 죄의 여부와 상관없이 하나님의 자비는 이스라엘에게서 떠나지 아니하며 화평의 언약은 흔들리지 않습니다. 이것은 하나님의 사랑과 자비의 확고함을 언약을 통해서 가르치고자 하시는 것이 하나님의 의도임을 말해줍니다. 저주 아래 있는 죄인임에도 불구하고 확고한 하나님의 사랑에 붙들려 있다는 그것이 구원의 길입니다. 그리고 그 사랑은 아들의 십자가로 성취됩니다.

노아 언약은 '셈의 장막'과 '그 장막에 거하시게 될 하나님'에 대하여 말씀합니다. 하나님께서 인간들을 물로 심판하신 후에 관심을 기울였던 것은 스스로 거하시게 될 셈의 장막이었습니다. 그 장막을 통해 창세기 3장 15절에서 말하는 바, '그 여자의 후손'이 와서 하나님의 영광을 훼손하여 모든 인간을 자기 휘하에 두고 있는 사탄을 심판하게 될 것이기 때문입니다. 노아시대 타락한 인간들이 하나님을 떠났던 것은 하나님의 거처를 제거하는 것과 동일합니다. 하나님의 아들들이 사람의 딸들과 통혼한 것은 하나님의 거처로서의 기능을 확립해 가야할 언약의 백성들이 도리어 사람의 딸들의 세상을 자기 거처로 삼음으로써 하나님을 떠나 자기만족을 추구했던 것입니다.

하나님께서는 노아와 그의 택하신 자녀 가운데 형성될 장막에 대해 미리 말씀을 통해 계시하셨습니다. 창 9:26-27 노아 언약을 홍수 이후의 인간의 번영을 약속한 것이라고 이해하는 것과 자연보존이나 환경보존 논리로 이해하는 것은 잘못된 생각입니다. 그런 의미가 전혀 없는 것은 아니지만 어디까지나 그것들은 종속적 개념으로 이해해야 합니다. 그리고 제국주의적 개념으로 지배 통치논리를 주장하는 것도 타당하지 않습니다. 노아 홍수를 통해 주어진 하나님의 언약은 하나님이 거하실 셈의 장막과 그것을 통한 하나님의 영광의 회복에도 초점이 있는 것입니다.

노아홍수로 인한 하나님의 언약에서 분명히 이해해야 할 점은 '여자의 후손과 인자와 임마누엘과 교회의 주인'이 '아담 언약과 노아 언약과 아브라함 언약과 모세 언약과 다윗 언약과 새 언약'으로 중첩되어 연결되고 있는 내용인 것입니다. 하나님께서 셈의 장막에 거하실 것을 언약으로 선포하신 것은 애굽에 있는 이스라엘 백성들을 출애굽시켜 주의 기업의 산에서 처소를 삼으신 것처럼 장차 예수 그리스도를 믿고 구원 받을 백성들은 그리스도로 인해 설립될 교회와 연결됩니다. 우리시대에 하나님께서는 교회, 즉 택하신 자기 백성 가운데 거하십니다. 하나님께서는 노아 언약을 통해 교회의 설립을 미리 그림자로 예표하여 보여주신 것입니다.

축복이 내려진다는 것은 하나님께서 만족스러워 할 만한 속성이 장만되었음을 선언하는 것입니다. 창세기 1장에서의 속성은 창조적 차원에서 하나님께서 만족스러웠다는 것을 선언합니다. 왜냐하면 하나님 홀로 창조하신 작품이기 때문입니다. 그런데 창세기 9장까지 진행되면서 뱀과 인간에 의해 창조적 차원의 아름다움이 망가지고 하나님께서 만족스러울 수가 없었습니다. 하지만 노아를 통해 하나님은 새로운 만족스러움을 보여주었습니다. 그것이 바로 '노아 언약'인 것입니다. 노아 언약부터 '피'중심으로 언약이 맺어집니다. 피에 대해 인간이 관여할 처지가 못 되며 도리어 피의 가치를 널리 알리는 식으로 새로운 언약의 세계가 펼쳐짐을 알려주는 그런 의미의 복이 시작됩니다. 이 노아 언약의 취지에 맞는 환경으로서 마태복음 5장 45절의 말씀과 같이 선인과 악인을 구분하지 않고 비를 내리시는 은혜성이 그 내용입니다. 이제 다시금 번성하고 충만하라고 하십니다. 누가 지켜야 될 명령이 아니라 그 말씀 자체가 능력이 되어 지상에 작용하는 겁니다. 창세기 1장과 9장의 차이점은 노아가 드린 희생제물의 피가 '은혜주심'의 핵심으로 등장하는 데 있습니다. 즉 이방인과 불신자도 노아를 통한 희생제물의 덕을 보고 있으니 하나님은 모른다고 핑계하지 못하게 됩니다. 롬 1:20

방주에서 나온 노아가 포도농사를 짓고 포도주를 마시고는 취하여 벌거벗고 장막 안에서 잡니다. 노아의 세 아들 중 함이 이것을 보고 형제들에게 알립니다. 그러자 형제들인 셈과 야벳은 뒷걸음으로 들어와 아버지의 벌거벗음을 덮어줍니다. 노아가 술이 깨고 난 다음 이것을 알고 함을 저주합니다. 함은 덮어줌의 은혜를 모르는 자로서 아버지의 허물을 덮어 주지 않았다는 것은 하나님의 덮어주시는 은혜를 모독한 것이 됩니다. 이전에 홍수 심판 때에 방주에서 살아남은 것이 하나님이 그들의 허물을 덮어 주시는 은혜였던 것을 망각한 것입니다. 허물을 덮어 주는 것이 사랑입니다. 그러므로 최종 심판이란 율법대로 심판하시는 것이 아니라 하나님의 은혜를 믿지 않고 우리의 죄와 허물을 대신하여 십자가를 지신 예수님의 은혜를 무시하는 것에 대한 심판입니다. 덮어줌의 은혜가 얼마나 중요한지를 보여주고 있습니다. 창 9:18-27

4. 아브라함 언약

　창세기 12장, 15장, 17장에 보면 하나님이 아브라함을 부르신 이야기가 있습니다. 먼저 하나님은 아브라함에게 고향과 친척과 아버지의 집을 떠나 하나님이 보여줄 땅으로 가라고 하십니다. 그러면서 언약을 하십니다.

> "2 내가 너로 큰 민족을 이루고 네게 복을 주어 네 이름을 창대하게 하리니 너는 복이 될지라 3 너를 축복하는 자에게는 내가 복을 내리고 너를 저주하는 자에게는 내가 저주하리니 땅의 모든 족속이 너로 말미암아 복을 얻을 것이라 하신지라"(창 12:2-3)

　아브라함은 하나님의 말씀을 따라 롯과 함께 하란을 떠납니다. 그리고 자식이 없다며 불평하면서 자기의 종 엘리에셀을 상속자로 삼겠다는 아브라함에게 언약하십니다.

> "4 여호와의 말씀이 그에게 임하여 이르시되 그 사람이 네 상속자가 아니라 네 몸에서 날 자가 네 상속자가 되리라 하시고 5 그를 이끌고 밖으로 나가 이르시되 하늘을 우러러 뭇별을 셀 수 있나 보라 또 그에게 이르시되 네 자손이 이와 같으리라"(창 15:4-5)

　그리고 또 다시 하나님께서는 아브라함과 언약하십니다. 이와 같이 계약형식의 언약으로 말씀하셨는데 하나님의 인간역사에 대한 공식적인 개입이며 처음 계약한 언약보다 언약의 내용이 더 구체화 되고 범위가 넓어지게 됩니다.

"내가 내 언약을 나와 너 사이에 두어 너를 크게 번성하게 하리라 하시니"(창 17:2)

이 같은 아브라함 언약에서 의문이 드는 것은 왜 동일한 내용의 언약이 반복되어 등장하느냐는 것입니다. 언약은 하나님이 세우시고 하나님이 이루십니다. 만약 아브라함이 이루어야 할 언약이라면 아브라함으로 하여금 언약을 잊지 말고 이룰 것을 촉구하는 의미에서 반복해서 언약을 강조할 수도 있습니다. 하지만 하나님이 이루시는 언약이라면 반복해서 말씀하는 것은 불필요하다는 생각이 들 수 있습니다. 그러나 언약이 반복되어 등장하는 데는 분명한 이유가 있습니다.

아브라함을 아는 기독교인이라면 누구나 아브라함을 '믿음의 조상'으로 말합니다. 마태복음에 등장하는 예수님의 족보가 "아브라함과 다윗의 자손 예수 그리스도의 세계"(마 1:1)라고 시작되는 것만 봐도 아브라함이 예수 그리스도의 세계, 즉 믿음의 세계를 말하는데 있어서 중요한 위치에 있다고 할 수 있고, 사도 바울이 로마서에서 믿음에 대해 말할 때도 아브라함을 얘기한 것을 보면 아브라함은 '믿음이 무엇인가'를 말해주는 인물이라고 할 수 있습니다. '아브라함을 알면 믿음을 알 수 있다'라고 말할 수 있을 정도로 아브라함의 생애 자체가 믿음에 대한 증거가 되는 것입니다. 여기서 주의해야 할 것은 아브라함을 처음부터 섣불리 믿음의 사람으로 규정하고 시작하지 말아야 합니다. 아브라함의 아버지는 데라며 데라는 우상을 섬겼습니다.

> "여호수아가 모든 백성에게 이르되 이스라엘의 하나님 여호와께서 이같이 말씀하시기를 옛적에 너희의 조상들 곧 아브라함의 아버지, 나홀의 아버지 데라가 강 저쪽에 거주하여 다른 신들을 섬겼으나"(수 24:2)

우상을 섬기는 가정에서 아브라함만 하나님을 믿었는지 아니면 아브라함도 우상을 섬겼는지는 명확히 설명될 수 없지만 어쨌든 아브라함이 아버지의 집을 떠나 하나님이 보여줄 땅으로 가라는 말씀을 따라 갔다는 것을 생각하면 아브라함이 하나님을 알고 있었다는 추측도 가능합니다. 하지만 분명한 것은 아브라함이 하나님의 말씀을 따라 아버지의 집을 떠났다고 하여 그때부터 아브라함의 믿음이 대단했을 것이라고는 생각할 수 없다는 것입니다. 이것이 언약이 반복되는 이유입니다. 창세기 12장에서 아브라함은 큰 민족을 이루고 복을 주어 이름을 창대하게 하겠다는 언약을 받았습니다. 그리고 아브라함에게 언약을 이루실 하나님만 믿고 의지하라고 하십니다.

> "아브람아 두려워하지 말라 나는 네 방패요 너의 지극히 큰 상급이니라"(창 15:1)

하지만 아브라함은 "주 여호와여 무엇을 내게 주시려 하나이까"라고 하면서 자신에게는 자식이 없다고 말합니다.^{창 15:2} 자식이 없는데 큰 민족을 이루고 이름을 창대하게 하겠다는 말씀이 자기에게 무슨 소용이냐는 의미입니다. 이것을 보면 아브라함은 언약을 세우신 하나님이 언약을 이루신다는 것을 믿지 않았음을 알 수 있습니다. 하나님은 다시 아브라함에게 자손이 하늘의 별과 같을 것이라고 약속하십니다. 결국 언약이 반복되는 것은 아브라함이 언약을 제대로 믿지 않았음을 의미합니다. 이러한 아브라함에게 언약을 세우신 하나님은 제물을 가져와 쪼개라 하시고 타는 횃불이 쪼갠 고기 사이로 지나가게 하십니다.^{창 5:9-18} 횃불이 고기 사이로 지나간다는 것은 인간의 힘으로는 될 수 없는 일입니다. 짐승이 쪼개지듯이 생명을 건 언약을 이루시는 일이 십자가 사건으로 나타납니다. 하나님께서 아브라함에게 언약하시고 성취하신 자리가 바로 예수님의 십자가 입니다. 이 점을 생각하면 하나님은 아브라함에게 언약의 주체자가 하나님이시며 아브라함이 할 일은 언약을 믿는 것임을 보이고자 하시는 것으로 이해할 수 있습니다.

하지만 창세기 16장에서 아브라함은 사라의 권유대로 하갈과 동침하여 이스마엘을 낳습니다. 하나님의 약속을 믿지 못하고 자기 실력으로 낳은 자식입니다. 자녀가 없다면 하나님의 언약 또한 의미 없다는 것을 생각하고 자녀라도 자신의 힘으로 얻고자 한 것입니다. 그리고 다시, 이러한 아브라함에게 하나님은 창세기 17장에서 더 구체적으로 언약을 말씀하신 것입니다. 이렇게 언약이 반복되는 사이에는 언약을 믿지 못하는 아브라함의 불신이 있습니다. 따라서 언약이 반복되는 과정에서 아브라함의 믿음 없음을 볼 수 있는 것입니다.

> "아브람이 구십구 세 때에 여호와께서 아브람에게 나타나서 그에게 이르시되 나는 전능한 하나님이라 너는 내 앞에서 행하여 완전하라"(창 17:1)

인간의 행함에 완전은 없습니다. 완전한 행함은 전혀 흠 없는 완벽한 행함이라는 뜻인데 하나님 앞에서 완전한 행함을 실천할 수 있는 사람은 단연코 없습니다. 그런데 아브라함에게는 행하여 완전하라고 요구하시는 이유가 있습니다. 완전한 행함은 하나님의 언약을 믿는 것입니다. 언약하신 하나님이 언약을 이루실 것을 믿는 그 믿음이 우리를 하나님의 언약 안에 붙들어 놓습니다. 하나님의 언약 안에 있는 그가 곧 구원 받은 자임을 생각하면 언약을 믿는 것이야 말로 완전한 행함인 것입니다. 말하자면 하나님은 자기 백성에게 언약을 믿는 믿음 외에 다른 행함을 요구하신 적이 없다는 것입니다.

그런데 언약을 믿는 믿음조차 인간의 힘으로 가능하지 않습니다. 애초부터 인간은 하나님의 언약을 믿는 것이 아니라 자신의 힘과 믿는다고 하는 실천을 믿는 존재이기 때문입니다. 그러한 인간을 하나님이 간섭하시고 가르치심으로 참된 믿음을 알게 하시고 믿음 가운데 있게 하신다는 것을 아브라함 언약이 보여주는 것입니다. 이것이 '나는 전능한 하나님이라'고 말씀한 후에 "너는 내 앞에서 행하여 완전하라"고 하시는 이유입니다.

즉 하나님의 전능하심은 아브라함으로 하여금 하나님의 언약을 믿는 자가 되게 하는 것으로 증거 된다는 것입니다. 오늘 우리가 그리스도를 믿는 믿음 가운데 있다면 그것은 하나님의 전능하심으로 말미암은 결과입니다. 결론적으로 믿음에 있어서 우리의 힘은 개입될 수 없습니다.

하나님은 아브람이란 이름을 아브라함으로 바꾸십니다.^{창 17:5} 그리고 "내가 너를 여러 민족의 아버지가 되게 함이니라"고 하십니다. 하나님이 아브라함을 열국의 아버지가 되게 하시겠다는 것입니다. 그렇게 보면 아브라함이란 이름은 아브라함 본인에게는 명예스러운 이름은 아닙니다. 왜냐하면 아브라함이란 이름에는 언약을 이루시는 하나님을 믿지 못한 불신의 의미가 담겨 있기 때문입니다.

하나님은 다시금 아브라함에게 할례 언약을 세우시고 할례를 언약의 표징으로 말씀하십니다.^{창 17:9-11} 할례는 남자의 생식기의 표피를 잘라버리는 것을 의미합니다. 이것은 인간의 육체로는 언약 자손이 생산될 수 없다는 뜻입니다. 다시 말해서 하나님이 언약하신 민족의 번성은 인간의 육체로 인한 종족 번성이 아니라 하나님의 약속으로 발생한 새로운 민족의 번성임을 뜻하는 것입니다. 이런 의미에서 보면 할례는 불신앙의 흔적입니다. 이스마엘을 낳아 자기의 힘으로 언약을 이루려고 했던 아브라함의 불신앙을 할례로 몸에 새기

게 하여 언약은 하나님의 뜻과 의지로 이루어짐을 잊지 않게하고자
한 것입니다. 결국 할례는 아브라함을 부끄럽게 만드는 것이고, 하나
님이 약속하신 아브라함의 자손이 인간의 육으로 이루어지는 것이
아님을 말합니다. 그런데 유대인들은 할례를 하나님 백성이 되는 증
표로 오해한 것입니다.

하나님은 아브라함에게 약속의 아들로 이삭을 주십니다. 사라
가 아이를 잉태할 수 없는 몸이었을 때 아들을 주심으로 아브라함
과 사라의 육체로 낳은 아들이 아닌 하나님의 약속에 의해 주신 아
들인 것입니다. 이것이 하나님의 전능하심이며 육체가 아닌 하나님
의 전능하심을 믿는 것이 할례의 의미입니다.

"따라서 너희는 마음에 할례를 행하고 다시는 목을 곧게 하지 말라"
(신 10:16)

"네 하나님 여호와께서 네 마음과 네 자손의 마음에 할례를 베푸사
너로 마음을 다하며 뜻을 다하여 네 하나님 여호와를 사랑하게 하
사 너로 생명을 얻게 하실 것이며"(신 30:6)

마음의 할례는 자신의 힘으로 할 수 있다는 가능성이 모두 잘
려진 것을 의미합니다. 기독교인중에 많은 사람들이 어떤 일의 원인
과 가능성을 자신에게서 찾고자 하는 유혹이 있습니다. 자신의 행
함으로 하나님을 기쁘시게 할 수 있다는 생각에서 벗어나지 못하

는 것입니다. 자신이 행하지 않으면 믿음이 실패할 것 같은 불안감에 빠지기도 합니다. 이것은 하나님 여호와를 사랑하는 것이 아닙니다. 하나님 여호와를 사랑하는 것은 여호와가 행하신 모든 일을 받아들이고 기뻐하는 것입니다.

이삭을 제물로 바치게 한 것은 이삭처럼 하나님의 약속에 의해 존재하게 된 아브라함의 후손들을 위해 대신 제물이 될 양을 하나님이 준비하실 것을 계시하는 것입니다. 이삭이 지고 간 장작에 이삭이 불살라져야 했는데 하나님이 준비한 양이 대신 불살라진 것은 그 양이 이삭과 연합하여 이삭 대신 희생하게 된 것을 의미합니다. 그렇게 보면 이것은 장차 하나님의 언약에 의해 번성하게 되는 아브라함의 후손들을 위해 하나님이 제물이 될 양을 준비하시고 대신 희생할 것을 계시하는 사건이라고 볼 수 있습니다.

다시 말하면, 아브라함 언약은 창세전 하나님과 아들 사이에서 벌어진 것을 이 지상에 펼쳐 놓은 것인데, 모리아산에서 아브라함과 이삭의 관계가 이를 증명하고 있습니다. 모리아산에 있는 수양은 여호와 이레의 실체를 보여주는 사건으로 이스라엘을 보여주는 주체가 됩니다. 이것을 중심으로 하나님의 심판과 축복이 진행됩니다. 말하자면 제3의 실체가 등장합니다. 숲속에 있었던 수양은 하나님께서 친히 준비해 놓으셨던 제물이었습니다.창 22:13-14 하나님께서는 이 사실을 숨기시고 아브라함에게 이삭을 제물로 바치라는 명령을 합니다. 아브라함은 그 지시에 순종했는데 여기에 참여한 자는 아브라함과 이삭입니다.

　이 둘은 아버지와 아들의 관계입니다. 이삭은 아브라함에게 있어 자신에게 내려준 하나님의 언약을 이룰 인물로 보았습니다. 그런데 하나님께서는 그 언약의 실현할 본인을 '죽음'이 기다리는 벼랑 끝으로 밀어 넣고 맙니다. 하지만 하나님의 이레, 하나님께서 준비하신 그 무엇이 있었습니다. 이로 인하여 죽음의 길은 생명의 길로 전환됩니다. 곧 하나님의 이레의 개입이 없이는 결코 아브라함의 언약은 달성될 수 없다는 것입니다. 아브라함의 언약은 하나님의 몫이지 아브라함의 몫이 아니었던 것입니다. 아브라함과 이삭은 그저 거기서 죽음으로써 참여된 자일뿐입니다. 언약을 받은 아브라함과 이삭은 장차 나타나실 성부와 성자와의 관계성을 언약이라는 형태로 미리 알게 된 것입니다. 아버지께서 아들을 버리시는 그 약속의 성취로 인해 이 죽음의 세계에서 생명의 세계가 이루어진다는 사실을 말하고있습니다. 롬 8:32

　아브라함의 언약은 이삭과 야곱으로 이어지면서 아브라함에게 언약하신 나라가 어떤 자손들로 채워지는가를 보여주십니다. 이삭과 야곱에게 하나님이 행하신 일이 '자기 백성을 어떻게 만들어 가시는가'를 보여주는 것입니다.
　아브라함이 받은 언약을 이삭이 완성하고 이삭이 받은 언약을 야곱이 완성하고 야곱이 받은 것을 요셉이 하고 이스라엘이 받은 언약은 준비된 메시아이신 예수님이 최종적으로 모든 것을 완성시

키셔서 영원한 예수 그리스도 안으로 우리를 이끄신 것입니다.

그리스도인은 하나님이 행하신 일을 보면서 믿음은 결코 인간에 의해 가능한 것이 아님을 배우는 것이고 하나님이 행하신 일로 인해 기뻐하고 감사하게 됩니다. 우리 자신을 생각하면 구원 받을 수 없는 모습밖에 보이지 않습니다. 그럼에도 불구하고 하나님이 언약대로 이루십니다. 그 언약의 성취가 그리스도의 십자가로 나타난 것입니다. 이 모든 일을 두고 하나님의 전능하심이라고 말합니다.

언약은 공동체 내부적으로 계속해서 언약의 작용 때문에 변화가 일어나면서 외부적으로 효과를 줍니다. 축복된 자가 누구인지를 보여주는 증인의 역할이 일어날 때 그 증인이 축복과 관련된 복을 받는 사람이 됩니다. 예수 그리스도를 보여주는 그리스도인의 사명을 수행하면 주 예수 그리스도와 관련된 놀라운 부요를 누리게 되는 것입니다.

5. 모세 언약

시내산 언약

모세 언약은 하나님께서 아브라함과 이삭과 야곱에게 세우신 언약과 연결된 내용입니다. 아브라함과 언약하신 하나님의 언약대로 이스라엘 백성들이 애굽에서 때가 되어 출애굽하게 됩니다. 출애굽 사건은 결코 이스라엘 백성들이 독립운동해서 일어난 것이 아닙니다. 하나님께서 자기 언약을 기억하셨기에 그들을 출애굽시키시는 것입니다. 그들은 그저 등 따시고 배부르면 좋다고 사는 자들이었습니다. 그러나 그런 상태가 지속되지 못하도록 바로의 마음을 강퍅하게 하셔서 고역을 가중시키는 것입니다. 그제야 부르짖고 그 부르짖음을 하나님이 들으시고 자기 맹세를 기억하시는 것입니다.

"24 하나님이 그들의 고통 소리를 들으시고 하나님이 아브라함과 이삭과 야곱에게 세운 그의 언약을 기억하사 25 하나님이 이스라엘 자손을 돌보셨고 하나님이 그들을 기억하셨더라"(출 2:24-25)

이와 같이 아브라함과 이삭과 야곱에게 세우신 언약을 기억하심으로 시작되는 것이 모세 언약입니다.

7 여호와께서 이르시되 내가 애굽에 있는 내 백성의 고통을 분명히 보고 그들이 그들의 감독자로 말미암아 부르짖음을 듣고 그 근심을

알고 8 내가 내려가서 그들을 애굽인의 손에서 건져내고 그들을 그 땅에서 인도하여 아름답고 광대한 땅, 젖과 꿀이 흐르는 땅 곧 가나안 족속, 헷 족속, 아모리 족속, 브리스 족속, 히위 족속, 여부스 족속의 지방에 데려가려 하노라 9 이제 가라 이스라엘 자손의 부르짖음이 내게 달하고 애굽 사람이 그들을 괴롭히는 학대도 내가 보았으니 10 이제 내가 너를 바로에게 보내어 너에게 내 백성 이스라엘 자손을 애굽에서 인도하여 내게 하리라 11 모세가 하나님께 아뢰되 내가 누구이기에 바로에게 가며 이스라엘 자손을 애굽에서 인도하여 내리이까 12 하나님이 이르시되 내가 반드시 너와 함께 있으리라 네가 그 백성을 애굽에서 인도하여 낸 후에 너희가 이 산에서 하나님을 섬기리니 이것이 내가 너를 보낸 증거니라(출 3:7-12)

이스라엘의 고통을 보고 부르짖음을 듣고 근심을 알고, 내려가서 건져내어 인도하여 데려가려고 한다고 합니다. 그래서 시내산에서 하나님을 섬기게 하시겠다는 것입니다. 모세 언약은 이스라엘의 출애굽 사건에서부터 시작된다고 할 수 있습니다.

"여호와께서 모세에게 이르시기를 내가 이제 한 가지 재앙을 바로와 애굽에 내린 후에야 그가 너희를 여기서 내보내리라 그가 너희를 내보낼 때에는 여기서 반드시 다 쫓아내리니"(출 11:1)

애굽의 바로는 아홉 가지의 재앙을 겪었으면서도 이스라엘 내보내기를 거절합니다. 재앙으로 인해 고통을 겪을 때는 죄를 지었으니 용서해 달라고 하면서 모세의 말대로 이스라엘을 보내줄 것처럼 하다가 재앙이 멈추면 또 다시 본래의 완악함을 드러내며 보내지 않기를 반복합니다.

바로가 이스라엘을 보내는 것을 거부하는 것은 자기의 이익과 자존심 때문으로 볼 수 있습니다. 이스라엘의 노동력은 애굽에 많은 도움이 됩니다. 그리고 나름대로 자기의 신을 섬기고 있는 바로가 이스라엘 민족의 신인 하나님이 말씀하셨다는 모세의 말만 듣고 이스라엘을 보낼 리가 없는 것입니다. 바로는 이러한 속성을 여러 재앙을 겪으면서 드러낸 것입니다. 따라서 재앙은 단지 애굽을 고통스럽게 해서 이스라엘을 보내도록 하기 위한 것이라기보다는 '바로의 속성이 드러나게 하기 위한 것'으로 이해할 수 있습니다. 주목할 것은 완악한 바로의 속성이 드러남으로 해서 '이스라엘 또한 바로와 다르지 않음'을 나타내고자 한 것이 재앙에 담긴 의미라는 것입니다.

하나님은 모세에게 한 가지 재앙을 내린 후에야 너희를 여기서 내보낼 것이라고 말씀합니다. 한 가지 재앙은 열 재앙 중에서 마지막 재앙을 말합니다. 그런데 '마지막 재앙' 또는 '열 번째 재앙'이라고 하지 않고 '한 가지 재앙'이라고 말씀하신 것에 초점을 둘 필요가 있습니다. 왜냐하면 아홉 가지의 재앙과 열 번째 재앙을 서로 구분하고 계시는 것으로 이해할 수 있기 때문입니다. 아홉 가지 재앙으로 바로의 속성이 드러납니다. 그리고 '바로의 속성에 대한 하나님의 심판'을 열 번째 재앙으로 보이시는 것입니다. 만약 애굽에 내려진 재앙의 목적이 단지 이스라엘의 출애굽이라면 번거롭게 열 재앙을 내릴 이유가 없습니다. 처음부터 견딜 수 없는 강력한 재앙을 내려서 애굽을 굴복시키면 되기 때문입니다.

이런 점에서 보면 애굽에 내린 재앙은 단지 출애굽이 목적이 아니라 하나님의 말씀에 순종하지 않고, 순종하는 척 하다가도 또 다시 자기 유익을 따라 흘러가는 바로와 같은 완악한 인간의 속성을 보게 하시고 그런 속성을 가진 인간에 대한 심판을 선언하시는 것으로 이해할 수 있는 것입니다. 바로의 속성으로부터 이스라엘도 자유로울 수 없습니다. 이스라엘만이 아니라 모든 인간에게 바로의 속성이 있습니다. 따라서 모든 인간이 죽음에 해당된다는 것을 보이는 것이 한 가지 재앙, 즉 장자 죽음인 것입니다.

하나님은 애굽땅에 모든 처음 난 것을 치십니다. 처음 난 것은 모든 것을 대표하는 대표성을 지닙니다. 따라서 처음 난 것을 치신다는 것은 애굽의 모든 것을 치신다는 뜻이 됩니다. 이것을 통해서 바로의 완악한 속성으로 존재하는 애굽은 하나님의 심판을 받아야 한다는 사실이 증거가 됩니다. 이스라엘도 바로와 다르지 않기 때문에 그들 역시 장자의 죽음에서 자유로울 수 없습니다. 그리고 장자의 죽음에서 벗어날 수 있는 길을 주시는데 그것이 어린 양의 피를 집 좌우 문설주와 인방에 바르는 것입니다. 출12:7 하나님이 애굽 땅을 칠 때 어린양의 피가 표적이 되어 그 피를 봄으로써 내린 재앙이 멸하지 않게 된다는 것입니다. 출12:13 장자 재앙은 애굽 사람과 이스라엘 사람을 구분하는 것이 아니라 피가 표적이 되어 심판의 여부가 결정됩니다. 이스라엘 사람이라 할지라도 어린양의 피의 표적이 없다면 심판에서 벗어날 수 없습니다. 결국 이스라엘이 애굽의 심판에서 벗어나 하나님이 약속하신 땅을 향해 갈 수 있게 된 것은 어린양의 피로 말미암아 실현된 것입니다.

어린양의 피는 하나님의 낮아지심, 즉 희생을 의미합니다. 이것을 '하나님의 구속'이라고 합니다. 하나님의 희생으로 자기 백성을 구원하신다는 하나님의 뜻과 의지가 어린양의 피로 증거가 된 것입니다. 따라서 이스라엘은 어린양의 피, 하나님의 희생으로 살아난 존재를 뜻하는 것이고, 누구든 어린양의 피의 은혜를 망각한다면 그는 이스라엘이라 할 수 없게 됩니다. 이것을 이스라엘에게 남겨두기 위해 세워진 것이 유월절입니다. 즉 유월절은 '너희는 무엇으로 존재 하는가'를 묻는 것입니다. 아브라함과 이삭과 야곱에서 세운 그 언약을 기억하사 이스라엘을 돌보시는 것입니다. 언약대로 행하시는 하나님입니다. 열 재앙과 어린 양의 피를 통과하고 홍해를 건넙니다.

언약이란 '하나님의 동행'이라는 의미가 담겨있습니다. '여호와라는 언약의 하나님'이 등장하여 애굽에 있던 이스라엘 사람을 인도하여 조상에게 약속한 땅으로 데려가겠다고 하십니다. 출 6:2-9 여기에서 '인도한다'는 말이 나오는데, 언약에 따라 인도하시는 형식이 바로 모세 언약입니다.

출애굽기 6장에서 여호와의 나타남과 애굽에서 계속해서 벌어지는 일들이 순전히 여호와 하나님의 일방적인 계획에 의해 일이 추진됩니다. 이 일방적인 계획이 언약이라는 형식으로서 진행되는 것입니다. 따라서 홍해의 갈라짐과 약속의 땅으로 들어감은 언약성취의 과정 중의 하나로 봐야 합니다. 하나님은 일을 추진하는데 언약을 동원하시는 이유가 있습니다. 언약으로 맨 마지막에 나타난 국가는 언약에 의해서만 통지되고 유지되는 국가가 됩니다. 언약이 아니면 생겨나지 않았을 국가입니다. 하나님의 언약이 없이 생겨난 국가가 하나님으로부터 인정을 받으려면 하나님의 의에 합당한 수준까지 도달해야 합니다. 그러나 출애굽 사건에서 밝혀졌듯이 애굽과 같은 언약이 없는 나라는 하나님 앞에서 싱벌의 대상으로 남게 됩니다. 다만 언약과 연계되어 있는 국가인 이스라엘만이 사랑의 대상이 된 것입니다. 하나님의 언약에 의한 일하심은 이 우주에 참된 국가는 아예 없다는 것을 분명히 하고 계시는 것입니다. 언약 없이 하나님과 관계를 가질 나라가 그 어디에도 없기 때문에 언약으로 일하시는 하나님이십니다. 따라서 언약이 등장하는 것은 먼저 세상의 부정을 보여주기 위한 것입니다. 오직 언약 나라 안에서만 하나님이 거하십니다.

"17 주께서 백성을 인도하사 그들을 주의 기업의 산에 심으시리이다 여호와여 이는 주의 처소를 삼으시려고 예비하신 것이라 주여 이것이 주의 손으로 세우신 성소로소이다 18 여호와께서 영원무궁 하도록 다스리시도다 하였더라"(출 15:17-18)

이와 같이 언약이란 하나님께서 선택한 자들을 자기백성으로 삼고자하시는 의도에서 나온 표현방식입니다. 따라서 언약 속에는 다음의 두 가지 내용이 내포되어 있습니다. 첫째는 이 세상 그 누구도 스스로 하나님의 백성으로서 자격이 있는 자는 없다는 것이고, 다음으로는 다만 이 하나님의 언약성취 안에 있는 자들만이 하나님의 백성이라는 것입니다. 이 두 가지 내용을 성취하기 위해 하나님은 열심히 버림 속에 남김의 일을 수행하고 계십니다. 따라서 그들을 향한 언약의 하나님은 하나님이 원래 제시한 의와 거룩의 기준에 의해서 '버려짐'과 '다시 찾음'을 반복하게 됩니다.

백성들 속에 언약이 존재하기 위해서는 백성들이 언약발생에 깊숙이 관여한 바가 되어야 합니다. 백성과 무관한 일방적 언약 통보는 언약이 지니고 있는 공동운명체의 발생을 막게 되기 때문에 공동운명체가 되려면 백성들에 의해 사건이 일어나야 합니다. 그 과정 속에서 언약의 요건이 이루어지게 됩니다. 이것을 보여주는 것이 모세가 언약의 틀을 만들게 됩니다. 그는 이것을 위해 시내산을 오르락내리락하게 됩니다. 모세가 10계명을 받기 위해 처음 시내산을 올라가서 내려올 때, 그의 손에는 아무것도 들려있지 않았습니다. 그는 그냥 십계명을 외워서 내려온 것입니다. 돌판이 없었습니다. 그 시내산에서 모세는 거룩을 체험했습니다. 그 거룩을 기준으로 하여 무엇이 죄이며 무엇이 의가 되는 줄을 알게 됩니다. 출애굽기 19장 5절에서 말하는 '거룩한 백성'의 의미를 알게 된 것입니다. 그는 내려와서 자기가 들은 모든 것을 낱낱이 기록했습니다. 모세가 첫 번 계명을 받으러 올라갈 때에 모세 외에 그 누구도 시내산에 가까이 할 수 없었습니다. 하나님은 너무나도 거룩한 분이시기 때문입니다. 그래서 모세는 제사를 드리면서 그것을 평지인 지상에서 반복합니다. 말씀을 선포하고 그리고 희생의 제물을 드림으로 하나님이 함께 하시기를 바라는 것입니다. 거룩한 분과 백성들 사이에서의 정결한 희생제사가 중보가 되어 그 충돌을 해소시켜 주고 있는 것입니다.

"주의 인자하심으로 주께서 구속하신 백성을 인도하시되 주의 힘으로 그들을 주의 거룩한 처소에 들어가게 하시나이다"(출 15:13)

출애굽하고 홍해를 건넌 후에 모세의 찬양내용입니다. 출애굽 시킨 목적이 이스라엘 백성들을 위한 것이 아니라 여호와의 처소를 삼기 위한 것입니다. 출애굽의 목적은 이스라엘을 애굽의 종살이에서의 해방이 아닙니다. 하나님의 자기 처소를 삼기 위하여 구속하신 것입니다.[출 15:17] 오늘날도 많은 사람들이 구원을 이해할 때에 자기중심적인 구원을 말합니다. 세상에서 힘들고 고생스러우니 이런 고생이 없는 천국에 가면 좋겠다고 합니다. 이런 사람들은 천국이라는 곳을 가도 자신이 주인노릇 할 사람들입니다. 사실 그런 천국은 없습니다. 이런 천국을 꿈꾸고 출애굽한 이스라엘 백성들은 광야에서 원망만 합니다. 그럼에도 불구하고 하나님께서는 이러한 이스라엘 백성들과 시내산에서 언약을 체결하심을 통하여 인간의 죄가 무엇인지 보여줍니다.

이러한 '하나님의 처소'란 그리스도인이 하나님의 처소가 됩니다. 그래서 예수님은 이 처소를 만드시고 그 처소가 만들어지면 자기 백성을 자기에게로 인도하신다고 하셨습니다. 그 처소란 하나님 아버지와 예수님이 하나인 그 관계 속에 넣어주신다는 것입니다. 그것이 바로 성령을 보내신 것입니다. 예수님께서 지상에 계실 때에 아버지와 자신이 하나라고 한 것은 성령으로 하나가 되었습니다.

"16 내가 아버지께 구하겠으니 그가 또 다른 보혜사를 너희에게 주사 영원토록 너희와 함께 있게 하리니 17 그는 진리의 영이라 세상은 능히 그를 받지 못하나니 이는 그를 보지도 못하고 알지도 못함이라 그러나 너희는 그를 아나니 그는 너희와 함께 거하심이요 또 너희 속에 계시겠음이라 18 내가 너희를 고아와 같이 버려두지 아니하고 너희에게로 오리라 19 조금 있으면 세상은 다시 나를 보지 못할 것이로되 너희는 나를 보리니 이는 내가 살아 있고 너희도 살아 있겠음이라 20 그 날에는 내가 아버지 안에, 너희가 내 안에, 내가 너희 안에 있는 것을 너희가 알리라"(요 14:16-24)

과연 내 안에 예수님이 계시고 예수님이 내 안에 계십니까? 이것이 하나님의 처소로 삼으신 자의 일차적인 모습입니다. 우리 안에 아들이 있으면 영생이 있습니다. 이것이 빼앗기지 아니할 영원한 복입니다.

모세 언약의 성립과정을 살펴보겠습니다. 출애굽한 이스라엘이 시내광야에 이르렀을 때 하나님이 모세를 산으로 부르시고 언약을 체결하는 모습이 나옵니다.

"5 세계가 다 내게 속하였나니 너희가 내 말을 잘 듣고 내 언약을 지키면 너희는 모든 민족 중에서 내 소유가 되겠고 6 너희가 내게 대하여 제사장 나라가 되며 거룩한 백성이 되리라 너는 이 말을 이스라엘 자손에게 전할지니라"(출 19:5-6)

이스라엘이 하나님의 언약을 지키면 이스라엘은 모든 민족 중에서 하나님의 소유가 되고 하나님에 대해 제사장 나라가 되며 거룩한 백성이 된다는 말씀입니다. 이 말씀은 결국 언약을 지키지 않은 이스라엘은 참된 이스라엘이 아니며 하나님의 소유된 거룩한 백성도 아니라는 뜻이 됩니다. 이것을 보면 하나님의 언약이 의도하는 것은 하나님의 소유된 거룩한 백성 만들기에 있음을 알 수 있습니다. 이스라엘은 자신들을 하나님의 백성으로 간주하고 있습니다.

하지만 하나님께서는 언약을 동원하여 거룩한 자기 백성을 만들고자 하시는 것입니다. 다시 말해서 오직 하나님의 언약 안에서만 하나님의 거룩한 백성이 존재하게 된다는 것입니다. 현대 교회가 인간의 행함을 기준으로 해서 하나님의 백성 됨을 판단하려고 하는 것은 결국 하나님의 언약 밖에서 성경을 해석하기 때문인 것입니다. 하나님의 나라에는 하나님의 소유된 거룩한 백성이 있습니다. 그런데 이 거룩한 백성은 하나님의 언약을 지켰을 때 발생합니다. 하나님의 말씀을 모세에게 전해들은 이스라엘 백성은 일제히 응답합니다.

"여호와께서 명령하신 대로 우리가 다 행하리이다"(출 19:8)

'제사장 나라'는 제사장이 통로가 되어 하나님과의 만남이 이루어지는 나라라는 뜻입니다. 인간의 행함으로는 하나님을 만날 수 없는 것입니다. 장차 영원한 제사장으로 오실 분이 예수 그리스도이므로 우리에게 하나님과의 만남은 예수 그리스도의 피로써 이루질 것을 예표하고 있습니다. '언약의 피'가 하나님이 원하시는 '의'가 되는 것이고 언약의 피를 믿는 자가 하나님께 거룩히 여김을 받는 것입니다. 따라서 오늘날 제사장 나라인 언약의 피로 오신 예수 그리스도를 믿는 믿음의 세계인 것을 미리 보여주고 있습니다. 그러나 이스라엘은 언약을 지키는 일에 있어서 실패합니다. 따라서 그들은 하나님의 백성이 아니라 저주의 백성으로 드러납니다. 이것으로 그 어떤 인간도 하나님의 언약을 지켜서 하나님의 거룩한 백성이 될 수 없음이 증거됩니다. 언약에 있어서 이스라엘에게 주어진 역할이 바로 이것이었습니다. 언약의 완성자는 이스라엘이 아니라 예수님입니다. 이것은 "모세가 그 피를 가지고 백성에게 뿌리며 이르되 이는 여호와께서 이 모든 말씀에 대하여 너희와 세우신 언약의 피니라"출 24:8는 말씀에서 드러납니다.

언약의 피는 거룩한 제물의 피를 말합니다. 즉 이스라엘의 행함으로 언약이 지켜지는 것이 아니라 거룩한 제물이 흘린 피가 거룩한 백성이 되게 하는 것입니다. 그리고 언약을 지켜서 거룩한 백성이 되는 것이 아니라 언약의 피를 믿음으로 거룩한 백성이 됩니다. 즉 언약의 완성자로 오신 예수 그리스도의 피를 믿음으로 하나님의 소유된 거룩한 백성이 되는 것입니다. 이것을 새 언약이라고 합니다.

그리고 새 언약에 의해서 하나님의 거룩한 백성이 있게 되고, 하나님의 거룩한 백성들이 언약의 완성자로 오신 예수 그리스도의 의를 믿으며 예수 그리스도를 왕으로 섬기는 것이 곧 하나님의 나라인 것입니다. 이러한 언약과 하나님 나라의 관계에서 본다면 하나님의 나라는 언약 안에서만 이해될 수 있는 것입니다. 언약 밖에서의 인간은 오직 자기 구원에 관심을 두게 될 뿐이고, 따라서 언약 밖에서의 하나님의 나라는 결국 세상의 종교가 꿈꾸는 극락세계로 드러나기 때문입니다. 언약 안에서만 하나님의 나라가 언약의 피, 즉 언약의 완성자인 예수 그리스도의 피가 그 중심이라는 것을 알 수 있기 때문입니다.

"2 너 모세만 여호와께 가까이 나아오고 그들은 가까이 나아오지 말며 백성은 너와 함께 올라오지 말지니라 3 모세가 와서 여호와의 모든 말씀과 그의 모든 율례를 백성에게 전하매 그들이 한 소리로 응답하여 이르되 여호와께서 말씀하신 모든 것을 우리가 준행하리이다 4 모세가 여호와의 모든 말씀을 기록하고 이른 아침에 일어나 산 아래에 제단을 쌓고 이스라엘 열두 지파대로 열두 기둥을 세우고 5 이스라엘 자손의 청년들을 보내어 여호와께 소로 번제와 화목제를 드리게 하고 6 모세가 피를 가지고 반은 여러 양푼에 담고 반은 제단에 뿌리고 7 언약서를 가져다가 백성에게 낭독하여 듣게 하니 그들이 이르되 여호와의 모든 말씀을 우리가 준행하리이다 8 모세가 그 피를 가지고 백성에게 뿌리며 이르되 이는 여호와께서 이 모든 말씀에 대하여 너희와 세우신 언약의 피니라"(출 24:2-8)

하나님은 다시 모세를 산으로 부르시고 십계명과 함께 그들이 지켜야 할 율례를 선포합니다. 하나님의 율례를 이스라엘에게 전하자 이스라엘은 또 다시 한 소리로 준행하겠다고 말합니다.^{출 24:3} 모세는 하나님의 모든 말씀을 준행하겠다는 백성들의 응답을 들은 후에 산 아래에 제단을 쌓고 이스라엘 열 두 지파대로 열두 기둥을 세운 후에 이스라엘 자손의 청년들을 보내어 여호와께 소로 번제와 화목제를 드리게 합니다. 그리고 모세는 피를 가지고 반은 여러 양푼에 담고 반은 제단에 뿌리고 언약서를 가져다가 백성에게 낭독하여 듣게 하니 그들은 또 다시 반복해서 응답합니다.^{출 24:7} 백성들의 응답의 말을 들은 모세는 그 피를 가지고 백성에게 뿌리며 선포합니다.

"이는 여호와께서 이 모든 말씀에 대하여 너희와 세우신 언약의 피니라"(출 24:8)

이와 같이 모세 언약은 상호 의사를 물어서 쌍방 간에 동의하에 언약을 체결합니다. 모세가 언약 중재자가 되어서 하나님의 말씀을 백성들에게 전하고 백성들의 뜻을 하나님께 전하여 서로 언약을 체결한 것입니다. 피의 언약입니다. 이스라엘 백성들이 모세가 여호와의 말씀을 전하여주니 그 언약에 동의하고 언약서를 낭독하고 소를 잡고 피를 받아서 뿌립니다. 언약의 피라고 합니다. 피로 체결한 언약이기에 생명을 건 언약입니다. 피는 곧 생명이기 때문입니다. 이렇게 언약에 체결된 후에 모세와 아론과 나답과 아비후와 이스라엘 장로 칠십 인이 올라가서 하나님을 뵙게 되는데 하나님은 그들에게

손을 대지 아니하셨고 그들은 하나님을 뵙고 먹고 마셨다고 말합니다. 출 24:10-11 하나님을 뵙고도 죽지 않고 함께 먹고 마신 이것이 언약의 피의 은혜이며, 피의 은혜로 누리는 혜택인 것입니다.

하지만 이스라엘은 아직 언약의 피에 담긴 의미를 모릅니다. 하나님의 희생이 자신들을 살린다는 것을 언약의 피를 보면서도 모르는 것입니다. 그들은 자신들이 하나님의 말씀을 모두 준행하면 된다고 쉽게 생각합니다. 그리고 준행할 수 있다고 생각했습니다. 그러나 사실은 이런 그들에게 십계명과 율례를 주신 것은 하나님의 말씀을 준행하게 해서 구원하고자 하시는 것이 아니라 준행할 수 없는 인간의 무능력과 죄를 보게 하고자 함이었습니다. 이것이 '율법을 주신 하나님의 의도'입니다.

하나님은 이스라엘에게 언약으로 다가오십니다. 이것은 이스라엘을 언약으로 구원하시겠다는 것을 의미합니다. 언약이 하나님의 구원의 방식이라는 것입니다. 이 말은 하나님이 세우신 언약은 인간의 어떤 불의와 행위에도 불구하고 취소되지 않고 반드시 성취된다는 뜻입니다. 따라서 하나님의 언약 외의 방식으로 이루어지는 구원은 없으며 인간의 어떤 행위도 개입될 수 없는 것입니다.

언약의 피는 제물의 피이며 반은 제단에 뿌려지고 반은 백성에게 뿌려집니다. 출 24:8 이것이 의미하는 것은 이스라엘의 구원은 그들이 말씀을 준행함으로서 이루어지는 것이 아니라, 제단에서 피 흘려 죽은 제물의 피로 이루어진다는 것입니다. 즉 언약의 피가 백성의 구원을 책임진다는 것입니다. 따라서 언약의 피 앞에서 이스라엘 백성들이 꼭 알아야 하는 것은 자신들이 스스로 말씀을 실천함으로 성취되는 구원은 없다는 사실입니다. 그것을 위해 율법이 주어졌습니다. 이것을 알리기 위하여 돌판이 주어지게 됩니다. 백성들에게 무엇 때문에 돌판 필요한 지에 대한 이유가 있습니다.

"여호와께서 모세에게 이르시되 너는 산에 올라 내게로 와서 거기 있으라. 너로 그들을 가르치려고 내가 율법과 계명을 친히 기록한 돌판을 네게 주리라"(출 24:12)

여기서 '가르친다'는 것이 새삼 중요합니다. 구체적인 모양과 형체로 되어있는 10계명이 적힌 돌판이 있음으로써 특별히 그 무엇을 가르치고자 하셨던 것입니다. 모세가 이 돌판을 받으러 다시 시내산에 올랐을 때, '성소를 지어라'는 것입니다. 성소란 하나님이 그들 가운데 함께할 수 있고 들어갈 수 있도록 구성된 산 아래 지상 장소입니다.

"거기서 내가 너와 만나고 속죄소 위 곧 증거궤 위에 있는 두 그룹 사이에서 내가 이스라엘 자손을 위하여 네게 명령할 모든 일을 네게 이르리라"(출 25:22)

하나님은 이제 성소인 속죄소(증거궤) 위에서 이스라엘 백성과 만나시겠다는 것입니다. 그 성소 제일 깊숙한 곳에 '증거궤'가 안치되고 그 위에서 하나님이 이스라엘과 만나시겠다는 것입니다. 아울러 제사장이 세워져야 하고 성막도 성소를 보호하기 위해 지어져야 합니다. 모든 것이 지금 증거궤를 겨냥해서 만들어집니다. 말하자면, 지금까지는 하나님께서는 모세와는 만났지만 그 이외에 이스라엘 누구와도 만나지 않았습니다. 거룩하지 않으면 그 누구라도 죽기 때문입니다. 그러면 모세가 대신해서 하나님과 자주 만나면 될 것 같은 데, 새삼스럽게 모든 백성들 속에 하나님이 친히 나타나시겠다는 의도가 있습니다.

모세가 하나님을 만난 것은 시내산 위에서였습니다. 그런데 이제는 시내산 위가 아니라 이 평지입니다. 모세가 다시 시내산을 올라갔을 때 하나님의 방침이 달라진 것입니다. 모세만 만나는 게 아니라 모두와도 만나겠으니 만날 조치를 사전에 지상에서 해야 된다는 것입니다. 거룩과 거룩하지 않는 것이 한 공동체가 되어 이 땅인 지상에서 움직일 수 있는 방안이 특수하게 언약백성에게 나타납니다. 증거궤 위해서는 만날 수 있다는 것입니다. 증거궤를 알면 언약을 알 수 있습니다.

하나님이 모세에게 돌판을 만들어 주시니 모세가 산을 내려옵니다.[출 31:18] 산위에서 만든 돌판의 내려옴은 직접 하나님께서 찾아오심으로 이해할 수 있습니다. 그런데 백성들이 언약을 깨고 있습니다.

"1 백성이 모세가 산에서 내려옴이 더딤을 보고 모여 백성이 아론에게 이르러 말하되 일어나라 우리를 위하여 우리를 인도할 신을 만들라 이 모세 곧 우리를 애굽 땅에서 인도하여 낸 사람은 어찌 되었는지 알지 못함이니라 2 아론이 그들에게 이르되 너희의 아내와 자녀의 귀에서 금 고리를 빼어 내게로 가져오라 3 모든 백성이 그 귀에서 금 고리를 빼어 아론에게로 가져가매 4 아론이 그들의 손에서 금 고리를 받아 부어서 조각칼로 새겨 송아지 형상을 만드니 그들이 말하되 이스라엘아 이는 너희를 애굽 땅에서 인도하여 낸 너희의 신이로다 하는지라"(출 32:1-4)

백성들이 아론에게 말합니다. 우리를 위하여 우리를 인도할 신을 만들어내라고 합니다. 이것이 바로 우상숭배의 특징입니다. 출애굽의 목적은 하나님의 자기 처소 삼기 위함입니다. 그런데 지금 이스라엘 백성들은 하나님을 위한 이스라엘이 아니라 이스라엘을 위한 하나님을 만들어내라고 합니다. 그리고서는 언약에 체결되었다고 금송아지 앞에서 먹고 마시고 뛰어 놉니다. 너희를 위하여 어떤 형상도 만들지 말라고 하셨는데도 말입니다. 출 20:1-5 우리가 흔히 말하는 우상숭배 금지의 말씀인데 무엇이 우상입니까? 형상보다 더 중요한 말씀이 '너희를 위하여'입니다. 즉 나를 위하여 만들어내면 그것이 형상이든지 아니든지 우상이라는 말씀입니다. 그래서 골로새서 3장 5절에서는 탐심이 우상숭배라고 합니다. 탐심을 가지고 하나님을 섬기고, 탐심을 가지고 교회를 만들어 낸다면 이것이 다 우상숭배입니다.

하나님과 피로 맺은 언약을 40일도 되지 않아서 배반하고 자기들을 인도한 신을 만들어 낸 것이 금송아지입니다. 소를 신으로 섬기는 것은 다 풍요와 다산을 기원하는 이방의 우상들입니다. 그런데 그런 소를 황금으로 만들었으니 오늘날의 황금 만능주의와 꼭 같은 우상을 숭배하는 것입니다. 그런데 놀랍게도 그런 금송아지를 무엇이라고 부릅니까? 너희를 애굽에서 인도하여낸 여호와 하나님이라고 합니다. 이들은 십계명중에 1계명에서 3계명까지를 어기고 있었던 것입니다. 말하자면 언약과는 전혀 거리가 먼 애굽적인 방식으로 '여호와를 위한 축제'를 벌리고 있었던 것입니다. 이러한 이스라엘 백성들의 반역을 모세가 보면서 들고 있던 언약의 돌판을 황급히 던져 깨뜨리고야 맙니다. 모세가 금송아지보다 먼저 들고 있던 돌판을 깨뜨린 이유가 있습니다.

"15 내가 돌이켜 산에서 내려오는데 산에는 불이 붙었고 언약의 두 돌판은 내 두 손에 있었느니라 16내가 본즉 너희가 너희의 하나님 여호와께 범죄하여 자기를 위하여 송아지를 부어 만들어서 여호와께서 명령하신 도를 빨리 떠났기로 17 내가 그 두 돌판을 내 두 손으로 들어 던져 너희의 목전에서 깨뜨렸노라 18 그리고 내가 전과 같이 사십 주 사십 야를 여호와 앞에 엎드려서 떡도 먹지 아니하고 물도 마시지 아니하였으니 이는 너희가 여호와의 목전에 악을 행하여 그를 격노하게 하여 크게 죄를 지었음이라 19 여호와께서 심히 분노하사 너희를 멸하려 하셨으므로 내가 두려워하였노라 그러나 여호와께서 그 때에도 내 말을 들으셨고"(신 9:15-19)

이와 같이 모세는 돌판을 깨뜨림으로 인해서 백성들이 모조리 죽는 것을 사전에 막아보고자 했습니다. 만약에 그 돌판이 깨어지지 않았다면 이스라엘 백성들 전체가 다 진멸되었을 것입니다. 그 돌판에 기록된 십계명의 내용을 그대로 배반한 현장입니다. 돌판이 깨어짐은 말씀의 깨어짐입니다. 장차 말씀이 육신으로 오신 예수 그리스도께서 십자가에서 깨어짐으로 자기 백성들의 죄가 용서 받는 것임을 율법을 통하여서도 명백하게 보여주고 있습니다. 다음으로 금송아지를 깬 것은 하나님께서 아론을 죽이려고 하기 때문에 취한 태도였습니다.

"20 여호와께서 또 아론에게 진노하사 그를 멸하려 하셨으므로 내가 그 때에도 아론을 위하여 기도하고 21 너희의 죄 곧 너희가 만든 송아지를 가져다가 불살라 찧고 티끌 같이 가늘게 갈아 그 가루를 산에서 흘러내리는 시내에 뿌렸느니라"(신 9:20-21)

모세의 이와 같은 행위는 모세가 시내산에서 보고 왔던 성소의 의미를 알고서 한 행위였습니다. 돌판을 서둘러 없앰으로 인하여 이전의 상태로 되돌려서 백성들을 전의 상태에 입각해서 살려내고자 했던 것입니다. 금송아지 사건이 마무리 되고 난 뒤 모세는 하나님과 이스라엘 간에 계약이 깨어진 것에 대해서 탄식하며 용서를 구합니다. 이것은 조금 전에 깨어진 돌판으로 인해 이스라엘과의 단절이 발생된 것에 따른 것입니다.

"31 모세가 여호와께로 다시 나아가 여짜오되 슬프도소이다 이 백성이 자기들을 위하여 금 신을 만들었사오니 큰 죄를 범하였나이다 32 그러나 이제 그들의 죄를 사하시옵소서 그렇지 아니하시오면 원하건대 주께서 기록하신 책에서 내 이름을 지워 버려 주옵소서"(출 32:31-32)

하나님은 모세의 기도를 받아주시되 조건이 붙습니다. 모세가 깨진 돌판을 이제 자기 손으로 직접 만드는 것입니다. 이점은 앞으로의 언약이 하나님과 모세와의 언약으로 좁혀졌기 때문에 이스라엘 백성 누구든지 모세의 말을 듣지 아니하는 사람은 광야 길에서 탈락이 된다는 것을 암시해 주는 것입니다.

"이르되 주여 내가 주께 은총을 입었거든 원하건대 주는 우리와 동행하옵소서 이는 목이 뻣뻣한 백성이니이다 우리의 악과 죄를 사하시고 우리를 주의 기업으로 삼으소서"(출 34:9)

지금 남아있는 통로란 자기 자신 밖에 남지 않은 것입니다. 모세는 마지막 남은 자신의 몸을 담보로 하여 계약회복을 요청한 것입니다. 말하자면 백성의 모든 죄를 자신이 대신 책임질테니 백성의 죄를 짊어진 자신과 하나님과 단독으로 재계약이 성사될 수 있도록 탄원하는 것입니다. 버림받았던 백성들이 모세로 인해 돌판을 다시 만든 사람으로 하여금 되찾음이 발생됩니다. 모세가 돌판 둘을 처음 것과 같이 깎아 만들어 손에 들고 시내산에 오르니 여호와께서 말씀을 새겨주십니다. 언약의 말씀, 곧 십계명을 기록한 그 판들을 가지고 내려오니 모세는 영광의 사람으로 변해 있었습니다. 출 34:29

드디어 모세는 하나님의 지시대로 지상에서 성소와 성막을 만들게 됩니다. 그리고 그 중심 되는 법궤 안에는 깨어진 이후에 다시 만든 돌판이 들어있습니다. 이 깨어졌다가 다시 회복된 돌판에 의하여 새로운 언약체제로 이스라엘은 움직이게 되는 것입니다. 증거궤의 뚜껑인 속죄소에서 피가 대제사장에 의해서 뿌려집니다. 거기에서 하나님은 이스라엘과 만나고 또 동행하게 됩니다. 구름기둥과 불기둥이 그 위에 솟아 올라있는 것입니다.

이미 백성들이 십계명을 다 알고 있지만 구태여 깨어질 수 있는 '돌판'을 만들라고 하신 것은 모세 언약의 진정한 실체를 '가르치기' 위해서입니다. 이것을 가르치기 위해서 하나님은 첫 번째 돌판이 깨어지고 나서 모세를 불러 친히 '새 돌판'을 만들라고 하신 것입니다. 이렇게 하여 거룩한 분의 '깨어짐'과 '되찾음'에 의해서 이스라엘은 언약의 공동체가 되어있는 것입니다. 이러한 거룩한 분의 의지를 알고 있는 모세가 들고 있는 돌판을 깨뜨리게 되었고 지상에서 새로운 언약의 책임자인 모세가 직접 그 돌판을 다시 만들게 되었던 것입니다. 이제부터 이스라엘은 모세에게 예속된 공동체가 된 것입니다. 하나님은 책임자인 모세를 보아서 그들과 함께 동행하십니다. 모세는 또 아론에게 안수함으로 제사장 제도도 모세의 예속 아래에 두게 됩니다. 따라서 이스라엘은 계속 이 지상에서 유일한 거룩한 공동체가 되는 것입니다.

죄악된 이스라엘 백성들에 의해서 깨져버린 돌판이었지만 그 돌판은 모세의 희생이 첨가된 형식으로 백성들과 운명을 같이 하게 됩니다. 성소 깊숙이 하나님과 만나는 발판이 '언약의 증거궤'라는 것은 백성들이 너무나도 잘 알게 됩니다. 그것은 자기 죄로 인해 돌판이 한 번 깨어졌다는 것을 증거 하는 증거궤 속에 '회복된 언약 돌판'이 들어있는 것입니다. 계명을 어기고 깨뜨리는 자들을 자기 백성으로 감싸주시는 하나님의 긍휼이 바로 '언약의 내용'이 되며 이러한 희생은 하나님이 친히 자기 백성들과 동행하려고 강림함으로 이루어진 사건입니다.

앞으로 언약의 피는 성막과 제사 제도의 내용으로 존재하게 됩니다. 제사에서 흘려지는 제물의 피는 하나님의 희생을 계시하며, 하나님이 대신 희생하심으로 자기 백성의 모든 죄를 덮으시는 긍휼하심과 자비하심을 증거 하는 것입니다. 따라서 율법을 지킨다는 것은 제물의 피로 증거 되는 하나님의 희생을 믿으며, 그 희생 앞에서 자신의 불의함을 깨닫고 그 모든 것을 용서하신 긍휼과 자비하심에 감사하는 것이기에 모세 언약에서 율법과 복음은 결코 충돌되지 않는 것입니다.

그래서 모세가 이스라엘 백성들에게 말씀을 지켜 행하라고 하는 것은 실천적 의미에서가 아니라 '자신의 희생으로 모든 죄를 용서하신 그 사랑과 은혜를 믿는 것'을 뜻합니다. 말하자면 하나님께서 자기 백성들에게 '소통하는 내용'으로서 말씀하시는 것입니다.

그렇다면 하나님의 사랑과 은혜를 믿지 않는 것은 이스라엘 백성처럼 '준행할 수 있다'고 하는 것이기에 누구든 자신의 행함을 내세우고 자랑하는 것은 불신앙이라고 결론 내릴 수 밖에 없습니다. 오늘도 우리의 죄를 율법으로 살피시면 누구도 감히 설 수가 없습니다. 모든 율법의 저주를 대신 짊어지신 그 십자가만이 우리의 구원의 소식이 됨을 우리는 영원히 말해야 하고 전해야 할 기쁨의 큰 소식인 것입니다.

모압 언약

인간이 자신의 행위로는 복을 받을 수도 없다는 것을 살펴보려고 합니다. 복을 받을 수 없을 뿐 아니라 복이란 하나님의 모든 계명의 완성으로 주어지는 의에 이를 수도 역시 없다는 사실입니다.

> "네가 네 하나님 여호와의 말씀을 삼가 듣고 내가 오늘 네게 명령하는 그의 모든 명령을 지켜 행하면 네 하나님 여호와께서 너를 세계 모든 민족 위에 뛰어나게 하실 것이라"(신 28:1)

우리가 아주 잘 아는 신명기의 말씀입니다. 들어가도 복을 받고 나가도 복을 받는다는 말씀입니다. 그런데 그런 복을 받기 위해서는 반드시 조건이 있습니다. 이런 조건이 충족되어야 복이 주어지는 것이 율법입니다. 그 조건이란 여호와의 명령을 지켜야 하는데 모든 명령을 지켜야 합니다.

여기서 분명하게 모든 명령이라고 합니다. 모세 오경에서만 하나님의 명령인 '무엇을 하라, 하지 말라'는 계명이 613가지라고 합니다. 따라서 사람이 율법의 행위로서 복을 받고 의롭다함을 받으려고 한다면 613가지의 모든 명령과 규례를 하나도 어김없이 다 지켜야 한다는 말씀입니다. 만약 그 중에 하나라도 지키지 못하면 어떻게 되는 것입니까? 지킨 것만큼 인정하여 주고 나머지는 다른 것으로 보충하여 만들어낼 수가 없습니다. 세상의 법은 그렇게 통할지 모르지만 전능하시고 절대적인 하나님 앞에서는 그런 것은 결코 통하지 않습니다.

"네가 만일 네 하나님 여호와의 말씀을 순종하지 아니하여 내가 오늘 네게 명령하는 그의 모든 명령과 규례를 지켜 행하지 아니하면 이 모든 저주가 네게 임하며 네게 이를 것이니"(신 28:15)

여호와께서 명령하시는 모든 명령과 규례를 지켜 행하지 아니하면 이 모든 저주가 임할 것이라고 합니다. 모든 명령과 규례를 지켜 행하면 복을 받지만 만약 하나라도 지키지 못하면 저주를 받는데 그 저주의 내용이 복의 내용보다 양으로 세배가 넘습니다. 복의 내용은 1-14절이지만 저주의 내용은 15-68절입니다. 그러면 이러한 율법을 받은 이스라엘 백성들이 복은 받기는커녕 저주를 받았습니다. 그 이유는 이 많은 율법의 조문을 완벽하게 다 지켜 행할 자가 아무도 없기 때문입니다. 그런데 이런 율법을 다 지킴으로 율법의 의로는 흠이 없다고 하는 자들이 있었습니다. 이들이 서기관과 바리새인들입니다. 그러나 이들이 지킨 율법이라는 것도 랍비들의 해석으로 인하여 장로들의 유전과 전통들이 가미되었기에 적당하게 타협하게 된 것입니다. 그 결과는 입술로는 하나님을 사랑한다고 하지만 그 마음으로는 자신의 이익을 쫓은 것이지 율법의 정신과 뜻을 제대로 지킨 것이 아닙니다.

따라서 율법과 선지자의 핵심 요점인 마음을 다하고 성품을 다하고 뜻을 다하여 하나님을 사랑하고 이웃을 자기 몸처럼 사랑하는 것에는 결코 이를 수가 없었습니다. 율법을 지킨다고 한 것이 오히려 자기만 사랑한 것임이 예수님 앞에서 다 들통이 난 것입니다. 따라서 율법을 지켜서 스스로 의롭다고 여긴 자들이 예수님을 살해하게 되었다는 사실입니다. 그래서 예수님께서 율법의 뜻과 의미를 말씀하시고 그 율법을 완성하실 분이 자신임을 증거 하였을 때에 사람들은 어떻게 하면 예수를 죽일까를 의논하다가 결국 십자가에 못 박아 죽였다는 것이 율법을 받은 유대인들의 모습입니다.

그런데도 오늘날도 사람들은 율법을 지켜서 복을 받으려고 합니다. 그러한 법칙 중에 구약의 율법도 아닌 여러 가지 법들을 지킴으로 복을 받는다고 합니다. 구약 성경 전체를 통하여 이스라엘 백성들이 율법의 행위로서 복을 받은 것이 아니라 저주를 받은 것인데 그 저주란 바로 예수 그리스도를 배척한 것이라는 말입니다.

> "무릇 율법 행위에 속한 자들은 저주 아래에 있나니 기록된바 누구
> 든지 율법 책에 기록된 대로 모든 일을 항상 행하지 아니하는 자는
> 저주 아래에 있는 자라 하였음이라"(갈 3:10)

인간의 율법의 행위로는 복을 받지도 못하고 의롭다함을 받지도 못한다고 합니다. 바울사도는 율법의 행위에 속한 자들은 저주 아래 있는 자라고 합니다. 그 이유는 기록된바 즉 율법에 기록이 되었다는 말씀입니다. 모든 율법을 항상 지켜 행하지 아니하면 저주아래 있습니다.^{신 27:26} 따라서 인간의 어떤 율법적인 행함으로 의에 이르고자 하면 복을 받는 것이 아니라 저주를 받게 되어 있다는 말입니다.

> "10 누구든지 온 율법을 지키다가 그 하나를 범하면 모두 범한 자
> 가 되나니 11 간음하지 말라 하신 이가 또한 살인하지 말라 하셨은
> 즉 네가 비록 간음하지 아니하여도 살인하면 율법을 범한 자가 되
> 느니라"(약 2:10-11)

온 율법을 지키다가 하나를 어기면 모두 범한 자가 됩니다. 여기서는 간음과 살인만 말하지만 613가지의 모든 명령과 규례를 다 지키다가 하나만 어기면 모든 것을 다 어긴 것이 되기에 인간이 스스로의 행위로 의롭다함을 받으려고 한다면 저주아래 들어가는 것입니다. 그러면 어떻게 하라는 것일까요?

"13 그리스도께서 우리를 위하여 저주를 받은바 되사 율법의 저주에서 우리를 속량하셨으니 기록된바 나무에 달린 자마다 저주 아래에 있는 자라 하였음이라 14 이는 그리스도 예수 안에서 아브라함의 복이 이방인에게 미치게 하고 또 우리로 하여금 믿음으로 말미암아 성령의 약속을 받게 하려 함이라"(갈 3:13-14)

따라서 예수님께서 나무에 달리신 것은 신명기 21장 23절의 말씀에 의하며 저주 받아 죽은 죽음입니다. 율법을 어려서부터 외우다시피 배우는 유대인들에게는 십자가에 달려 죽은 예수님은 저주 받아 죽은 죽음으로 이해합니다. 자신들의 율법의 행위로 의롭다고 여기는 자들은 그 저주 받은 죽음이 자신의 저주를 대신 받은 것이라고 결코 믿을 수가 없었습니다. 따라서 십자가에 못 박혀 죽으신 예수가 다시 살아나셨고 주와 그리스도가 되셨다는 것을 믿는 것은 성령이 아니고서는 불가능한 일입니다.

그런데 예수님께서 부활승천하신 후에 아버지께로부터 성령을 받아 성령을 부어주시는 분이 되셨습니다. 이렇게 아버지와 아들로 인하여 성령이 임한 자들은 십자가에 못 박히신 예수님이 자기 백성의 저주를 대신 받았음을 알고 믿게 됩니다. 이렇게 믿게 되는 사람은 사람의 행위로 되는 것이 아니라 창세전의 언약대로 되는 것입니다.

"이 약속들은 아브라함과 그 자손에게 말씀하신 것인데 여럿을 가리켜 그 자손들이라 하지 아니하시고 오직 한 사람을 가리켜 네 자손이라 하셨으니 곧 그리스도라"(갈 3:16)

이것이 아브라함이 받은 영원한 복입니다. 예수 그리스도를 믿음으로 의롭다함을 받는 것입니다. 따라서 이제는 율법의 행위로가 아니라 오직 믿음으로 의롭다함을 받고 사는 것입니다. 이것이 아브라함이 받은 복이며 모세가 말하고자 한 궁극적인 복입니다. 아브라함 언약 다음에 모세 언약이 주어진 것은 아브라함이 왜 자신의 행함이 아니라 하나님의 선물인 믿음으로만 의롭다함을 받아야 하는지를 보여주는 것입니다. 따라서 율법의 기능이란 죄로 심히 죄 되게 하는 것입니다. 율법을 통하여 죄를 알게 되고 예수 그리스도를 믿어야 한다는 사실을 알게 하십니다. 하나님께서는 모든 사람이 율법을 통하여 죄 아래 갇혔다는 사실을 알게 하시고 그런 자들을 오직 예수 그리스도의 십자가의 능력으로만 구원하십니다. 그러므로 예수 그리스도의 십자가 외에는 자랑할 것이 없는 자들이 예수님을 믿는 사람들입니다.

지금은 새 언약시대입니다. 오직 예수 그리스도의 희생으로 인하여 우리가 의롭다함을 받고 영원한 생명을 선물로 받아서 살아갑니다. 그런데도 사람들은 이러한 은혜의 선물보다는 자신의 행위로 다른 사람들과의 차이성을 드러내려고 합니다. 이것은 예수님의 십자가의 공로보다는 자신의 가치를 더 챙기고 싶은 죄인의 욕망입니다. 이런 욕망을 부추기는 많은 말들이 있습니다. 그런 것 중에 하나가 '구원은 은혜로 받지만 복은 행함으로 받는다'고 하는 것입니다. 그러나 복이란 아브라함이 예수님을 믿음으로 말미암아 복을 받았는데 그 복이 바로 예수 그리스도를 믿었다는 사실입니다. 이로써 의롭다함을 받고 영원한 생명을 얻는 것이 참된 복입니다.

사람의 선행이나 양심적인 행동으로 하나님의 의에 이를 수가 없습니다. 어떤 인간의 선행으로도 의에 이를 수가 없다는 사실을 하나님은 아브라함과 그의 후손들을 택하셔서 계시로 보여주셨습니다. 왜 하나님의 의는 아브라함처럼 은혜의 선물인 믿음으로만 주어지는지를 먼저 아브라함을 통하여 보여주신 것입니다. 그리고 아브라함이 믿음으로만 의롭다함을 받았음을 알려주시기 위하여 모세의 율법을 주셔서 구약 이스라엘 역사 속에서 인간의 행위가 어떠한지를 보여주셨습니다.

따라서 모세를 통하여 율법을 받은 이스라엘 백성들에게 예수님이 오실 때 까지 약 1500년 동안 어떤 일이 일어납니까? 율법을 제대로 지키지 못하였기에 북 이스라엘은 앗수르에 멸망하고 남 유다는 바벨론에 멸망합니다. 그러나 하나님의 언약은 영원하시기에 바벨론에 포로로 잡혀갔지만 그 남은 자들이 돌아옵니다. 이들이 돌아와서 스스로 자기반성을 합니다. 우리가 이렇게 남의 나라에 포로로 잡혀가고 나라가 힘이 없는 것은 율법을 지키지 않아서 그렇다는 것을 율법을 통하여 알게 됩니다.

그런데 신명기 말씀을 보면 모든 율법을 다 지켜 행하면 머리가 되고 꼬리가 되지 않는 다는 말씀이 있습니다. 따라서 바벨론 포로에서 돌아와서 율법을 철저하게 지키자는 운동이 일어납니다. 이 운동이 바리새파 운동입니다. 그런데 그 결과 율법을 완성하러 오신 예수님을 죽이려고 의논하고 결국은 십자가에 못 박아 죽였다는 사실입니다. 이를 통하여 율법을 지킨다고 한 자들이 결국 어떤 죄인인지가 극명하게 드러났습니다. 따라서 율법을 주신 이유가 성령이 임하고서 밝히 드러납니다. 예수님께서 십자가에서 죽으시고 부활 승천하십니다. 하나님과 예수님으로 부터 성령이 부어집니다. 그 결과 계시를 받은 사도들이 신약을 기록합니다.

> "19 우리가 알거니와 무릇 율법이 말하는 바는 율법 아래에 있는 자들에게 말하는 것이니 이는 모든 입을 막고 온 세상으로 하나님의 심판 아래에 있게 하려 함이라 20 따라서 율법의 행위로 그의 앞에 의롭다 하심을 얻을 육체가 없나니 율법으로는 죄를 깨달음이니라 21 이제는 율법 외에 하나님의 한 의가 나타났으니 율법과 선지자들에게 증거를 받은 것이라"(롬 3:19-21)

율법을 주신 이유를 이곳의 말씀만 보아도 너무나 분명하게 나옵니다. 19절에서 율법아래 있는 자들에게 말하는 것인데 왜 율법을 주신 것입니까? 모든 입을 막고 온 세상으로 하나님의 심판 아래에 있게 하기 위하여 율법을 주셨다는 것입니다. 그런데 율법에서 율법을 행하는 자는 율법으로 살리라고 하신 말씀도 있습니다. 그러면 율법을 주시고 그 율법을 다 지키는 자가 만약에 있다면 율법으로 생명을 얻을 수 있는 자가 나오겠지만, 어떤 인간도 율법을 다 지켜서 의에 이를 수가 없다는 것을 보여주기 위하여 율법을 주셨다는 말씀입니다. 율법으로 죄를 깨닫는다고 하는 것입니다.

율법은 진노를 이루게 하나니 율법이 없는 곳에는 범법도 없다고 합니다.롬 4:15 따라서 율법이란 사람이 죄 아래 갇혀있다는 사실을 알게 하십니다. 그런데도 율법을 받은 자들은 이 사실을 알지 못하고 율법을 지켜서 스스로 의에 이르고자 하였습니다. 그러나 이 율법을 받아서 전하여 준 모세는 율법을 지키지 못할 것을 알았습니다.

"20 내가 그들의 조상들에게 맹세한바 젖과 꿀이 흐르는 땅으로 그들을 인도하여 들인 후에 그들이 먹어 배부르고 살찌면 돌이켜 다른 신들을 섬기며 나를 멸시하여 내 언약을 어기리니 21 그들이 수많은 재앙과 환난을 당할 때에 그들의 자손이 부르기를 잊지 아니한 이 노래가 그들 앞에 증인처럼 되리라 나는 내가 맹세한 땅으로 그들을 인도하여 들이기 전 오늘 나는 그들이 생각하는 바를 아노라"(신 31:20-21)

율법을 주신 이유는 너희는 율법을 어기게 될 때 깨달으라고 합니다. 따라서 율법의 행위로는 어느 누구도 하나님의 의에 이를 수가 없습니다.

"23 모든 사람이 죄를 범하였으매 하나님의 영광에 이르지 못하더니 24 그리스도 예수 안에 있는 속량으로 말미암아 하나님의 은혜로 없이 의롭다 하심을 얻은 자 되었느니라 25 이 예수를 하나님이 그의 피로써 믿음으로 말미암는 화목제물로 세우셨으니 이는 하나님께서 길이 참으시는 중에 전에 지은 죄를 간과하심으로 자기의 의로우심을 나타내려 하심이니 또는 그의 피를 믿음으로 말미암는 화목제물로 세우셨으니 26 곧 이 때에 자기의 의로우심을 나타내사 자기도 의로우시며 또한 예수 믿는 자를 의롭다 하려 하심이라 27 그런즉 자랑할 데가 어디냐 있을 수가 없느니라 무슨 법으로냐 행위로냐 아니라 오직 믿음의 법으로니라 28 따라서 사람이 의롭다 하심을 얻는 것은 율법의 행위에 있지 않고 믿음으로 되는 줄 우리가 인정하노라"(롬 3:23-28)

하나님께서 모든 사람을 순종하지 아니하는 가운데 가두어 두셨다고 합니다. 이것이 율법의 기능입니다. 어느 누구도 스스로 순종하여 의에 이를 자가 없습니다. 하나님이 자기 백성을 구원하는 방식은 긍휼입니다. 긍휼이란 불쌍히 여겨서 구원한다는 말입니다.

"32 하나님이 모든 사람을 순종하지 아니하는 가운데 가두어 두심은 모든 사람에게 긍휼을 베풀려 하심이로다 33 깊도다 하나님의 지혜와 지식의 풍성함이여, 그의 판단은 헤아리지 못할 것이며 그의 길은 찾지 못할 것이로다 34 누가 주의 마음을 알았느냐 누가 그의 모사가 되었느냐 35 누가 주께 먼저 드려서 갚으심을 받겠느냐 36 이는 만물이 주에게서 나오고 주로 말미암고 주에게로 돌아감이라 그에게 영광이 세세에 있을지어다 아멘"(롬 11:32-36)

하나님의 구원은 긍휼로만 구원하십니다. 이것은 인간의 어떤 행위로 구원받지 못하게 하십니다. 만약 그러한 행위로 의에 이르고자 한다면 그것은 자기의 자랑이 되기 때문입니다. 하나님의 천지창조의 목적도 하나님의 영광이며, 그 영광이란 하나님의 아들이 영광을 받는 것이 곧 하나님의 영광입니다.

"5 너희 안에 이 마음을 품으라 곧 그리스도 예수의 마음이니 6 그는 근본 하나님의 본체시나 하나님과 동등됨을 취할 것으로 여기지 아니하시고 7 오히려 자기를 비워 종의 형체를 가지사 사람들과 같이 되셨고 8 사람의 모양으로 나타나사 자기를 낮추시고 죽기까지 복종하셨으니 곧 십자가에 죽으심이라 9 이러므로 하나님이 그를 지극히 높여 모든 이름 위에 뛰어난 이름을 주사 10 하늘에 있는 자들과 땅에 있는 자들과 땅 아래에 있는 자들로 모든 무릎을 예수의 이름에 꿇게 하시고 11 모든 입으로 예수 그리스도를 주라 시인하여 하나님 아버지께 영광을 돌리게 하셨느니라"(빌 2:5-11)

예수님의 이름 앞에 무릎을 꿇는 것이 하나님께 영광이 됩니다. 스스로 하나님이 되려고 한 것이 근원적인 죄입니다. 구원이란 십자가 지신 예수 그리스도 앞에 무릎을 꿇는 것입니다.

6. 다윗 언약

　다윗 언약은 다윗 같은 왕의 공로로 다른 이들이 구원받는다는 법칙이 적용되는 것을 특징으로 하고 있습니다. 이것은 다윗이 본보기가 되어 다윗처럼 살아야 구원된다는 말이 아닙니다. 다윗 언약이란 왕 한 분의 신앙에 의해서 소속된 전 백성이 구원받게 되는 것과 같이 선택된 왕의 통치속에서 혜택이 누려지는 것입니다.

　다윗 언약은 모세 언약에서 나타난 언약의 피, 즉 희생 제물로 인한 구원 방식을 구체적으로 보여준 것이라 할 수 있습니다. 그것은 다윗의 왕권이 영원히 지속되는 것입니다. 물론 이것은 다윗 가문으로 계승되는 왕권을 말하는 것이 아니라 '다윗 자손'이라는 언약으로 오시는 참된 왕을 의미합니다. 따라서 다윗도 이스라엘의 참된 왕이 아니라는 뜻이 됩니다. 그럼에도 다윗을 택하여 이스라엘의 왕으로 세운 것은 다윗 자손으로 오실 참된 왕이 어떤 왕으로 오시는가를 보여주기 위해서 입니다.

　다윗 언약에 앞서 아브라함 언약의 내용은 땅과 후손이었습니다. 그 언약대로 이스라엘 백성들이 가나안에 들어왔지만 아브라함에게 언약하신 땅의 경계를 다 차지한 사람이 바로 다윗 왕입니다. 이 다윗 왕에게 하나님께서 언약을 맺으시는데 다윗의 후손과 그 위를 대대에 세우신다는 것입니다. 그 위(位)란 왕위를 말합니다. 이러한 다윗의 언약이 장차 예수 그리스도로 연결이 됩니다.

다윗을 제대로 알기 위해서는 먼저 사울을 살펴보아야 합니다. 사울이 왕으로 세워지는 것은 백성들이 요구한 왕입니다. 사무엘 노년에 사무엘의 자녀들은 사사로 합당하지 않는 자들이었습니다. 기도하기를 쉬는 죄를 범하지 않겠다는 사무엘조차 자식 농사를 망친 것입니다. 그러면 사무엘이 기도를 쉬지 않는다는 말은 이스라엘과 하나님 사이의 중보자의 역할로서 기도를 쉬지 않는다는 것입니다. 이런 기도는 로마서 8장에서 성령께서 그리스도인 안에서 말할 수 없는 탄식으로 기도하시고 예수님께서 하나님의 보좌 우편에서 쉬지 않고 기도하시는 것으로 보아야 합니다. 그런데 기도가 마치 자신의 소원 성취를 위한 방법론으로 여기는 것은 성경을 잘못 보는 것입니다.

이러한 사무엘의 사사 사역 말기에 이스라엘 백성들이 왕을 세워달라고 합니다. 그러자 사무엘이 섭섭하였던 것 같습니다. 그럼에도 불구하고 하나님이 사무엘에게 말씀하십니다.

"6 우리에게 왕을 주어 우리를 다스리게 하라 했을 때에 사무엘이 그것을 기뻐하지 아니하여 여호와께 기도하매 7 여호와께서 사무엘에게 이르시되 백성이 네게 한 말을 다 들으라 이는 그들이 너를 버림이 아니요 나를 버려 자기들의 왕이 되지 못하게 함이니라 8 내가 그들을 애굽에서 인도하여 낸 날부터 오늘까지 그들이 모든 행사로 나를 버리고 다른 신들을 섬김 같이 네게도 그리하는도다 9 따라서 그들의 말을 듣되 너는 그들에게 엄히 경고하고 그들을 다스릴 왕의 제도를 가르치라"(삼상 8:6-9)

왕은 이스라엘의 요구사항이었습니다. 이스라엘의 모든 장로가 모여 라마에 있는 사무엘에게 나아가 "그에게 이르되 보소서 당신은 늙고 당신의 아들들은 당신의 행위를 따르지 아니하니 모든 나라와 같이 우리에게 왕을 세워 우리를 다스리게 하소서"^{삼상 8:5}라고 요구한 것입니다. 하나님이 언제나 그들과 함께 하심에도 불구하고 하나님을 보는 것이 아니라 세상 영웅같은 왕을 세워 자신들의 생존 문제를 해결하려고 한 것입니다.

> "6 사무엘이 백성에게 이르되 모세와 아론을 세우시며 너희 조상들을 애굽 땅에서 인도하여 내신 이는 여호와이시니 7 그런즉 가만히 서 있으라 여호와께서 너희와 너희 조상들에게 행하신 모든 공의로운 일에 대하여 내가 여호와 앞에서 너희와 담론하리라"(삼상 12:6-7)

이스라엘을 애굽땅에서 인도하여 낸 이는 모세와 아론이 아니라 하나님이십니다. 따라서 이스라엘은 자신들을 인도하시는 분이 여호와 하나님이심을 믿으면 되는데 사람을 바라봄으로써 늙은 사무엘 대신 이방나라와 같이 자신들을 책임질 왕을 요구한 것입니다. 사무엘은 왕을 구한 이스라엘 백성이 밀을 베는 때에 여호와께서 우레와 비를 보내사 왕을 구한 죄악이 크다는 것을 알게 하겠다고 하고, 이스라엘 백성은 사무엘에게 "당신의 종들을 위하여 당신의 하나님 여호와께 기도하여 우리가 죽지 않게 하소서 우리가 우리의 모든 죄에 왕을 구하는 악을 더하였나이다"^{삼상 12:19}라며 자신들의 죄를 인정합니다. 하나님이 보낸 우레와 비로 인해서 밀을 추수하지 못하게 되자 생존을 위해 왕을 구한 것이 여호와 앞에 죄가 된다는 것을 알게 된 것입니다. 이것으로 하나님은 이스라엘의 생존 문제가 아니라 죄 문제를 위해 함께 하신다는 것을 알 수 있습니다.

"20 사무엘이 백성에게 이르되 두려워하지 말라 너희가 과연 이 모든 악을 행하였으나 여호와를 따르는 데에서 돌아서지 말고 오직 너희의 마음을 다하여 여호와를 섬기라 21 돌아서서 유익하게 도 못하며 구원하지도 못하는 헛된 것을 따르지 말라 그들은 헛되니라 22 여호와께서는 너희를 자기 백성으로 삼으신 것을 기뻐하셨으므로 여호와께서는 그의 크신 이름을 위해서라도 자기 백성을 버리지 아니하실 것이요 23 나는 너희를 위하여 기도하기를 쉬는 죄를 여호와 앞에 결단코 범하지 아니하고 선하고 의로운 길을 너희에게 가르칠 것인즉 24 너희는 여호와께서 너희를 위하여 행하신 그 큰 일을 생각하여 오직 그를 경외하며 너희의 마음을 다하여 진실히 섬기라 25 만일 너희가 여전히 악을 행하면 너희와 너희 왕이 다 멸망하리라"(삼상 12:20-25)

이스라엘이 구하는 왕은 사실은 그들을 유익하게도 못하며 구원하지도 못하는 헛된 것입니다. 이스라엘에게 왕이 없다 할지라도 하나님이 이스라엘을 자기 백성으로 삼으신 것을 기뻐하셨기 때문에 하나님은 하나님의 이름을 위해서라도 자기 백성을 버리지 않으십니다. 이스라엘이 믿어야 할 것은 바로 이것입니다.

죄 문제는 제사장으로 해결되고 죄 문제가 해결된다면 그것으로 이스라엘은 부족할 것이 없기 때문에 왕을 구할 필요가 없는 것입니다. 따라서 이스라엘은 자신들이 구한 왕의 다스림을 받으면서 왕을 구한 죄가 깊다는 것을 깨달으며 자신들에게 제사장이 존재하는 것이 하나님의 은혜임을 알아야 했던 것입니다. 그럼에도 그들은 하나님의 은혜를 아는 길로 가지 못합니다.

이스라엘 백성들이 실상이 어떠한지를 여기서도 잘 보여주고 있습니다. 이들이 왕을 원한 것은 여호와 하나님을 왕으로 섬기지 않겠다는 것입니다. 보이지는 않지만 이미 율법과 선지자를 통하여 말씀하시고 출애굽과 가나안 정복을 통하여서 다 보여주셨는데도 그런 여호와 하나님보다 다른 이방나라의 왕들처럼 힘 있는 왕을 원한다는 것입니다. 이것이 여호와를 버리는 것입니다. 하나님께서는 출애굽부터 지금까지 이스라엘 백성들이 늘 이러하였다고 말씀하시면서 그들에게 왕을 허락하라고 하십니다. 왕을 세우면 고생할 것을 말씀하여도 왕을 달라고 고집을 합니다. 그리하여 주어진 왕이 사울입니다. 사울은 다른 백성들보다 키 크고 힘 있는 사람이었습니다.

사울이 처음에는 겸손하였지만 왕이 되어 전쟁에서 몇 번 승리를 하자 교만하여졌습니다. 그리고 여호와의 말씀을 순종하는 것이 아니라 자신의 이름에 더 관심을 가지고 백성들 앞에서 존귀함을 받기를 원하고, 전쟁의 승리를 가져다주신 여호와께 영광을 돌리는 것이 아니라 자기의 기념비를 세우는 그런 사울이었습니다. 이런 사울을 하나님께서 폐하시고 자신의 마음에 맞는 다윗 왕을 세우신다고 하셨습니다. 하나님의 마음에 합한다는 것은 다윗의 마음이 선천적으로 착해서 하나님께서 마음에 맞는다고 하신 것이 아닙니다. 백성들이 원한 왕인 사울과 대비하기 위하여 하나님의 마음에 맞는 자를 택하셨다고 하십니다.

> "21 그 후에 저희가 왕을 구하거늘 하나님이 베냐민 지파 사람 기스의 아들 사울을 사십 년간 주셨다가 22 폐하시고 다윗을 왕으로 세우시고 증거 하여 가라사대 내가 이새의 아들 다윗을 만나니 내 마음에 합한 사람이라 내 뜻을 다 이루게 하리라 하시더니"(행 13:21-22)

다윗이 하나님의 마음에 합한 사람이라고 하신 것은 하나님의 뜻을 알리기 위하여 사울과 비교하고 있습니다. 사울은 백성들이 원한 왕이고, 키가 보통사람들보다 머리 하나는 더한 사람입니다. 키만 큰 것이 아니라 싸움도 잘하는 장군입니다. 이런 왕을 백성들은 만세하면서 따랐습니다. 그런데 다윗이 하나님의 기름부음을 받았을 때는 소년이었습니다. 사무엘이 이새에게 아들들 데리고 하나님의 제사에 참여하라고 하였을 때에 다윗은 참석도 시키지 아니한 관심 밖의 아이였습니다. 그런 다윗에게 기름을 부으신 것은 하나님의 일하시는 방법이 어떤 것인지를 보여주시기 위한 일에 합당한 사람이라는 말입니다.

따라서 우리는 다윗을 말할 때에 영웅으로 말하면 안 됩니다. 성경에서는 어떤 인간을 영웅으로 만들지 않습니다. 물론 처음에 골리앗을 물리침으로 사울은 천천이요 다윗은 만만이라는 칭송을 들으며 화려하게 등장하지만 그 또한 죄인임이 극명하게 드러나는 것이 다윗의 모습입니다. 따라서 하나님께서 이런 다윗을 통하여 하나님의 언약을 어떻게 이루어가시는지를 미리 보여주시고자 하는 것입니다.

다윗이 기름부음을 받고서 골리앗을 물리쳤습니다. 다윗이 골리앗을 물리치는 이 모습을 많은 사람들이 극적으로 묘사를 합니다다만 여호와의 기름 부으심으로 승리하는 것입니다. 골리앗은 키가 3미터가 넘고 창은 60킬로그램이나 나가는 창을 휘두르는 사람입니다. 이스라엘 백성들이 원한 키 크고 힘 있는 왕인 사울과는 비교도 할 수도 없는 용사입니다. 그런데 다윗이 골리앗을 이겼다는 것은 이스라엘이 무엇을 의지하고 있는지를 고발하는 내용이 됩니다.

다윗이 만군의 여호와의 이름으로 골리앗을 물리치고 사울에게 보고할 때에 사울의 아들 요나단이 다윗과 함께하신 분을 알아봅니다. 요나단 자신이 이미 여호와의 전쟁을 경험한 사람입니다.

> "요나단이 자기의 무기를 든 소년에게 이르되 우리가 이 할례 받지 않은 자들에게로 건너가자 여호와께서 우리를 위하여 일하실까 하노라 여호와의 구원은 사람이 많고 적음에 달리지 아니하였느니라"(삼상 14:6)

여호와의 구원이 사람의 많고 적음에 달리지 않았다고 합니다. 오늘 우리는 여호와의 구원을 세상의 힘으로 가늠하려고 합니다. 사람의 수가 많고, 돈이 많고, 능력이 많아야 세상을 이긴다고 합니다. 그러나 요나단과 다윗을 통하여 보여주시는 여호와의 전쟁은 세상의 방법과 전혀 다릅니다. 하나님께서 사울을 버리시고 다윗을 택하신 것은 하나님의 마음에 다윗과 같은 약한 자를 택하여 세상을 부끄럽게 하시기 위하여 사용하시는 일에 다윗이 합당하였다는 말씀입니다. 따라서 다윗이 하나님의 마음에 합하였다는 것은 이스라엘 백성들이 하나님의 언약을 믿지 않고 세상의 원리를 믿고 따르는 것에 대하여 고발하는 조치인 것입니다. 오늘날도 마찬가지입니다. 하나님의 언약 백성은 예수님만이 우리의 지혜와 의로움과 거룩함과 구속함이 되는 것입니다.

"26 형제들아 너희를 부르심을 보라 육체를 따라 지혜로운 자가 많지 아니하며 능한 자가 많지 아니하며 문벌 좋은 자가 많지 아니하도다 27 그러나 하나님께서 세상의 미련한 것들을 택하사 지혜 있는 자들을 부끄럽게 하려 하시고 세상의 약한 것들을 택하사 강한 것들을 부끄럽게 하려 하시며 28 하나님께서 세상의 천한 것들과 멸시 받는 것들과 없는 것들을 택하사 있는 것들을 폐하려 하시나니 29 이는 아무 육체도 하나님 앞에서 자랑하지 못하게 하려 하심이라 30 너희는 하나님으로부터 나서 그리스도 예수 안에 있고 예수님은 하나님으로부터 나와서 우리에게 지혜와 의로움과 거룩함과 구원함이 되셨으니 31 기록된바 자랑하는 자는 주 안에서 자랑하라 함과 같게 하려 함이라"(고전 1:26-31)

강조하는 바와 같이 다윗이 하나님의 마음에 합하였다는 말씀은 다윗이 다른 사람들과 달리 천성적으로 착한 마음을 가졌다는 그런 차원에서 하나님의 마음에 합한 것이 아니라는 것입니다. 사람들이 환호할 만한 그런 왕의 자질이 있는 사람이 아니라 사람들의 예측과 전혀 빗나가는 사람이 다윗이었습니다. 심지어 다윗에게 기름을 붓는 사무엘조차 처음에는 이새의 장남을 보고 그가 하나님의 기름 부으실 자로 여겼을 정도입니다. 따라서 이러한 인간의 생각과는 달리 다윗이 하나님의 마음에 합하였다는 말씀은 하나님의 언약을 펼쳐내시는 일에 다윗이 합당한 사람이라는 것입니다. 마치 아브라함의 경우처럼, 아브라함이 하나님의 언약을 받을 때에 하늘의 별과 같이 후손을 많게 하시겠다고 하셨지만 아브라함과 사라는 오랜 결혼생활동안 아이를 낳을 수 없는 사람이었는데 아이도 낳을 수 없는 부부를 통하여 열국의 아비를 만들어내신다는 것은 하나님의 언약은 없는데서 있게 하시고 죽은 자 가운데서 살리시는 방식과 같은 것입니다.

하나님의 언약이 주체가 되어 다윗을 다루시고 이끄시는 모습을 살펴 보겠습니다. 다윗이 언약궤를 메고 오려다가 실패한 후에 하나님께서 다윗에게 언약을 주시는 이야기를 생각해보려고 합니다. 이 경우도 아브라함이 자신의 힘으로 이스마엘을 낳고 나서 이삭을 주시는 방식과 비교해 볼 수 있습니다. 다윗이 이스라엘 전체의 왕이 되고 예루살렘에 거하면서 자신이 마련한 장막으로 언약궤를 옮기려고 하는 것으로 부터 시작됩니다.

"1 다윗이 이스라엘에서 뽑은 무리 삼만 명을 다시 모으고 2 다윗이 일어나 자기와 함께 있는 모든 사람과 더불어 바알레유다로 가서 거기서 하나님의 궤를 메어 오려 하니 그 궤는 그룹들 사이에 좌정하신 만군의 여호와의 이름으로 불리는 것이라 3 그들이 하나님의 궤를 새 수레에 싣고 산에 있는 아비나답의 집에서 나오는데 아비나답의 아들 웃사와 아효가 그 새 수레를 모니라"(삼하 6:1-3)

다윗이 이스라엘에서 뽑은 무리 삼만 명을 모으고 언약궤를 메어 오려고 합니다. 그런데 언약궤를 수레에 싣고 오다가 소가 뜀으로 웃사가 언약궤를 붙들다가 그 자리에서 즉사합니다. 그러자 다윗이 분노합니다.

"8 여호와께서 웃사를 치시므로 다윗이 분하여 그 곳을 베레스웃사라 부르니 그 이름이 오늘까지 이르니라 9 다윗이 그 날에 여호와를 두려워하여 이르되 여호와의 궤가 어찌 내게로 오리요 하고 10 다윗이 여호와의 궤를 옮겨 다윗 성 자기에게로 메어 가기를 즐겨 하지 아니하고 가드 사람 오벧에돔의 집으로 메어 간지라"(삼하 6:8-10)

여기서 다윗이 분하였다고 합니다. 다윗은 하나님을 위한다고 언약궤를 아무 곳에나 방치하여 두지 않고 자신이 특별히 마련한 장막에 모셔두려고 한 것입니다. 그런데 하나님께서 거절하신 것이라고 여기고 분하였습니다. 정성을 몰라주는 것 같은 마음이었을 것입니다. 다윗이 언약궤를 모셔 가는 일에 실패한 이유가 있습니다. 가장 중요한 것은 제사장들이 메고 가야하는 언약궤를 수레에 싣고 간 것입니다. 율법에 비추어보면 이것은 표면적인 이유입니다.

그러나 내면적으로는 다윗 자신이 만군의 여호와의 언약궤를 호위하여 가려고 한 것입니다. 이스라엘에서 뽑은 무리 삼만 명을 동원하였습니다.^{삼하 6:1} 정예 병사 삼만 명을 동원하여 언약궤를 수레에 싣고 가려고 하였습니다. 다윗 자신은 정성을 다하여 여호와의 언약궤를 모셔가려고 했겠지만 그 모양은 만군의 여호와 하나님께서 다윗의 호위를 받아야 하는 모습이 되었습니다. 사실 여호와 하나님이 높임을 받는 것이 아니라 여호와를 모시는 자신의 모습이 돋보이게 되었던 것입니다. 하나님의 뜻과는 관계없이 자신이 정성을 다하면 칭찬을 받을 줄로 여긴 것입니다.

어떻게 보면, 언약궤는 마치 다윗의 전리품처럼 수레에 실려 가는 모양인 것입니다. 완전히 주객이 전도된 모습입니다. 오늘날도 이런 모양으로 주의 일을 하려고 하는 사람들이 많습니다. 내가 가장 여호와의 일을 멋있게 하겠다고 나섭니다. 내가 한국에서 최고의 성전을 지어 바치겠다고 합니다. 내가 세계에서 가장 큰 하나님의 일을 하겠다고 나섭니다. 그래서 꿈과 비전을 크게 가지라고 합니다. 이처럼 실패한 다윗의 모습에서 보듯이 아직도 그러한 모습이 가장 성공한 것으로 착각하고 있는 것입니다.

언약궤가 움직이는 것에 대하여 사사시대로 거슬러 올라 언약궤를 살펴보면, 블레셋과의 전투에서 이스라엘이 패배하였습니다.

이스라엘 백성들은 전투에서 진 이유를 언약궤가 없어서 실패했다고 생각하여 엘리의 두 아들, 홉니와 비느하스가 언약궤를 메고 왔습니다. 이때 이스라엘 진영에서 사기가 충천하였습니다. 그러나 전쟁의 결과 엘리의 두 아들이 언약궤 곁에서 죽임을 당하고 언약궤마저 빼앗겨 버렸습니다. 블레셋 땅에 옮겨진 언약궤는 블레셋 사람들의 신상을 파괴하며 언약궤가 가는 곳 마다 재앙이 일어납니다. 블레셋 사람들이 이런 재앙이 언약궤 때문인지 알아보기 위하여 멍에를 한 번도 메지 아니하고 새끼에게 젖을 먹이는 암소 두 마리에 언약궤를 실어 보내니 소가 울면서 똑바로 벧세메스로 향하여 갔습니다. 여기서는 언약궤를 수레에 실어도 소가 본능을 억제당하며 갔습니다. 이방인들인 블레셋 사람들은 언약궤 운반방법을 몰랐지만 언약궤를 실은 소가 바르게 가는 것을 보면서 여호와의 언약궤로 인하여 재앙이 내린 것임을 그들이 알게 되었습니다.

그런데 다윗은 율법도 알고, 이 모든 것을 알면서도 자신이 언약궤를 호위하여 가려다가 실패한 것입니다. 그래서 그 언약궤를 가드 사람 오벳에돔의 집에 들여놓게 합니다. 가드 사람이라면 블레셋 사람인데 이스라엘로 귀환한 사람인 모양입니다. 다윗이 화가 나서 그 사람의 집에 언약궤를 들여놓게 하였는데 이후에 이 사람의 집이 복을 받았다는 소식을 듣고서 다시 언약궤를 메어 가려고 왔습니다. 이번에는 제사장들이 에봇을 입고 제대로 메고 갑니다.

"13 여호와의 궤를 멘 사람들이 여섯 걸음을 가매 다윗이 소와 살진 송아지로 제사를 드리고 14 다윗이 여호와 앞에서 힘을 다하여 춤을 추는데 그 때에 다윗이 베 에봇을 입었더라 15 다윗과 온 이스라엘 족속이 즐거이 환호하며 나팔을 불고 여호와의 궤를 메어 오니라"(삼하 6:13-15)

언약궤를 멘 사람들이 여섯 걸음을 옮기자 다윗이 제사를 드리고 힘을 다하여 춤을 추는데 속옷이 보일 정도로 덩실덩실 춤을 추었습니다. 이제야 다윗은 여호와 하나님의 의중을 알았습니다. 자신이 언약궤를 호위하여 가는 것이 아니라 여호와 하나님이 다윗을 이끌어 가셔야 한다는 사실을 알았습니다. 하나님의 인도를 받아야 하는 자가 다윗 자신이라는 것을 알고서 어린아이처럼 기뻐 뛰며 찬양한 것입니다.

그런데 이 모습을 보던 다윗 아내인 미갈이 다윗을 보고 방탕한 자가 염치없이 자기 몸을 드러낸 것처럼 계집종들에게 채신머리없이 행동하여 계집종들에게 몸을 드러내었다고 비웃습니다. 이때 다윗이 하는 고백의 말을 들어보겠습니다.

"내가 이보다 더 낮아져서 스스로 천하게 보일지라도 네가 말한바 계집종에게는 내가 높임을 받으리라 한지라"(삼하 6:22)

이보다 더 낮아져서 스스로 천하게 보일지라도 내가 뛰놀겠으며 계집종에게는 오히려 높임을 받으리라고 합니다. 이 말은 다윗 자신이 하나님을 위하는 것이 아니라 하나님이 자신을 위해 주셔야 한다는 사실을 알게 되었습니다. 은혜를 입어야 하는 위치가 자신의 위치임을 안 것입니다. 그러나 하나님의 은혜를 모르는 미갈은 다윗을 조롱하다가 다윗으로부터 아이를 가져보지도 못하고 생을 마감하게 됩니다.

사무엘하 16장을 보면 압살롬이 반역하는 장면이 나옵니다. 이때 사독이 언약궤를 메고 나와 다윗을 따르려고 합니다. 언약궤가 가는 곳에 민심이 따를 것입니다. 그런데 다윗은 이렇게 말합니다.

"25 왕이 사독에게 이르되 보라 하나님의 궤를 성읍으로 도로 메어 가라 만일 내가 여호와 앞에서 은혜를 입으면 도로 나를 인도하사 내게 그 궤와 그 계신 데를 보이시리라 26 그러나 그가 이와 같이 말씀하시기를 내가 너를 기뻐하지 아니한다 하시면 종이 여기 있사오니 선히 여기시는 대로 내게 행하시옵소서 하리라"(삼하 16:25-26)

다윗은 철저히 자신이 중심이 아니라 하나님의 언약이 중심임을 알았습니다. 정예병사 삼만 명을 동원하여 여호와를 호위하여 하나님을 섬김으로 복을 받는 것이 아니라 아들이 반역하여 자신이 쫓겨 갈지라도 마땅한 죄인에게 언약이 함께 하면 복인 줄을 알게 되었던 것입니다.

우리는 다윗이 언약궤를 모셔가려다가 첫 번째는 실패를 하고서 두 번째는 모셔간 것을 앞에서 살펴보았습니다. 아마 많은 사람들이 언약을 이해하지 못한 채 다윗이 실패한 모습을 성공으로 여기며 신앙생활 하는 경우가 많습니다. 정예병사 삼만 명을 동원하여 여호와의 일을 이루어내면 그 지도자가 멋있어 보이고 대단하다고 여길 것입니다. 그러나 성경은 사람들이 얼마나 위대한 과업을 이루어내었는가에 관심이 있는 것이 아니라 하나님의 자기 언약을 이루어내시는 일에 관심이 있는 것입니다. 하나님께서 언약하시고 그 언약하신 바를 신실하게 일점일획도 틀림없이 다 이루어내신다는 것이 성경의 언약이라는 것을 다윗을 통하여 보여주시는 것입니다. 이제 하나님께서 다윗에게 약속을 주시는 내용이 나옵니다.

"1 여호와께서 주위의 모든 원수를 무찌르사 왕으로 궁에 평안히 살게 하신 때에 2 왕이 선지자 나단에게 이르되 볼지어다 나는 백향목 궁에 살거늘 하나님의 궤는 휘장 가운데에 있도다 3 나단이 왕께 아뢰되 여호와께서 왕과 함께 계시니 마음에 있는 모든 것을 행하소서 하니라"(삼하 7:1-3)

다윗이 원수를 무찌른 것이 아니라 여호와께서 모든 원수를 무찌르시고 다윗을 왕궁에 평안히 살게 하셨음을 강조하고 있습니다. 그래서 다윗이 하나님의 은혜에 보답하고 싶었습니다. 그래서 자신이 백향목 궁에 거하는데 언약궤가 휘장 가운데 있으니 성전을 짓고 싶었습니다. 그러자 나단 선지자도 여호와께서 왕과 함께 계시니 마음에 있는 것을 실행하라고 합니다. 즉 성전을 짓는 것이 마땅하다는 것이 나단의 생각이기도 하였습니다. 그러나 그 밤에 여호와의 말씀이 나단에게 임하여 말씀하십니다.

"5 가서 내 종 다윗에게 말하기를 여호와께서 이와 같이 말씀하시되 네가 나를 위하여 내가 살 집을 건축하겠느냐 6 내가 이스라엘 자손을 애굽에서 인도하여 내던 날부터 오늘까지 집에 살지 아니하고 장막과 성막 안에서 다녔나니 7 이스라엘 자손과 더불어 다니는 모든 곳에서 내가 내 백성 이스라엘을 먹이라고 명령한 이스라엘 어느 지파들 가운데 하나에게 내가 말하기를 너희가 어찌하여 나를 위하여 백향목 집을 건축하지 아니하였느냐고 말하였느냐"(삼하 7:5-7)

여호와 하나님께서는 다윗에게 너무나 의외의 말씀을 하십니다. 하나님께서 '그래 고맙다 네가 그런 기특한 생각을 하였으니 내가 더욱 너에게 복을 주겠다'고 칭찬하시는 것이 아니라 '내가 언제 너희들에게 나의 집을 지으라고 하였느냐'고 말씀합니다. 그러면서 오히려 하나님께서 다윗을 위하여 집을 지어주신다고 합니다.삼하 7:11 다윗이 하나님을 위하여 집을 지어드리려고 하였기에 그 마음을 하나님께서 받고서 이에 대한 보상으로 이런 복을 주신다는 것이 결코 아닙니다. 이것은 이미 하나님께서 다윗에게 기름 부으시고 언약을 주셨기 때문에 이러한 일을 이루어주신다고 하는 하나님의 자기 언약의 신실하심을 보여주시는 것입니다.

그래서 사사시대와 같지 않고 사울과도 같지 않게 하시겠다고 하시면서 너의 아들이 내 이름을 위하여 전을 건축하게 될 것이라고 하십니다. 그리고 그 아들이 범죄 하면 징계는 하시지만 사울에게 은총을 빼앗은 것처럼 하지 않겠다고 하십니다.

"네 집과 네 나라가 내 앞에서 영원히 보전되고 네 왕위가 영원히 견고하리라 하셨다 하라"(삼하 7:16)

다윗이 나단 선지를 통하여 이 언약의 말씀을 들었습니다. 이 말씀을 들은 다윗이 여호와 하나님께 다음과 같이 기도합니다.

"24 주께서 주의 백성 이스라엘을 세우사 영원히 주의 백성으로 삼으셨사오니 여호와여 주께서 그들의 하나님이 되셨나이다 25 여호와 하나님이여 이제 주의 종과 종의 집에 대하여 말씀하신 것을 영원히 세우시며 말씀하신 대로 행하사 26 사람이 영원히 주의 이름을 크게 높여 이르기를 만군의 여호와는 이스라엘의 하나님이라 하게 하옵시며 주의 종 다윗의 집이 주 앞에 견고하게 하옵소서 27 만군의 여호와 이스라엘의 하나님이여 주의 종의 귀를 여시고 이르시기를 내가 너를 위하여 집을 세우리라 하셨으므로 주의 종이 이 기도로 주께 간구할 마음이 생겼나이다 28 주 여호와여 오직 주는 하나님이시며 주의 말씀들이 참되시니이다 주께서 이 좋은 것을 주의 종에게 말씀하셨사오니 29 이제 청하건대 종의 집에 복을 주사 주 앞에 영원히 있게 하옵소서 주 여호와께서 말씀하셨사오니 주의 종의 집이 영원히 복을 받게 하옵소서 하니라"(삼하 7:24-29)

주께서 베푸신 크신 은혜를 감사한 것입니다. 주께서 이스라엘 백성들과 또 다윗에게 베푸신 은혜들은 '여호와의 주되심을 위하여' 그렇게 하셨다고 합니다. 그렇게 크고 놀라우신 주님께서 언약을 세워주시고 주의 백성을 삼으신 것에 대하여 기도한 것입니다.

주의 언약의 말씀을 듣고서, 내가 주를 위하여 무엇을 하겠다는 것이 아니라 주께서 주님의 언약을 이제 신실하게 이루어주시기를 바란다고 기도합니다. 어쩌면 뻔뻔해 보이지만 이것이 언약을 받은 자의 기도의 내용입니다. 주의 언약이 종의 집에 이루어지는 것이 복이오니 이 언약이 종의 집에 영원히 있어서 복을 받게 해 달라고 간구한 것입니다. 이것은 하나님의 언약이 이루어지는 것이 진정한 복임을 말하는 것입니다.

다윗의 이 기도는 하나님의 언약을 받았으니 그 언약대로 이루어지기를 기도하는 것입니다. 결국 하나님의 이 언약대로 다윗의 아들이 성전을 짓게 됩니다. 다윗이 성전을 위하여 준비하고 솔로몬이 지었지만 여호와의 말씀대로 이루어졌다고 합니다. 성전을 다 지은 다윗의 아들 솔로몬이 기도하는 내용입니다.

"내가 또 그 곳에 우리 조상들을 애굽 땅에서 인도하여 내실 때에 그들과 세우신바 여호와의 언약을 넣은 궤를 위하여 한 처소를 설치하였노라"(왕상 8:21)

여호와께서 말씀하신 대로 이루셨다고 합니다. 성전을 지은 이유가 언약을 넣은 궤를 위하여 처소를 설치한 것이라고 합니다. 이에 다윗처럼 솔로몬도 기도하게 됩니다.

"22 솔로몬이 여호와의 제단 앞에서 이스라엘의 온 회중과 마주서

서 하늘을 향하여 손을 펴고 23 이르되 이스라엘의 하나님 여호와
여 위로 하늘과 아래로 땅에 주와 같은 신이 없나이다 주께서는 온
마음으로 주의 앞에서 행하는 종들에게 언약을 지키시고 은혜를
베푸시나이다 24 주께서 주의 종 내 아버지 다윗에게 하신 말씀을
지키사 주의 입으로 말씀하신 것을 손으로 이루심이 오늘과 같으
니이다 25 이스라엘의 하나님 여호와여 주께서 주의 종 내 아버지
다윗에게 말씀하시기를 네 자손이 자기 길을 삼가서 네가 내 앞에
서 행한 것 같이 내 앞에서 행하기만 하면 네게서 나서 이스라엘의
왕위에 앉을 사람이 내 앞에서 끊어지지 아니하리라 하셨사오니
이제 다윗을 위하여 그 하신 말씀을 지키시옵소서 26 그런즉 이스
라엘의 하나님이여 원하건대 주는 주의 종 내 아버지 다윗에게 하
신 말씀이 확실하게 하옵소서" (왕상 8:22 26)

솔로몬의 성전봉헌 기도를 보면 그 내용은 여호와께서 주의 종 다윗 내 아버지 다윗에게 하신 말씀을 지키시고 확실하게 하여 달라는 것입니다. 다윗처럼 뻔뻔하게 기도하는 것입니다. 그러나 인간이 자신의 죄와 연약함을 아는 사람이라면 이와 같이 오직 하나님의 신실하신 언약에만 기대를 걸 수밖에 없는 것입니다.

그러나 이러한 솔로몬마저 또 다시 엄청난 우상숭배에 빠지게 됩니다. 그런데도 하나님은 다윗을 위하여 다윗 때문에 솔로몬 시대에는 그의 나라를 빼앗지 아니하시고 그 아들의 시대에 나라를 나누십니다. 이런 일을 말씀하실 때에 '다윗을 위하여' 이같이 하신다고 하십니다. 남 유다의 역사 속에서도 말씀이 계속되고 다윗을 위하여 끊어지지 않게 하십니다. 언약은 끊어지지 않습니다. 즉 하나

님의 언약의 신실함을 보여주십니다. 그러나 그런 다윗 왕조는 바벨론에 의하여 끊어지게 됩니다.

그러면 하나님께서 다윗에게 언약하신 내용이 어떻게 되는지를 살펴보겠습니다. 놀랍게도 마태복음 1장 1절에서 아브라함과 다윗의 자손 예수 그리스도의 계보라고 합니다. 예수 그리스도를 통하여 하나님의 영원하신 언약이 완성이 됩니다. 따라서 십자가에 못 박히신 예수님이 하나님의 모든 언약을 완성하신 주와 그리스도가 되십니다. 이 예수님을 믿게 되면 하늘의 모든 신령한 복이 언약으로 주어지는 것입니다.

앞에서 살펴보았듯이, 하나님은 신실하셔서 자신의 언약을 반드시 이루어내십니다. 그 언약대로 다윗에게 허락한 영원한 왕으로 오신 분이 예수 그리스도이십니다. 따라서 다윗은 여러 가지 환난을 당하면서 예수 그리스도를 증거한 사람입니다. 그래서 다윗의 시편에서 '고난 받는 그리스도'의 모습을 바로 눈앞에서 직접 보는 것 같이 그리고 있습니다. 이것은 그리스도의 영이 다윗에게 임하여 다윗이 그렇게 증거한 것입니다.

"9 믿음의 결국 곧 영혼의 구원을 받음이라 10 이 구원에 대하여는 너희에게 임할 은혜를 예언하던 선지자들이 연구하고 부지런히 살펴서 11 자기 속에 계신 그리스도의 영이 그 받으실 고난과 후에 받으실 영광을 미리 증언하여 누구를 또는 어떠한 때를 지시하시는지 상고하니라 12 이 섬긴 바가 자기를 위한 것이 아니요 너희를 위한 것임이 계시로 알게 되었으니 이것은 하늘로부터 보내신 성령을 힘입어 복음을 전하는 자들로 이제 너희에게 알린 것이요 천사들도 살펴보기를 원하는 것이니라"(벧전 1:9-12)

구약의 선지자들이나 신약의 복음을 전하는 사도들이나 모두 그리스도의 영에 의하여 예수 그리스도를 증언한 것입니다. 따라서 다윗도 선지자로서 예수 그리스도를 증언한 것입니다. 그래서 예수님은 다윗이 '그리스도를 주'라고 고백한 시편 110편 1절의 말씀으로 어떻게 그리스도가 다윗의 후손이 되겠느냐는 말씀을 하심으로 예수님께서 다윗보다 또 아브라함보다 선재하시는 분이심을 말씀하실 때에 시간과 공간 안에 갇힌 유대인들로서는 예수님의 말씀을 도저히 이해할 수 없고 믿을 수가 없었던 것입니다. 따라서 아브라함이나 다윗이 예수 그리스도를 믿고 증언한 것이 다 그리스도의 영으로 인하여 시간과 공간을 초월하여 그렇게 한 것입니다.

다윗의 복에 대하여 말할 때, 흔히 '다윗의 복'이라고 하면 소년 목동이 왕이 되었다는 것을 복으로 말하는 경우가 많습니다. 그러나 다윗이 왕이 되어서 한 일은 하나님께서 아브라함에게 언약하신 그 땅을 다윗이 다 차지한 것입니다. 이것은 다윗이 뭐가 대단하고 훌륭하여 이루어낸 것이 아니라 하나님께서는 하나님의 언약을 신실하게 이루어내시기 위하여 다윗을 택하여 전쟁에서 승리하게 하시는데 여호와의 거룩한 전쟁을 수행한 역할로서의 다윗일 뿐입니다.

그런데 여호와의 거룩한 전쟁을 수행한 사람이 다윗이 아니라 사실은 다윗에 의하여 죽임당한 '우리아'와 같은 사람이 거룩한 여호와의 전쟁을 제대로 수행한 인물로 나타납니다. 하나님께서 아브라함에게 약속하신 땅을 다윗으로 하여금 거의 다 차지하도록 하셨을 때, 다윗은 정복전쟁의 승리에 취해 이제는 한숨 돌리며 왕궁에서 쉬고 있을 때 사건이 터지고 맙니다. 이때도 장군들과 이름 없는 군인들은 여호와의 거룩한 전쟁에 나갔습니다. 바로 이때에 다윗이 밧세바와 간음하는 사건이 일어납니다. 거룩한 여호와의 전쟁에 나가 있는 용사의 아내를 다윗이 범하고 말았습니다.

그리고 다윗 왕은 밧세바가 임신하였다는 소식을 듣습니다. 다윗은 간음한 그 범죄를 숨기기 위하여 전방의 요압 장군에게 명령을 하는데, 밧세바의 남편 우리아로 하여금 전쟁의 상황을 왕에게 보고하도록 합니다. 우리아가 다윗 왕에게 보고한 후에 다윗 왕은 우리아를 그의 아내가 있는 자기 집으로 가게 하였습니다. 우리의 생각에는 보고 싶은 아내에게로 달려갔을 것이라고 생각합니다. 그러나 우리아는 왕궁의 경비실에서 군사들과 함께 자고 아내가 있는 집으로 들어가지 않습니다. 이러한 우리아에게 다윗 왕이 왜 그렇게 하였느냐고 물었을 때에 우리아의 답변을 들어보겠습니다.

"우리아가 다윗에게 아뢰되 언약궤와 이스라엘과 유다가 야영 중에 있고 내 주 요압과 내 왕의 부하들이 바깥들에 진 치고 있거늘 내가 어찌 내 집으로 가서 먹고 마시고 내 처와 같이 자리이까 내가 이 일을 행하지 아니하기로 왕의 살아 계심과 왕의 혼의 살아 계심을 두고 맹세하나이다 하니라"(삼하 11:11)

언약궤와 이스라엘과 유다의 군대가 야영 중에 있는데 어떻게 내가 집으로 들어가 먹고 마시겠느냐며 아내와 같이 자지 않겠다고 맹세합니다. 그러자 다윗이 우리아에게 하루를 더 머물라고 하고서는 술을 많이 먹여서 취하게 하여 집으로 보냈는데도 역시 군인들과 함께 잤습니다. 술에 취하는 것보다 여호와의 거룩한 전쟁에 대한 사명감이 더 투철하였습니다. 이에 다윗 왕이 요압 장군에게 밀서를 보내어 우리아를 죽게 합니다. 우리아는 자기를 죽이라는 다윗의 편지를 들고 요압에게 전달하고 결국 죽임을 당합니다. 왕으로서 다윗은 밧세바를 범하고 그의 남편 우리아를 비열한 방법으로 죽인 것입니다. 밧세바의 남편인 우리아가 죽고 나자 다윗은 밧세바를 자기의 아내로 맞이합니다. 이렇게 다윗이 행한 그 일이 여호와께서 보시기에 악하였다고 하셨습니다.

이것으로 끝인 줄 알았지만 하나님께서 이 사건을 다루십니다. 나단 선지자를 다윗에게 보내어 책망을 합니다. 나단 선지자가 비유로 이야기를 꺼냅니다. 양이 많은 부자와 한 마리 양만 있어서 가족과 같은 사람이 있는데 양이 많은 부자가 자기 집에 온 손님을 대접하기 위하여 가난한 집의 양 한 마리를 빼앗아 손님을 대접하였다고 할 때에, 이 말은 들은 다윗은 그 부자로 말미암아 노하여 그런 자는 마땅히 죽여야 한다고 하였습니다. 그리고 그가 불쌍히 여기지 아니하고 이런 일을 행하였으니 율법에 따라 네 배를 배상해야 한다고 말합니다. 이처럼 다윗은 하나님의 법을 알고 있었지만 자신이 간음과 살인을 저지르는 잘못을 모르고 있었습니다. 이것은 이미 이방의 왕의 모습과 같이 되어버린 것입니다. 그 당시의 이방의 왕들은 이런 것을 당연시 한 것입니다. 이때 나단 선지자가 다윗에게 말하는데, 그 악한 자가 바로 당신이라고 책망을 합니다. 그리고 앞으로 다윗에게 닥칠 재앙에 대한 여호와의 말씀을 전하게 됩니다.

이때 다윗이 고백하고 회개하는 시가 시편 51편입니다. 자신이 죄악 중에 잉태되었다고 합니다. 흔히 모태 신앙이라는 말을 하는데 그것은 어폐가 있는 말입니다. 오히려 정확한 말은 모든 인간은 모태 죄인입니다. 다윗의 이러한 죄로 인하여 거룩한 여호와의 전쟁을 수행한 우리아가 다윗 때문에 죽임을 당한 것입니다. 따라서 하나님께서 다윗과 언약을 맺으시고 그 언약을 영원하게 견고하게 하시는 것은 결코 다윗의 능력이 아닙니다. 다윗은 간음하고 살인한 자로 드러나고 다윗의 죄로 인하여 죽임을 당한 우리아처럼 예수님께서 다윗의 죄를 인하여 대신 죽임을 당하는 것을 미리 다윗을 통하여 보여 주고 있는 것입니다.

이러한 이스라엘 안에서 다윗 언약은 인간의 죄를 더 적나라하게 보여줍니다. 왕이 된 다윗이 밧세바를 범하고 죄를 숨기기 위해 그의 남편 우리아를 인간의 술수와 교묘한 방법으로 죽인 것입니다. 이제 다윗은 나단 선지자로 인해서 죄를 철저히 깨닫게 되면서 인간이 드리는 제사 제도가 이스라엘을 구원으로 인도하지 못한다는 것이 증명되었습니다.

> "16 주께서는 제사를 기뻐하지 아니하시나니 그렇지 아니하면 내가 드렸을 것이라 주는 번제를 기뻐하지 아니하시나이다 17 하나님께서 구하시는 제사는 상한 심령이라 하나님이여 상하고 통회하는 마음을 주께서 멸시하지 아니하시리이다"(시 51:16-17)

> "지극히 존귀하며 영원히 거하시며 거룩하다 이름하는 이가 이와 같이 말씀하시되 내가 높고 거룩한 곳에 있으며 또한 통회하고 마음이 겸손한 자와 함께 있나니 이는 겸손한 자의 영을 소생시키며 통회하는 자의 마음을 소생시키려 함이라"(사 57:15)

주님은 높고 거룩한 곳에 있으면서도 또한 통회하고 마음이 겸손한 자와 함께 있다고 하십니다. 초월해 계시면서도 우리 가운데 내주하시는 분이십니다. 상한 심령은 자신의 죄를 깊이 절감하면서 하나님의 긍휼을 구하는 것입니다. 이것이 인간이 제물을 잡아 드리는 제사의 완성이며 그것이 곧 하나님의 긍휼을 구하는 것입니다. 이것이 하나님이 택한 다윗을 통해서 증거가 된 것입니다.

다윗 언약은 인간의 노력과 정성과 열심에 의한 제사를 하나님께서 거부한다는 사실을 알게 해줍니다. 하나님이 구하시는 참된 제사는 자기가 구원을 받고 축복을 받기 위해서 하나님을 찾는 것이 아니라 하나님이 기뻐하는 백성을 버리지 않겠다는 하나님의 긍휼을 바라보며 상한 심령이 되어 감사함으로 하나님을 찾는 것입니다. 이런 의미에서 '다윗 언약은 모세 언약의 완성'으로 나타난 것입니다.

자신의 죄를 알게 되고 하나님이 구하시는 제사가 상한 심령이라는 것을 알게 된 다윗은 항상 하나님의 은총만을 바라는 것입니다. 은총이 아니면 살 수 없음을 알았기 때문입니다. 이러한 다윗이 백성을 어떤 마음으로 다스릴지는 짐작할 수 있습니다. 백성에게 하나님의 은총과 자비하심을 보여주며 자기의 죄를 알고서 용서의 은총을 구하는 자로 나오게 하는 것입니다. 이것이 진정한 '다윗 왕국'입니다. 그리고 이 왕국은 그리스도가 오심으로 이루어집니다. 다시 말해서 예수님이 우리의 왕으로 오셔서 하나님의 은총과 자비하심을 보여주시는 참된 왕의 모습을 미리 보여주신 것입니다. 이것이 다윗 언약입니다.

하나님의 왕 되심이 모세 언약에서는 자기희생으로 증거 되었고, 다윗 언약에서는 긍휼과 용서의 은총으로 증거 되었습니다. 긍휼과 용서의 은총을 보여준 그가 진정한 왕이시고 그 사실이 그리스도의 십자가로 확증된 것입니다. 따라서 누구든 세상에서 자기 존재의 확대를 위할 목적으로 영웅같은 왕을 세워 자신의 의지할 것을 구하는 것은 곧 하나님의 왕 되심을 거부하는 것입니다. 십자가에 달린 그리스도가 진정한 우리의 주님이며 만왕의 왕이심을 환영하며 받아들일 때에 임하는 복이 엄청난 복임을 알 수 있습니다.

그러면 다윗이 하나님의 언약으로 받은 복에 대하여 말하는 장면이 나오는데, 불법이 사함을 받고 죄가 기리어짐에 대한 은혜와 긍휼을 고백하고 있는 것입니다.

"1 허물의 사함을 얻고 그 죄의 가리움을 받은 자는 복이 있도다 2 마음에 간사가 없고 여호와께 정죄를 당치 않은 자는 복이 있도다 3 내가 토설치 아니할 때에 종일 신음하므로 내 뼈가 쇠하였도다 4 주의 손이 주야로 나를 누르시오니 내 진액이 화하여 여름 가물에 마름 같이 되었나이다 5 내가 이르기를 내 허물을 여호와께 자복하리라 하고 주께 내 죄를 아뢰고 내 죄악을 숨기지 아니하였더니 곧 주께서 내 죄의 악을 사하셨나이다"(시 32:1-5)

"6 일한 것이 없이 하나님께 의로 여기심을 받는 사람의 복에 대하여 다윗이 말한 바 7 불법이 사함을 받고 죄가 가리어짐을 받는 사람들은 복이 있고 8 주께서 그 죄를 인정하지 아니하실 사람은 복이 있도다 함과 같으니라"(롬 4:6-8)

바울 사도가 다윗이 시편 32편에서 증언한 내용을 인용하면서 다윗이 받은 복이 무엇인지를 말하고 있습니다. 이어서 다윗의 복을 아브라함과 연결하여 말하고 있습니다.

"1 그런즉 육신으로 우리 조상인 아브라함이 무엇을 얻었다 하리요 2 만일 아브라함이 행위로써 의롭다 하심을 받았으면 자랑할 것이 있으려니와 하나님 앞에서는 없느니라 3 성경이 무엇을 말하느냐 아브라함이 하나님을 믿으매 그것이 그에게 의로 여겨진바 되었느니라 4 일하는 자에게는 그 삯이 은혜로 여겨지지 아니하고 보수로 여겨지거니와 5 일을 아니할지라도 경건하지 아니한 자를 의롭다 하시는 이를 믿는 자에게는 그의 믿음을 의로 여기시나니"(롬 4:1-5)

따라서 다윗이 받은 언약은 예수 그리스도를 믿음으로 일한 것도 없이 그 불법이 사함을 받고 그 죄가 가림을 받는 것이 복이라고 합니다. 어려서 하나님의 기름부음을 받고 백성들의 존경을 받으면서 왕이 되었지만 그 왕의 자리에서 간음과 살인을 할 수 밖에 없는 인간의 죄를 보여 주었던 것입니다. 따라서 참된 복이란 예수 그리스도를 믿음으로 말미암아 모든 죄가 사함을 받는 것이 복입니다. 이것이 아브라함이 받은 복이며 다윗이 받은 복입니다. 그리스도를 통하여 우리가 받는 복입니다.

7. 새 언약

언약에는 옛 언약이 있고 새 언약이 있습니다. 구약에도 새 언약이 등장합니다. 새 언약은 모든 언약의 마침이며 성취라고 하는 점에서 다른 언약들보다 중요한 의미가 있습니다. 그러나 새 언약은 구약의 옛 언약과 전혀 다른 성격의 언약이 아니고 옛 언약과 그 본질을 같이 하고 있습니다. 그러므로 옛 언약과 새 언약의 상대적인 차이는 점진적인 계시의 특성으로 인한 것이지 본질상 동일한 언약인 것입니다.

새 언약은 선지서에서 예언된 언약으로서 예수 그리스도에 의해 성취되는 언약입니다. 옛 언약은 모세를 통하여 율법을 주시고 지켜 행하면 구원하신다는 것을 주 내용으로 하고 있습니다. 하지만 이스라엘은 옛 언약에 실패했습니다. 실패로 드러난 것은 옛 언약 자체에 문제가 있는 것이 아니고 자기 구원과 의를 위해 행하는 인간의 모든 노력과 실천이 생명의 능력이 되지 못한다는 데 있습니다. 하나님은 옛 언약을 주시고 인간의 실패를 통해서 인간의 무능을 알게 하신 후에 새 언약을 맺으셨습니다. 새 언약에 의한 구원의 원리는 인간의 실천과 열심에 의한 가능성은 완전히 거부하며 나타납니다. 그래서 남는 것은 언약을 세우시고 이루시는 하나님의 행하심 뿐이며 이를 위하여 세상에 오신 분이 예수 그리스도입니다. 인간으로서는 말씀을 실천하는 문제가 아니라 세상에 오신 예수 그리스도를 믿는 것이 새 언약의 세계인 것입니다.

언약에 대해서 인간이 한 일은 없습니다. 오히려 인간은 언약을 깨뜨린 존재일 뿐입니다.렘 31:32 그럼에도 하나님은 우리를 붙드시고 여전히 하나님의 신부로 삼으십니다. 이와 같은 사랑을 안다면 하나님의 신부될 자격도 없는 자인 것을 고백하게 되고 동시에 하나님의 은혜와 사랑을 고백하게 될 것입니다. 이것이 언약을 믿는 믿음입니다. 죄인으로서 부정한 우리들이 하나님의 은혜로 정결하게 하시는 분으로 말미암아 거룩함을 입었습니다. 노아 방주에는 정결한 짐승과 함께 부정한 짐승도 들어갔습니다. 세상이 악하고 더러워서 물로 심판하시는데 부정한 짐승을 방주에 들어가게 하시는 것은 언약의 기능 때문입니다. 그것은 정결한 짐승의 희생으로 인해 부정한 것이 구원 받는다는 것입니다. 이것을 방주에서 나온 노아가 정결한 짐승을 제물로 하여 제사를 드리는 것으로 보여줍니다. 결국 언약은 부정한 존재인 우리가 거룩하신 예수 그리스도의 희생으로 인해 심판에서 구출되고 생명에 속하게 된다는 것을 그 내용으로 하고 있는 것입니다.

언약으로 오신 예수님을 믿는다는 것은 스스로 구원 될 수 없는 우리를 구원하신 하나님의 은혜와 사랑을 믿음의 내용으로 채운다는 뜻입니다. 이것은 어떤 사람들처럼 믿음을 인간의 행함과 열심과 연결하여 이해하려는 믿음과는 전적으로 다른 것입니다.

따라서 옛 언약은 구약의 언약을 의미하고 새 언약은 예수 그리스도의 오심으로 이루어진 신약을 의미합니다. 새 언약만 있으면 그것으로 만족하기에 옛 언약을 버려버려야 하는 것인지에 대한 의문이 들 수 있습니다. 그러나 옛 언약이 꼭 있어야 합니다. 그 이유는 '인간으로는 언약이 지속될 수 없다는 것'을 드러내기 위해서 입니다. 하나님의 언약 아래서 드러난 이스라엘의 실체는 실패밖에 없습니다. 이것은 이스라엘이 망하고 포로가 되는 것으로 나타납니다. 그리고 포로 된 이스라엘을 다시 돌아오게 하시는 새 언약을 통해서 십자가의 그리스도로 이루어질 구원을 바라보며 그것으로 새 언약의 의미를 알 수 있습니다.

아브라함이 믿음으로 의롭다함을 받고 나서 430년 후에 모세를 통하여 율법이 주어졌습니다. 율법을 받은 이스라엘 백성들이 그 율법을 지키지 못한다는 사실을 선지자들이 알았습니다. 주어진 율법을 통해서 어떤 인간도 율법적인 행위로 하나님께 의롭다함을 받을 수가 없다는 것을 알게된 것입니다. 이런 사실은 선지자들이 스스로의 능력으로 안 것이 아니라 그리스도의 영이 임하여 알게 되었습니다. 따라서 선지자들은 이제 모세 언약이 아니라 새 언약을 말하게 되었습니다.

> "여호와의 말씀이니라 보라 날이 이르리니 내가 이스라엘 집과 유다 집에 새 언약을 맺으리라 이 언약은 내가 그들의 조상들의 손을 잡고 애굽 땅에서 인도하여 내던 날에 맺은 것과 같지 아니할 것은 내가 그들의 남편이 되었어도 그들이 내 언약을 깨뜨렸음이라 여호와의 말씀이니라 그러나 그 날 후에 내가 이스라엘 집과 맺을 언

약은 이러하니 곧 내가 나의 법을 그들의 속에 두며 그들의 마음에 기록하여 나는 그들의 하나님이 되고 그들은 내 백성이 될 것이라 여호와의 말씀이니라"(렘 31:31-33)

새 언약의 내용은 하나님의 법을 사람의 속에 둔다고 하십니다. 마지막 날에 주어지는 하나님의 말씀은 아들의 말이며 생명의 말씀입니다.^{히 1:2, 요 12:5}

예레미아서에 나타난 새 언약의 약속은 첫째로 하나님과의 참다운 교제가 가능해짐을 보여줍니다. 하나님은 아브라함 이래로 계속해서 자기 백성들과 자기와의 특별한 관계가 이루어질 것을 말씀하셨습니다. 옛 언약으로는 '그들은 언약을 파기함으로 하나님께서는 내 백성이 아니라'^{호 1:9}고 여겨졌었는데 이제 다시 하나님의 택하신 백성이 될 것이라고 하신 것입니다. 주께서는 자신에게 심한 범죄를 저질렀던 언약백성들에게 그의 사랑을 표현하시고 또한 출애굽 후에 광야에서 이스라엘을 거룩한 나라로 세우셨을 때처럼 마치 그들을 다시 찾으셔서 그들을 새롭게 하신다는 것입니다. 새 언약에서 이러한 '임마누엘'의 약속은 구약 중에서도 가장 두드러지는 부분인 것입니다. 구약에서 성막이라는 실물을 통하여 보여주신 임마누엘의 약속은 그리스도께서 오심과 완성된 하나님의 나라에서 성취될 것이기 때문입니다.

두 번째로 하나님에 대한 참다운 지식이 주어집니다. 이스라엘 백성들에게 있어 여호와를 안다는 것은 전혀 새로운 경험은 아니었습니다. 그러나 제대로 알지 못했던 것입니다.

"그들이 다시는 각기 이웃과 형제를 가리켜 이르기를 너는 여호와를 알라 하지 아니하리니 이는 작은 자로부터 큰 자까지 다 나를 앎이니라"(렘 31:34)

하나님 여호와께서 '이 땅에는 진실도 없고 인애도 없고 하나님을 아는 지식도 없다'호 4:2고 그들에게 책망하셨으니 그것은 비극이었습니다. 그들은 여호와 하나님을 실재적 지식에 근거하여 알지 못했습니다. 옛 언약에서는 모세와 같은 중보자가 필요하였으나 앞으로는 제사장이나 특별한 임무를 맡은 선지자 등과 같은 중재자들과 옛 언약의 제도들을 유지할 필요가 없게 된 것입니다. 왜냐하면 모든 자들이 하나님을 알게 될 것이기 때문입니다. 이것은 이론적인 지식이 아니라 하나님과의 내적이며 인격적인 관계가 맺어지는 것을 의미합니다. 새로운 상황에서는 모든 이들이 하나님을 알 것이고 그 지식은 직접적인 것이 될 것이며 또한 완전히 개인적인 것이 될 것입니다. 이것은 성령 안에서 가능합니다. 여호와 하나님을 아는 지식이 주어질 것임을 동일하게 말하고 있는 에스겔 16장 62절에는 "너로 나를 여호와인줄 알게 하리라"고 말합니다. 이 말씀은 에스겔서에서 50번 이상이나 나타나고 있는데 이 어구에서 나오는 '야다'라고 하는 히브리어는 지적인 지식과는 전혀 다른 것으로 그것은 마음의 지식인 것입니다. 같은 맥락에서 요한일서 2장 27절의 말씀은 새 언약의 약속이 구체적으로 실행되었음을 보여주는 것입니다. "너희는 주께 받은바 기름부음이 너희 안에 거하나니 아무도 너희를 가르칠 필요가 없고 오직 그의 기름 부음이 모든 것을 너희에게 가르치며 또 참되고 거짓이 없으니"라고 기록되어 있습니다.

이제는 아무리 약하고 미천한 자라도 새 언약에 속한 모든 사람들은 하나님과의 개인적이고 인격적인 교제를 나눌 수 있는 놀라운 특권을 소유하게 된 것입니다. 하나님의 백성은 전적으로 동화가 되어 버린 그런 지식으로 하나님을 알 것이며 영원한 생명의 지식으로 하나님을 알 것입니다. 성부 하나님과 하나이시며 하나님 안에 거하시므로 성자 하나님께서 성부를 아시는 것처럼 하나님의 자녀들은 성령으로 말미암아 하나님을 그 자신이 가장 잘 아는 분으로 받아들일 수 있는 영적인 조명을 받게 된 것입니다.

세 번째로 죄에 대한 완전한 용서가 일어납니다. "내가 그들의 죄악을 사하고 다시는 그 죄를 기억지 아니하리라(렘31:34)" 죄의 용서에 대한 약속은 옛 언약 아래에서도 이미 있었습니다. 예레미야는 죄가 옛 언약 아래서도 용서함 받았음을 부정하지 않습니다. 하나님은 모세에게 자신을 계시하실 때 이미 죄를 용서할 것에 대해서 약속하셨고 이와 같은 약속은 옛 언약에서도 계속 나타나고 있습니다. 그러나 구약시대의 죄 용서는 제사제도를 통하여서 반복적으로 죄를 용서하였습니다. 그렇지만 예레미야서 31장 34절에는 새 시대에서 그와 같은 제도가 전혀 언급되어 있지 않습니다. 새 시대에는 죄를 속죄하는 어떤 다른 제도가 요구되지 않는 것입니다. 여기에는 죄가 한 번에 그리고 완전히 다루어지는 상황이 있는 것으로 보입니다. 새 언약에서 하나님은 더 이상 죄를 기억하지 않으실 것이기 때문에 징벌의 위협이 사라지며 이 언약은 결코 파기되지 않는 것입니다. 이스라엘을 옛 언약 아래서 약속의 실현이 불가능하게 하고 옛 언약이 아무 효력도 없는 것으로 만들었던 것은 바로 이스라엘의 죄였고 그 죄가 하나님의 진노를 초래했었습니다. 그러나 새 언약에서 하나님의 은혜는 죄인을 의롭다고 하시는 일에서 풍성해진 것입니다.

선지자들에게 있어 죄사함의 약속은 메시야 시대의 축복으로 여겨졌고 이 예언은 예수 그리스도에 의해 성취되었습니다. 예수님과 서기관들 사이의 논쟁은 예수님께서 죄를 용서하심을 선언하셨을 때에 시작되었습니다. 예수님께서는 죄사함의 선언을 하셨습니다. 죄사함은 선지자들이 종말론적 나라에서 있을 것이라는 약속의 성취가 현세에서 사람들로 하여금 체험하게 되는 것입니다. 예수님의 인격과 사역 가운데서 이루어진 하나님의 약속의 성취가 나타난 것입니다.

새 언약은 하나님의 법이 이스라엘 속에 자리하는 것입니다. 그것으로 하나님은 이스라엘의 하나님이 되고 이스라엘은 하나님의 백성이 됩니다. 이스라엘에 두고자 하시는 하나님의 법은 '용서'입니다. 이 법이 그리스도로 성취된 것입니다.

따라서 새 언약 앞에서 우리가 이루어야 할 것은 없습니다. 우리가 이룰 수 있는 능력이 있지만 양보한다는 의미에서 이룰 필요가 없다는 것이 아니라 어느 것 하나 제대로 이룰 수 없는 무능한 존재이기 때문에 그러합니다. 이것을 알았기 때문에 예수님이 흘리신 피의 공로와 그의 은혜만으로 감사하게 되는 것입니다. 결국 예수님의 피 흘리신 결과 그 용서로 인하여 하나님이 법으로 자리한 그들이 하나님의 백성으로 인정되는 것입니다. 따라서 새 언약 아래 있는 그리스도인은 하나님이 언약을 이루심으로 구원 받았음을 알고 이를 증거하게 됩니다. 이것이 하나님이 인간을 창조하실 때 세우신 계획이고 택한 백성에게 새 영과 새 마음을 주심으로 완고한 마음을 부드럽게 하시고 하나님의 언약을 이루심과 용서를 증언하는 자로 살아가게 하십니다.

이와 같이 예레미야 선지자는 여호와의 말씀을 받아서 전하였는데 그 내용이 새 언약인 것입니다. 새 언약을 주시는 이유가 모세 언약과 같지 않기 때문에 새롭게 주신다고 합니다. 모세 언약은 출애굽하여 세워진 언약입니다. 출애굽 때에 하나님께서 그들의 남편이 되어 그들의 손을 잡고 이끌어 내었는데도 그들이 언약을 깨뜨렸다고 합니다. 몸은 애굽에서 이끌려 나왔지만 그들의 마음은 여전히 애굽을 향한 것입니다. 마치 소돔과 고모라성에서 천사의 손에 끌려 나오다가 뒤를 돌아본 까닭에 소금 기둥이 된 롯의 처와 같이 되었다는 말입니다. 따라서 이스라엘 백성들이든지 이방인들이든지 간에 옛 언약으로는 아무도 구원에 이를 수가 없다는 것입니다.

따라서 새 언약을 체결하는 것은 옛 언약인 모세의 율법을 이스라엘 백성들이 전혀 지켜내지 못함을 이스라엘의 역사 속에서 경험하였기 때문입니다. 이미 시내산에서 언약을 체결하고 40일도 지나지 않아 언약을 배반하고 금송아지를 섬긴 자들입니다. 이들이 사사 시대와 왕들의 시대를 거치는 약 천년의 기간 동안 행한 일이라고는 언약을 어기는 일이었다고 증언하고 있습니다.

"4 야곱의 집과 이스라엘의 집 모든 족속들아 여호와의 말씀을 들으라 5 나 여호와가 이와 같이 말하노라 너희 조상들이 내게서 무슨 불의함을 보았기에 나를 멀리 하고 가서 헛된 것을 따라 헛되이 행하였느냐 6 그들이 우리를 애굽 땅에서 인도하여 내시고 광야 곧 사막과 구덩이 땅, 건조하고 사망의 그늘진 땅, 사람이 그 곳으로 다니지 아니하고 그 곳에 사람이 거주하지 아니하는 땅을 우리가 통과하게 하시던 여호와께서 어디 계시냐 하고 말하지 아니하였도다 7 내가 너희를 기름진 땅에 인도하여 그것의 열매와 그것의 아름다운 것을 먹게 하였거늘 너희가 이리로 들어와서는 내 땅을 더럽히고 내 기업을 역겨운 것으로 만들었으며 8 제사장들은 여호와께서 어디 계시냐 말하지 아니하였으며 율법을 다루는 자들은 나를 알지 못하며 관리들도 나에게 반역하며 선지자들은 바알의 이름으로 예언하고 무익한 것들을 따랐느니라 9 따라서 내가 다시 싸우고 너희 자손들과도 싸우리라 여호와의 말씀이니라 10 너희는 깃딤 섬들에 건너가 보며 게달에도 사람을 보내 이 같은 일이 있었는지를 자세히 살펴보라 11 어느 나라가 그들의 신들을 신 아닌 것과 바꾼 일이 있느냐 그러나 나의 백성은 그의 영광을 무익한 것과 바꾸었도다 12 너 하늘아 이 일로 말미암아 놀랄지어다 심히 떨지어다 두려워할지어다 여호와의 말씀이니라 13 내 백성이 두 가지 악을 행하였나니 곧 그들이 생수의 근원되는 나를 버린 것과 스스로 웅덩이를 판 것인데 그것은 그 물을 가두지 못할 터진 웅덩이들이니라"(렘 2:4-13)

이방의 나라들도 자기들의 신을 바꾸지 않았는데 살아계신 하나님의 언약을 받은 이스라엘 백성들은 여호와를 버리고 언약을 배반하였다는 말씀입니다. 그래서 온갖 우상숭배를 하였습니다. 이것이 두 가지 악을 행한 것인데 생수의 근원되는 하나님을 버리고 스스로 웅덩이를 판 것입니다. 우리 인간의 근원적인 죄가 여기에서도 드러납니다. 생수의 근원이신 하나님을 버리고 스스로 자기의 생명을 자기가 살리겠다고 나서는 것이 두 가지 악이라는 말씀입니다. 그렇기 때문에 기독교 신앙은 인간 스스로 구원에 이를 수 없으며 오히려 악을 행하는 방향으로 나가게 됨을 발견하게 됩니다. 그래서 철저하게 인간의 능력이 아닌 외부의 능력으로 구원이 됩니다. 그런데 오늘날 기독교가 마치 스스로의 능력으로 구원을 얻을 수 있는 것처럼 말하는 사람들이 많이 생겨났습니다. 생명의 근원이신 예수님을 버리고 스스로 생명수를 만들어 담겠다고 하는 것과 같이 바로 물을 가두지도 못할 터진 웅덩이를 만드는 데 열심을 내는 시대가 되어버린 것입니다.

"1 여호와께로부터 예레미야에게 말씀이 임하니라 이르시되 2 너는 여호와의 집 문에 서서 이 말을 선포하여 이르기를 여호와께 예배하러 이 문으로 들어가는 유다 사람들아 여호와의 말씀을 들으라 3 만군의 여호와 이스라엘의 하나님께서 이와 같이 말씀하시되 너희 길과 행위를 바르게 하라 그리하면 내가 너희로 이곳에 살게 하리라 4 너희는 이것이 여호와의 성전이라, 여호와의 성전이라, 여호와의 성전이라 하는 거짓말을 믿지 말라 5 너희가 만일 길과 행위를 참으로 바르게 하여 이웃들 사이에 정의를 행하며 6 이방인과 고아와 과부를 압제하지 아니하며 무죄한 자의 피를 이곳에서 흘리지 아니하며 다른 신들 뒤를 따라 화를 자초하지 아니하면 7 내가 너희를 이곳에 살게 하리니 곧 너희 조상에게 영원무궁토록 준 땅에니라 8 보라 너희가 무익한 거짓말을 의존하는도다 9 너희가 도둑질하며 살인하며 간음하며 거짓 맹세하며 바알에게 분향하며 너희가 알지 못하는 다른 신들을 따르면서 10 내 이름으로 일컬음을 받는 이 집에 들어와서 내 앞에 서서 말하기를 우리가 구원을 얻었나이다 하느냐 이는 이 모든 가증한 일을 행하려 함이로다 11 내 이름으로 일컬음을 받는 이 집이 너희 눈에는 도둑의 소굴로 보이느냐 보라 나 곧 내가 그것을 보았노라 여호와의 말씀이니라"(렘 7:1-11)

예레미야 시대에는 건물로 된 성전이 있었습니다. 그런데 이 성전에 안식일에 예배하러 오는 사람들을 예레미야가 가로막고 서서 이곳이 성전이라고 하는 거짓말을 믿지 말라고 합니다. 지금은 그리스도의 몸이 성전이라서 건물로 된 성전은 없습니다. 그러나 그 당시는 건물로 된 성전이 있었는데 그 성전이 여호와의 성전이라고 하는 것은 거짓말이라고 하였던 것입니다. 이렇게 외치는 것은 성전이 도둑의 소굴이 되어버렸기 때문입니다. 그래서 신약시대에도 예수님께서는 이런 성전에서 분노하셨습니다. 성전을 도둑의 소굴로 만들었다고 하시면서 이 건물을 헐라고 하십니다. 그러면 3일 만에 일으키겠다고 하신 것입니다. 이 말씀으로 인하여 예수님은 고소를 당하지만 사실 예수님의 몸이 성전임을 말씀하신 것입니다.

"구스인이 그의 피부를, 표범이 그의 반점을 변하게 할 수 있느냐 할 수 있을진대 악에 익숙한 너희도 선을 행할 수 있으리라"
(렘 13:23)

예레미야 선지자가 새 언약을 예언한 것은 옛 언약을 받은 이스라엘 백성들의 실상이 이러함을 드러내고 말씀하신 것입니다. 어떤 인간의 율법지킴이나 의로운 행위로도 하나님의 생명에 이를 수가 없음을 보이면서 새 언약을 말씀하십니다. 이 새 언약은 마음에 기록이 되는 것이며 그 죄를 용서하시고 기억조차 하지 아니하신다는 것입니다. 이 새 언약이 바로 예수 그리스도의 피로 세운 언약입니다. 새 언약의 백성으로 살아가는 것이 참된 생명이며 복입니다.

이제 에스겔서에서 새 언약의 내용은 어떠한 것인지를 살펴보고자 합니다. 예레미야를 통하여 새 언약을 예언한 것은 앞에서 살펴보았듯이 '남 유다가 멸망하는 배경'이었습니다. 그런데 에스겔이 예언하는 새 언약은 이미 멸망하여 바벨론에 포로로 잡혀온 상태에서 주어졌습니다. 이스라엘 백성들이 하나님의 언약을 받았으나 그들이 이루어내지 못하였기 때문에 나라의 멸망과 바벨론에 포로로 잡혀간 것입니다. 이렇게 된 것은 이미 모세 언약의 내용 속에 다 들어있었던 것입니다. 여호와의 언약을 배반하면 나라가 망하고 다른 나라에 포로로 잡혀갈 것을 이미 말씀하신 것입니다.

새 언약이 주어지기까지 배경을 설명하자면 다음과 같습니다. 여호와 하나님 자신이 먼저 언약을 주시고 그 언약의 본질을 드러내는 방식으로 징벌과 은혜를 제공합니다. 모세 언약의 경우에서 보았듯이 인간의 행함을 통해서 인간의 죄를 지적하고 은혜를 더욱 풍성하게 하기 위해 주어진 것입니다. 또한 하나님께서 솔로몬에게 언약을 주심으로 솔로몬이 그 시대의 사람들을 대표하여 계속 아담 안에 들어 있던 죄를 드러내는 도구로 사용되고 있습니다. 또한 열왕기는 왕과 선지자들의 대결 구조로 되어있는데, 왕은 인간들이 흔히 품게 되는 신관이나 종교관을 대변하게 됩니다. 즉 인간의 마음속에 품고 있는 정치권력 지향성과 소유욕이 여호와 하나님의 법을 이용해서 이스라엘의 남북을 지배하고자 합니다. 권력다툼인 것입니다. 거기에 비해 선지자들은 하나님으로부터 언약 달성을 위한 지시를 받게 됩니다. 장차 오실 예수님의 모습을 선지자들의 고난을 통해 보여주시며 그 시대를 통과하게 하십니다. 만약 왕들이 선지자의 계시에 순종하면 이방 민족을 저주하는 형식으로 이스라엘을 친히 지켜주십니다. 하지만 왕들이 선지자들의 말을 듣지 않고 자기 소유의 나라라고 착각하고 자기 힘으로 유지하려고 하면 참된 왕이신 여호와 하나님께서 자신의 언약을 지키기 위해서 그 왕과 백성에게 진노하십니다. 이럴 경우에는 이스라엘 나라 주변에 포진해 있는 이방 나라들이 하나님께서 친히 사용하시는 몽둥이가 되는 것입니다.

따라서 율법의 행위로는 저주를 받을 수밖에 없음을 이스라엘 역사를 통하여 분명하게 보여주고 있습니다. 그래서 모세 언약 이전에 아브라함을 통하여 언약을 주신 것은 아브라함이 오직 믿음으로 의롭다함을 받는 것을 먼저 보여주시고 나서 그 다음에 모세의 언약을 주신 것은 어떤 인간도 스스로의 행위로는 하나님의 의에 이를 수가 없음을 분명히 하기 위한 것입니다. 그것은 모세 언약을 받은 이스라엘 백성들이 예레미야에서 보았던 것처럼 철저하게 언약을 배반하고야 만 것입니다. 물론 겉으로는 안식일마다 부지런히 여호와께 경배하기 위하여 성전에 나아갔지만 그것은 우상을 섬기는 것과 같은 행위였습니다. 어떻게 하면 더 속이고 더 많이 얻을까를 생각하면서 제물을 바친 것입니다. 이것이 성전을 도적의 소굴로 만든 것입니다. 그래서 에스겔서에서는 예루살렘 성전 안에 온갖 우상이 가득함을 보여주시면서 언약을 배반한 이스라엘의 실상을 낱낱이 고발하는 것입니다.

"11 이스라엘 족속의 장로 중 칠십 명이 그 앞에 섰으며 사반의 아들 야아사냐도 그 가운데에 섰고 각기 손에 향로를 들었는데 향연이 구름 같이 오르더라 12 또 내게 이르시되 인자야 이스라엘 족속의 장로들이 각각 그 우상의 방안 어두운 가운데에서 행하는 것을 네가 보았느냐 그들이 이르기를 여호와께서 우리를 보지 아니하시며 여호와께서 이 땅을 버리셨다 하느니라 13 또 내게 이르시되 너는 다시 그들이 행하는 바 다른 큰 가증한 일을 보리라 하시더라 14 그가 또 나를 데리고 여호와의 전으로 들어가는 북문에 이르시기로 보니 거기에 여인들이 앉아 담무스를 위하여 애곡하더라 15 그가 또 내게 이르시되 인자야 네가 그것을 보았느냐 너는 또 이보다 더 큰 가증한 일을 보리라 하시더라 16 그가 또 나를 데리고 여호와의 성전 안뜰에 들어가시니라 보라 여호와의 성전 문 곧 현관과 제단 사이에서 약 스물다섯 명이 여호와의 성전을 등지고 낯을 동쪽으로 향하여 동쪽 태양에게 예배하더라"(겔 8:11-16)

새 언약이 예언되는 예레미야서에서는 성전을 도적의 소굴로 만들었습니다. 그런데 에스겔서에서 보이는 성전 안에는 온갖 우상이 가득함을 드러내 보여줍니다. 백성의 장로 70명이 여호와께서 이 땅을 버리셨다고 하면서 아예 우상을 향하여 분향합니다. 여인들이 담무스를 위하여 애곡합니다. 더 큰 가증한 일은 스물다섯명이 여호와의 성전을 등지고 낯을 동쪽으로 향하여 동쪽 태양에게 예배합니다. 여기의 25명은 제사장 24명과 대제사장의 숫자입니다. 여호와를 경배해야 할 제사장마저 태양숭배를 하고 있는 것입니다. 이리하여 남 유다마저 멸망하고 바벨론에 포로로 잡혀와 있는 것입니다. 이런 절망의 시간에 하나님께서 새 언약을 주시겠다고 하십니다. 이것은 이미 옛 언약 아래에서 어떻게 저주를 받을 수밖에 없는지를 이스라엘의 역사를 통하여 다 드러내시고 나서 새 언약을 주시는 조치입니다. 따라서 새 언약을 주신다는 것은 옛 언약으로는 안 되는 이유를 철저하게 드러내시고 새 언약을 주심으로 새 언약의 소중함을 알게 하시는 것입니다.

> "17 너는 또 말하기를 주 여호와의 말씀에 내가 너희를 만민 가운데에서 모으며 너희를 흩은 여러 나라 가운데에서 모아 내고 이스라엘 땅을 너희에게 주리라 하셨다 하라 18 그들이 그리로 가서 그 가운데의 모든 미운 물건과 모든 가증한 것을 제거하여 버릴지라 19 내가 그들에게 한 마음을 주고 그 속에 새 영을 주며 그 몸에서 돌 같은 마음을 제거하고 살처럼 부드러운 마음을 주어 20 내 율례를 따르며 내 규례를 지켜 행하게 하리니 그들은 내 백성이 되고 나는 그들의 하나님이 되리라 21 그러나 미운 것과 가증한 것

을 마음으로 따르는 자는 내가 그 행위대로 그 머리에 갚으리라 나
주 여호와의 말이니라"(겔 11:17-21)

위 말씀은 이스라엘 백성들의 마지막 남은 유다지파 그 중에서 마지막 남은 성읍인 성전이 있는 예루살렘마저 완전히 파괴가 되었습니다. 그러나 이제 각 지역으로 흩어진 백성들을 하나님께서 모아들이고 이스라엘 땅을 주시겠다고 하십니다. 이렇게 하신 것은 다시 이스라엘 땅에 돌아가서는 우상을 제거하여 버리라는 것입니다. 이들이 이스라엘 땅으로 돌아가게 된 것은 그들에게 한 마음을 주고 그 속에 새 영을 주셨기 때문입니다. 새 영을 주신다는 것은 그 몸에서 돌 같은 마음을 제거하고 살처럼 부드러운 마음을 주셔서 주의 율례를 따르고 순종하게 하기 위한 것입니다.

"59 나 주 여호와가 이같이 말하노라 네가 맹세를 멸시하여 언약을 배반하였은즉 내가 네 행한 대로 네게 행하리라 60 그러나 내가 너의 어렸을 때에 너와 세운 언약을 기억하고 너와 영원한 언약을 세우리라"(겔 16:59-60)

이 말대로 이스라엘은 언약을 배반한 결과 예루살렘이 무너지고 바벨론에 포로로 끌려가게 된 것입니다. 그런데 하나님이 이들을 다시 돌아오게 한다고 해서 그들이 언약을 배반하지 않고 지키는 백성으로 변하는 것이 아닙니다. 인간의 본질은 변하지 않기 때문입니다. 그런데도 그들을 돌아오게 하시는 것은 하나님이 목표하는 것

이 이스라엘을 변화하게 해서 언약을 잘 지키게 하는 것이 아니고 언약을 이루시는 분이 따로 계심을 말씀하고자 하시는 것입니다. 이것을 보면 하나님이 이스라엘에게 계획하신 것은 '영원한 언약'이라는 것을 알 수 있습니다. 영원한 언약이라는 것은 언약에 대한 이스라엘의 태도와 상관없이 하나님이 언약을 이루시는 것을 말합니다. 언약을 이루기 위해서는 '영원한 언약'의 본질은 용서가 필수적일 수밖에 없습니다. 이처럼 '용서가 본질로 자리하는 것이 새 언약'입니다. 따라서 새 언약은 전혀 다른 새로운 언약이 아니라 옛 언약을 주시면서 이미 계획하신 것임을 알 수 있습니다.

에스겔서에서 새 언약의 내용은 새 마음을 주시는 것입니다. 새 마음이란 새 영을 부어주셔야 한다는 것입니다. 하나님께서 새 언약을 주시는 이유가 에스겔서 36장에 걸쳐서 잘 나와 있습니다. 에스겔 36장 1-15절까지는 이스라엘이 멸망하여 이방나라들의 조롱거리가 된 이스라엘을 회복하여 주시겠다고 말씀합니다. 즉 이스라엘을 조롱한 이방나라는 심판하시고 이스라엘은 회복하여 주신다고 하십니다. 그러나 이스라엘 백성들이 행한 죄에 대하여는 지나치지 않으시고 밝히 드러내십니다.

"16 여호와의 말씀이 또 내게 임하여 이르시되 17 인자야 이스라엘 족속이 그들의 고국 땅에 거주할 때에 그들의 행위로 그 땅을 더럽혔나니 나 보기에 그 행위가 월경 중에 있는 여인의 부정함과 같았느니라 18 그들이 땅 위에 피를 쏟았으며 그 우상들로 말미암아 자신들을 더럽혔으므로 내가 분노를 그들 위에 쏟아 19 그들을 그 행위대로 심판하여 각국에 흩으며 여러 나라에 헤쳤더니 20 그들이 이른바 그 여러 나라에서 내 거룩한 이름이 그들로 말미암아 더러워졌나니 곧 사람들이 그들을 가리켜 이르기를 이들은 여호와의 백성이라도 여호와의 땅에서 떠난 자라 하였음이라"(겔 36:16-20)

이스라엘 백성들이 우상숭배 함으로 그 땅을 더럽혔습니다. 언약의 땅은 백성들이 범죄 하면 백성들을 토하여 내쳐 버립니다. 그리하여 이들이 사로잡혀간 여러 나라에서 거룩한 여호와의 이름을 더럽힌 것입니다. 여호와 하나님은 자기 언약에 신실하신 하나님이신데 어떻게 다른 나라에 망하고 포로로 잡혀갔느냐는 말을 듣는 것이 여호와의 이름을 더럽히는 것이었습니다. 마치 여호와 하나님께서 능력이 없어서 그들이 잡혀간 것처럼 여겨졌습니다. 고대의 전쟁은 어느 나라가 이기면 그 이긴 나라의 신이 강해서 이겼다고 보았기 때문에 이스라엘의 여호와 하나님이 무능한 하나님으로 비춰진 것입니다.

그러나 이렇게 포로로 잡혀간 것은 여호와 하나님이 무능해서가 아니라 오히려 하나님은 자기 언약에 신실하시기에 포로로 잡혀가게 하신 것입니다. 모세 언약에서 우상을 섬기면 다른 나라에 포로로 잡혀가도록 언약하신 대로 그대로 시행하신 것입니다. 따라서 포로로 잡혀가는 것은 하나님의 언약에 신실하신 모습을 보여주는 것이기도 합니다. 이방 나라의 우상들은 언약과 관계있는 신들이 아닙니다. 가짜 언약을 만들어낸다 할지라도 그 언약을 지켜낼 능력도 없는 것입니다. 따라서 여호와 하나님께서 이스라엘 백성들을 심판하시는 것을 통하여 한편으로는 살아계신 하나님을 알고 믿는 자가 생겨서 나오는 것을 보게 됩니다.

> "21 그러나 이스라엘 족속이 들어간 그 여러 나라에서 더럽힌 내 거룩한 이름을 내가 아꼈노라 22 따라서 너는 이스라엘 족속에게 이르기를 주 여호와께서 이같이 말씀하시기를 이스라엘 족속아 내가 이렇게 행함은 너희를 위함이 아니요 너희가 들어간 그 여러 나라에서 더럽힌 나의 거룩한 이름을 위함이라 23 여러 나라 가운데에서 더럽혀진 이름 곧 너희가 그들 가운데에서 더럽힌 나의 큰 이름을 내가 거룩하게 할지라 내가 그들의 눈앞에서 너희로 말미암아 나의 거룩함을 나타내리니 내가 여호와인 줄을 여러 나라 사람이 알리라 주 여호와의 말씀이니라"(겔 36:21-23)

여호와 하나님을 배반하고 우상숭배를 함으로 여러 나라에 포로로 잡혀가게 되고 그곳에서 여호와 하나님의 거룩하신 이름을 더럽힌 자들이 다름 아닌 이스라엘 백성들이었습니다. 이제는 그들을 영원히 돌아오지 못하도록 흩어진 나라에게 멸망하도록 내버려 두셔도 그들은 아무런 할 말이 없는 자들입니다. 그런데 하나님께서 그들을 다시 돌아오게 하시는 이유가 무엇인지 살펴보겠습니다.

> "24 내가 너희를 여러 나라 가운데에서 인도하여 내고 여러 민족 가운데에서 모아 데리고 고국 땅에 들어가서 25 맑은 물을 너희에

게 뿌려서 너희로 정결하게 하되 곧 너희 모든 더러운 것에서와 모든 우상 숭배에서 너희를 정결하게 할 것이며 26 또 새 영을 너희 속에 두고 새 마음을 너희에게 주되 너희 육신에서 굳은 마음을 제거하고 부드러운 마음을 줄 것이며 27 또 내 영을 너희 속에 두어 너희로 내 율례를 행하게 하리니 너희가 내 규례를 지켜 행할지라 28 내가 너희 조상들에게 준 땅에서 너희가 거주하면서 내 백성이 되고 나는 너희 하나님이 되리라"(겔 36:24-28)

언약의 내용은 이스라엘 백성들이 하나님의 백성이 되고 하나님은 이스라엘의 하나님이 되시겠다는 말씀입니다. 그런데 이스라엘 백성들은 스스로의 힘과 능력으로는 결코 하나님의 백성이 될 수 없는 자들임이 옛 언약으로 확실히 드러났습니다. 그런데 이들을 다시 회복시켜 주시는 데, 그 이유는 여호와의 '자기 이름'을 위하여 회복시켜 주신다는 것입니다. 따라서 구원이란 이스라엘을 위한 구원이 아니라 여호와의 자기 이름을 위한 구원인 것입니다. 구원받은 사람은 이제부터 이러한 사실을 알고서 자기 자신을 위하여 하는 모든 것이 하나님을 배척한 일이라는 것을 알게 되고 철저하게 회개하게 됩니다.

에스겔서에 나타난 새 언약의 약속은 예레미야 31장 31-34절의 새 언약처럼 '죄의 용서'를 약속하고 있습니다. 그리고 예레미야에 의하여 율법이 백성의 마음에 있어야 한다고 증언하였듯이 마찬가지로 에스겔의 언약에서도 새 마음과 새 영이 약속되었습니다. 위 말씀은 선지서 중에서 매우 뛰어난 진술입니다. 이것은 예레미야서의 새로운 언약을 담은 약속이고 신약에서 바울이 복음을 설명하는데 있어서 성령을 언급하는데 중요한 역할을 하게 됩니다.

> "31 그 때에 너희가 너희 악한 길과 너희 좋지 못한 행위를 기억하고 너희 모든 죄악과 가증한 일로 말미암아 스스로 밉게 보리라 32 주 여호와의 말씀이니라 내가 이렇게 행함은 너희를 위함이 아닌 줄을 너희가 알리라 이스라엘 족속아 너희 행위로 말미암아 부끄러워하고 한탄할지어다"(겔 36:31-32)

구원받은 자들이 하는 일이 자기 죄악과 가증한 일로 인하여 스스로 밉게 보고 부끄러워하고 한탄하게 됩니다. 에스겔로 하여금 이스라엘의 상태를 환상 중에 보게 하심으로 하나님께서 이스라엘 백성에게 새 마음과 새 영을 주셔야만 하시는 이유를 분명하게 보여주십니다. 이 내용은 에스겔 37장에서 에스겔 선지자가 본 환상으로서 바짝 마른 뼈다귀만 가득한 골짜기에 대한 이야기입니다. 여호와께서 에스겔에게 이 마른 뼈들이 살겠느냐고 물어보십니다. 그러자 에스겔은 주께서 아신다고만 답변을 합니다. 이때 여호와의 말씀을 봅니다.

> "7 이에 내가 명령을 따라 대언하니 대언할 때에 소리가 나고 움직이며 이 뼈, 저 뼈가 들어 맞아 뼈들이 서로 연결되더라 8 내가 또 보니 그 뼈에 힘줄이 생기고 살이 오르며 그 위에 가죽이 덮이나 그 속에 생기는 없더라 9 또 내게 이르시되 인자야 너는 생기를 향하여 대언하라 생기에게 대언하여 이르기를 주 여호와께서

이같이 말씀하시기를 생기야 사방에서부터 와서 이 죽음을 당한 자에게 불어서 살아나게 하라 하셨다 하라 10 이에 내가 그 명령대로 대언하였더니 생기가 그들에게 들어가매 그들이 곧 살아나서 일어나 서는데 극히 큰 군대더라 11 또 내게 이르시되 인자야 이 뼈들은 이스라엘 온 족속이라 그들이 이르기를 우리의 뼈들이 말랐고 우리의 소망이 없어졌으니 우리는 다 멸절되었다 하느니라"(겔 37:7-11)

이것이 바짝 마른 뼈다귀, 전혀 소망이 없는 해골 상태가 이스라엘의 모습이었던 것입니다. 이런 이스라엘이 다시 살아나는 것은 오직 여호와의 말씀의 능력으로 살아납니다. 이렇게 하시는 이유가 무엇인지에 대하여 더 살펴보겠습니다.

"12 따라서 너는 대언하여 그들에게 이르기를 주 여호와께서 이같이 말씀하시기를 내 백성들아 내가 너희 무덤을 열고 너희로 거기에서 나오게 하고 이스라엘 땅으로 들어가게 하리라 13 내 백성들아 내가 너희 무덤을 열고 너희로 거기에서 나오게 한즉 너희는 내가 여호와인 줄을 알리라 14 내가 또 내 영을 너희 속에 두어 너희가 살아나게 하고 내가 또 너희를 너희 고국 땅에 두리니 나 여호와가 이 일을 말하고 이룬 줄을 너희가 알리라 여호와의 말씀이니라"(겔 37:12-14)

이스라엘의 상태가 해골이며 무덤에 있다는 말씀입니다. 이것은 온통 우상숭배로 가득한 이스라엘이었기 때문입니다. 이들을 바벨론에 포로로 잡혀가게 하셨다가 다시 돌아오게 하신 것은 '여호와가 어떤 분이신지'를 알게 하기 위한 것입니다. 말하자면 그들에게 새 영을 그들의 속에 두어서 살아나게 하고 고국 땅에 두시겠다는 것은 '여호와께서 이 일을 말씀하시고 이루신 것'을 알게 하시기 위한 것입니다. 따라서 언약이란 여호와께서 약속하시고 약속하신 것을 신실하게 이루어내시는 것을 말합니다. 그러므로 우리가 하나님을 믿는다는 것은 우리에게 언약하시고 언약하신 바를 신실하게 이루어내시는 하나님을 믿는 것입니다.

이제 에스겔 예언이 궁극적으로 언제 이루어지는지에 대해 살펴보겠습니다. 이스라엘 백성들이 바벨론에서 돌아오는 것은 아직 그림자로서의 일입니다. 실체가 나타나지 않았습니다. 그들이 바벨론에서 돌아왔지만 새 마음과 새 영이 부어지지 않았습니다. 새 마음과 새 영이 부어지지 아니한 상태에서 그들은 자기반성을 하게 됩니다. 왜 포로로 잡혀갔는지 자기반성을 하면서 율법을 살펴보니 그들에게 있어서는 율법을 제대로 지키지 못한 것이라고 생각하게 됩니다. 그래서 일어난 운동이 바리새 운동입니다. 율법을 지키지 않는 자리에서 자신들이 분리하여 '율법을 지키자'는 운동들이 일어났습니다. 그럼에도 불구하고 나라는 여전히 미약한 상태에 있었습니다. 이들은 전혀 다른 방향으로 가고 만 것입니다. 이러한 가운데 드디어 구약의 모든 선지자들이 약속한 메시아가 오셨습니다. 이제 새 마음과 새 영을 부어주실 분이 오셨습니다. 그런데 율법의 기능을 알지 못하고 그것을 문자적으로 지켜온 바리새인들이 진정한 메시아를 알아보지 못하고 메시아이신 '그리스도'를 가장 극렬하게 반대하고 나섰던 것입니다.

우리가 지금까지 언약의 흐름을 보면서 왜 아브라함에게 일방적인 은혜언약을 먼저 주시고 나서 모세에게는 상호언약을 주셨는지를 살펴보았습니다. 모세 율법으로는 의에 이를 수가 없기에 새 언약을 약속하셨는데 그 새 언약을 이루기 위하여 오신 분을 옛 언약을 고수하는 사람들이 주축이 되어서 새 언약의 완성자인 그리스도를 배척하였다는 사실이 드러나게 된 것입니다. 따라서 새 언약의 실체를 받아들인다는 것은 자기 자신에 대한 모든 가능성에 대하여 죽어야 한다는 것을 말합니다. 우리는 율법을 흠 없이 지킨다고 자부한 자들의 결국이 새 언약의 완성자인 그리스도를 죽였다는 사실에 직면하게 될 때에, 새 언약의 실체를 알게 되고 모든 언약의 완성이신 예수님을 믿고 새 언약의 백성이 되는 것입니다. 요엘서의 예언의 말씀도 새 언약과 연결이 되는 말씀입니다. 요엘 선지자는 여호와의 두려운 심판을 함께 말씀하고 있습니다. 하나님의 영을 자녀와 늙은이와 젊은이에게 남종과 여종에게 부어주신다고 합니다.

"28 그 후에 내가 내 영을 만민에게 부어 주리니 너희 자녀들이 장래 일을 말할 것이며 너희 늙은이는 꿈을 꾸며 너희 젊은이는 이상을 볼 것이며 29 그 때에 내가 또 내 영을 남종과 여종에게 부어 줄 것이며 30 내가 이적을 하늘과 땅에 베풀리니 곧 피와 불과 연기 기둥이라 31 여호와의 크고 두려운 날이 이르기 전에 해가 어두워지고 달이 핏빛 같이 변하려니와 32 누구든지 여호와의 이름을 부르는 자는 구원을 얻으리니 이는 나 여호와의 말대로 시온 산과 예루살렘에서 피할 자가 있을 것임이요 남은 자 중에 나 여호와의 부름을 받을 자가 있을 것임이니라"(욜 2:28-32)

여기서 불과 피와 연기의 이미지는 심판을 보여줍니다. 따라서 하나님의 신이 부어지는 말세에 누구든지 주의 이름을 부르는 자는 구원을 얻을 것입니다. 반대로 주의 이름을 부르지 아니하면 그것이 심판이 됩니다. 이것이 바로 장래의 일이며 꿈과 이상이라고 합니다. 그런데 우리는 이 말씀을 보면서 세상 속에 놓여 있는 것들에 대한 탐심으로 장래 일과 꿈과 이상을 이야기하는 경우가 많습니다. 그래서 많은 사람들이 사람들의 꿈과 비전을 이야기 합니다. 그러나 성경에서 말씀하는 대로 하나님의 영이 부어지면 장래 일과 꿈과 이상을 보게 될 것인데 이 꿈과 이상은 하나님의 영이 부어짐으로 인하여 말하게 될 내용으로서 바로 예수 그리스도를 증거한다는 것을 말합니다.

요엘서의 성취는 사도행전 2장에 잘 나타나 있습니다. 사도들이 예수님께서 약속하신 성령을 받게 됩니다. 성령이 임하면 예수 그리스도의 증인이 되는 것입니다. 그래서 복음을 전합니다. 복음을 전하는데 여러 지역에서 온 사람들이 자기들의 말로 알아듣는 것입니다. 이때 그들이 하는 말은 '하나님의 큰일'을 듣는다고 합니다.^{행 2:11} 하나님의 큰 일이 바로 '복음'입니다. 그런데 어떤 사람들은 사도들에게 성령이 임하여 복음을 증거 하는 것을 보고서는 조롱하며 술에 취하였다고 합니다. 이때 베드로가 이것은 술에 취한 것이 아니라 요엘 선지자의 예언의 성취라고 하면서 요엘서를 인용합니다. 이 말씀이 예수 그리스도를 통하여 성취가 되었음으로 지금 성령을 통하여 증거 하는 것입니다.

"14 베드로가 열한 사도와 함께 서서 소리를 높여 이르되 유대인들과 예루살렘에 사는 모든 사람들아 이 일을 너희로 알게 할 것이니 내 말에 귀를 기울이라 15 때가 제 삼 시니 너희 생각과 같이 이 사람들이 취한 것이 아니라 16 이는 곧 선지자 요엘을 통하여 말씀하신 것이니 일렀으되17 하나님이 말씀하시기를 말세에 내가 내 영을 모든 육체에 부어 주리니 너희의 자녀들은 예언할 것이요 너희의 젊은이들은 환상을 보고 너희의 늙은이들은 꿈을 꾸리라 18 그 때에 내가 내 영을 내 남종과 여종들에게 부어 주리니 그들이 예언할 것이요 19 또 내가 위로 하늘에서는 기사를 아래로 땅에서는 징조를 베풀리니 곧 피와 불과 연기로다 20 주의 크고 영화로운 날이 이르기 전에 해가 변하여 어두워지고 달이 변하여 피가 되리라 21 누구든지 주의 이름을 부르는 자는 구원을 받으리라 하였느니라"(행 2:14-21)

이어서 베드로는 다윗의 시편을 인용하여 언약이 성취된 일에 대하여 성취의 실체이신 예수님을 증거 합니다.

"22 이스라엘 사람들아 이 말을 들으라 너희도 아는 바와 같이 하나님께서 나사렛 예수로 큰 권능과 기사와 표적을 너희 가운데서 베푸사 너희 앞에서 그를 증언하셨느니라 23 그가 하나님께서 정하신 뜻과 미리 아신 대로 내준 바 되었거늘 너희가 법 없는 자들의 손을 빌려 못 박아 죽였으나 24 하나님께서 그를 사망의 고통에서

풀어 살리셨으니 이는 그가 사망에 매여 있을 수 없었음이라 25 다윗이 그를 가리켜 이르되 내가 항상 내 앞에 계신 주를 뵈었음이여 나로 요동하지 않게 하기 위하여 그가 내 우편에 계시도다"
(행2:22-25)

이와 같이 베드로에게 성령이 임하니 요엘 선지자와 다윗이 미리 보고 예언한 것이 모두 '예수 그리스도'를 증거 하는 것임을 알게 되었습니다. 따라서 그 선지자들이 미리 본 것이 바로 '예수 그리스도의 죽으심과 부활'입니다. 이것이 바로 예수님께서 하나님의 모든 언약을 완성하신 증거입니다. 이제 예수님께서 하늘에 오르셔서 그가 약속하신 성령을 아버지께 받아서 부어주시는 분이 되셨습니다. 그래서 성령을 받은 자는 요엘 선지자가 하나님의 영을 모든 육체에 부어주신다는 그 약속이 예수님으로 인하여 성취가 되었다는 것을 알게 됩니다.

"34 다윗은 하늘에 올라가지 못하였으나 친히 말하여 이르되 주께서 내 주에게 말씀하시기를 35 내가 네 원수로 네 발등상이 되게 하기까지 너는 내 우편에 앉아 있으라 하셨도다 하였으니 36 그런즉 이스라엘 온 집은 확실히 알지니 너희가 십자가에 못 박은 이 예수를 하나님이 주와 그리스도가 되게 하셨느니라 하니라"(행 2:34-36)

이것이 성령이 임한 자들이 증거 하는 복음의 내용입니다. 이 복음은 '너희가 십자가에 못 박은 이 예수를 하나님이 주와 그리스도가 되게 하셨다'는 것을 말합니다. 오늘날 이 시대에도 복음이 증거

된다는 것은 반드시 '우리가' 예수님을 십자가에 못 박아 죽인 자들과 한 통속이라는 사실이 전제되어야 합니다. 그렇지 않으면 십자가에 못 박은 데 제외된 자로서 말하게 되면 순간적으로 사람들을 좋게 하지만 궁극적으로 십자가와 상관없음으로 인하여 영원히 멸망하게 하는 다른 복음을 전하는 것이 될 수 있음을 주의해야 합니다.

"16 모든 성경은 하나님의 감동으로 된 것으로 교훈과 책망과 바르게 함과 의로 교육하기에 유익하니 17 이는 하나님의 사람으로 온전하게 하며 모든 선한 일을 행할 능력을 갖추게 하려 함이라"
(딤후 3:16-17)

성경에 나오는 모든 말씀은 지금도 엄연히 살아계셔서 성령 안에서 주님께서만 이루어내십니다. 그래서 우리가 말씀을 볼 때마다 그리스도인으로서 더욱 더 사죄의 은총을 십자가의 보배로운 피를 근거로 하여 깨닫게 되는 것입니다. 그리스도인 안에서 이루어지는 이런 회개의 지속은 하나님의 아들이신 주님이 이루어내시는 하나님의 일이며 바로 이러한 주님을 온전히 증거 하는 주님의 종으로서 오늘도 말씀은 성령을 통해 그리스도인에게 쉬지 않고 작용하고 있는 것입니다. 따라서 이 패역한 세대에서 회개하고 예수님을 믿는 것이 하나님의 영이 임한 자의 모습입니다. 우리는 하나님의 이름을 더럽혔지만 하나님은 자기의 이름과 그 영광을 위하여 자기 백성을 구원하시는 모습을 보여줍니다.

"37 그들이 이 말을 듣고 마음에 찔려 베드로와 다른 사도들에게 물어 이르되 형제들아 우리가 어찌할꼬 하거늘 38 베드로가 이르되 너희가 회개하여 각각 예수 그리스도의 이름으로 세례를 받고 죄 사함을 받으라 그리하면 성령의 선물을 받으리니 39 이 약속은 너희와 너희 자녀와 모든 먼 데 사람 곧 주 우리 하나님이 얼마든지 부르시는 자들에게 하신 것이라 하고 40 또 여러 말로 확증하며 권하여 이르되 너희가 이 패역한 세대에서 구원을 받으라 하니 41 그 말을 받은 사람들은 세례를 받으매 이 날에 신도의 수가 삼천이나 더하더라 42 그들이 사도의 가르침을 받아 서로 교제하고 떡을 떼며 오로지 기도하기를 힘쓰니라"(행 2:37-42)

구약의 모든 옛 언약은 새 언약을 향하여 모아짐을 볼 수 있습니다. 옛 언약에 종지부를 찍고 이제는 그리스도를 통한 새 언약을 소개하는 모습을 나타냅니다. 구약 성경의 마지막인 말라기에서 여호와 하나님께서 성전 문을 닫을 자가 있었으면 좋겠다고 하십니다.

"만군의 여호와가 이르노라 너희가 내 제단 위에 헛되이 불사르지 못하게 하기 위하여 너희 중에 성전 문을 닫을 자가 있었으면 좋겠도다 내가 너희를 기뻐하지 아니하며 너희가 손으로 드리는 것을 받지도 아니하리라"(말 1:10)

성전 문이 닫혀 버리면 더 이상 이스라엘 백성들이 여호와로부터 용서받을 길이 없게 됩니다. 그런데 여호와 하나님께서 이런 말씀을 하시는 이유가 무엇인지에 대하여 살펴보겠습니다.

"2 여호와께서 이르시되 내가 너희를 사랑하였노라 하나 너희는 이르기를 주께서 어떻게 우리를 사랑하셨나이까 하는도다 나 여호와가 말하노라 에서는 야곱의 형이 아니냐 그러나 내가 야곱을 사랑하였고 3 에서는 미워하였으며 그의 산들을 황폐하게 하였고 그의 산업을 광야의 이리들에게 넘겼느니라 4 에돔은 말하기를 우리가 무너뜨림을 당하였으나 황폐된 곳을 다시 쌓으리라 하거니와 나 만군의 여호와는 이르노라 그들은 쌓을지라도 나는 헐리라 사람들이 그들을 일컬어 악한 지역이라 할 것이요 여호와의 영원한 진노를 받은 백성이라 할 것이며 가난하나 5 너희는 눈으로 보고 이르기를 여호와께서는 이스라엘 지역 밖에서도 크시다 하리라"
(말 1:2-5)

말라기 1장에서만 보면 크게 두 가지를 이스라엘 백성들이 잘못을 하고 있음을 알 수 있습니다. 여호와 하나님께서 이스라엘을 향하여 내가 너희를 사랑한다고 하시는데도 이스라엘 백성들은 주께서 어떻게 우리를 사랑하시는지를 알 수 없다고 하면서 항의합니다. 그들의 항의한 이유는 그들이 바벨론 포로에서 돌아왔지만 여전히 나라는 연약한 상태에 있는데, 어찌 이것이 어떻게 하나님의 그들을 사랑하시는 모습이냐는 것입니다. 하나님이 사랑하신다면 그들에게 강력한 힘을 주시고 다른 나라를 지배하고 다스려야 하지 않느냐는 말을 하는 것입니다.

이때 하나님의 답변은 야곱은 사랑하고 에서는 미워하였다는 말씀을 하십니다. 야곱이 얼마나 많은 고생을 하였는지 바로 앞에

섰을 때에 자기 나그네 세월을 험악한 세월이었다고 합니다. 형과 아버지를 속이고 외삼촌 집으로 도망갔습니다. 외삼촌에게 속임을 당합니다. 아내를 위하여 14년을 고생하고 자기 재산을 위하여 6년을 불철주야 고생합니다. 얍복 나루에서 천사에 의하여 환도 뼈가 위골되어 평생에 장애인이 되어 지팡이를 의지하여야 했습니다. 아들이 계모를 범합니다. 딸이 강간당합니다. 사랑하는 아들이 자기 아들들의 손에 의하여 노예로 팔렸습니다. 야곱은 들짐승에 찢겨 죽은 줄 알았습니다. 왜 이런 고생을 해야만 하는 것인지를 말씀하시는 바, 인간의 야망을 끊어내시고 하나님의 약속을 붙들게 하시기 위한 하나님의 사랑이라는 것입니다. 이런 고난을 이해하지 못하는 상황 속에서, 지금 말라기서에서 이스라엘 백성들은 현 상황과 그들의 처지만을 바라보고서 하나님이 어떻게 우리를 사랑 하였느냐고 따지게 된 것입니다. 반면에 하나님의 미움을 받은 에서는 아무런 고생이 없었습니다. 아브라함의 사병이 318명인데 에서는 무려 400명입니다. 아브라함보다 하나님의 미움을 받은 에서가 훨씬 더 부자입니다. 에서는 고생했다는 기록이 성경에 없습니다. 강대한 민족으로 세워짐을 보게 됩니다. 그런데 이것이 버림받은 자의 모습입니다. 이것을 이스라엘 백성들은 이해하지 못하였기 때문에 하나님께서 그들을 사랑하신다는 말씀을 도저히 믿을 수가 없습니다. 그 결과 제사장들조차 하나님께 드릴 예물을 눈속임으로 드리는 것입니다.

"6 내 이름을 멸시하는 제사장들아 나 만군의 여호와가 너희에게 이르기를 아들은 그 아버지를, 종은 그 주인을 공경하나니 내가 아버지일진대 나를 공경함이 어디 있느냐 내가 주인일진대 나를 두려워함이 어디 있느냐 하나 너희는 이르기를 우리가 어떻게 주의 이름을 멸시하였나이까 하는도다 7 너희가 더러운 떡을 나의 제단에 드리고도 말하기를 우리가 어떻게 주를 더럽게 하였나이까 하는도다 이는 너희가 여호와의 식탁은 경멸히 여길 것이라 말하기 때문이라 8 만군의 여호와가 이르노라 너희가 눈 먼 희생제물을 바치는 것이 어찌 악하지 아니하며 저는 것, 병든 것을 드리는 것이 어찌 악하지 아니하냐 이제 그것을 너희 총독에게 드려 보라 그가 너를 기뻐하겠으며 너를 받아 주겠느냐 9 만군의 여호와가 이르노라 너희는 나 하나님께 은혜를 구하면서 우리를 불쌍히 여기소서 하여 보라 너희가 이같이 행하였으니 내가 너희 중 하나인들 받겠느냐"(말 1:6-9)

그들의 잘못은 먼저 하나님의 사랑에 대한 오해였습니다. 다음으로는 여호와의 이름을 멸시한 것입니다. 복을 안 주시는 하나님께 무엇을 좋은 것으로 드리겠느냐고 하면서 하나님의 제단을 멸시하며 형식적으로 드리고 있었던 것입니다. 이것은 하나님과 이스라엘의 관계가 깨어진 모습인 것입니다. 마치 부모와 자식 관계나 부부 관계가 진정한 사랑은 없이 형식적인 것만 남은 경우에 사실상의 관계는 깨어진 것처럼 말입니다. 이러한 이스라엘의 멸시로 인하여 하나님께서는 그들에게서 더 이상 받지 않겠다고 하시면서 성전 문을 닫을 자가 있었으면 좋겠다고 하신 것입니다. 그러면서 오히려 이스라엘이 아닌 이방인 가운데서 여호와의 이름이 높아질 것이라고 하십니다.

"만군의 여호와가 이르노라 해 뜨는 곳에서부터 해 지는 곳까지의 이방 민족 중에서 내 이름이 크게 될 것이라 각처에서 내 이름을 위하여 분향하며 깨끗한 제물을 드리리니 이는 내 이름이 이방 민족 중에서 크게 될 것임이니라"(말 1:11)

"5 보라 여호와의 크고 두려운 날이 이르기 전에 내가 선지자 엘리야를 너희에게 보내리니 6 그가 아버지의 마음을 자녀에게로 돌이키게 하고 자녀들의 마음을 그들의 아버지에게로 돌이키게 하리라 돌이키지 아니하면 두렵건대 내가 와서 저주로 그 땅을 칠까 하노라 하시니라"(말 4:5-6)

이렇게 이방인이 주께로 돌아올 것이 구약에서 증거가 된 것입니다. 이 날이 이르기 전에 회개하고 주께로 돌아와야 한다는 말씀입니다. 이 크고 두려운 날이 바로 메시아가 오시는 날이기 때문입니다. 그래서 아버지의 마음이 자녀에게로 자녀들의 마음을 아버지께로 돌이키게 하시기 위하여 먼저 엘리야를 보낸다고 하십니다. 이것은 이미 죽은 엘리야가 직접 온다는 것이 아니라 예수님께서 세례요한을 엘리야 심령과 능력으로 주 앞에 먼저 보낸다고 하셨습니다.^{눅 1:17} 이는 구약의 선지자를 대표하는 엘리야의 역할을 하는 자가 온다는 것입니다. 그가 바로 세례요한입니다. 따라서 모든 옛 언약은 세례요한의 손가락으로 모아지는 것입니다.

"이튿날 요한이 예수께서 자기에게 나아오심을 보고 이르되 보라 세상 죄를 지고 가는 하나님의 어린 양이로다"(요 1:29)

우리가 주께로 돌아간다는 것은 회개하고 예수님을 믿는 것입니다. 율법이나 성전을 통하여 율법으로 돌아가는 것이 아니라 건물 성전의 문을 닫아버리시고 자기 몸으로 성전을 만들어내신 예수님을 믿는 것이 주께로 돌아가는 것임을 옛 언약에서 말씀하고 있는 것입니다. 따라서 예수님께서 직접이 모든 성경이 나에 대하여 증거한다고 하셨습니다.요 5:39 옛 언약을 통하여 예수님을 증거한 것이 바로 새 언약이 된 것입니다. 오늘 우리가 모든 언약을 완성하신 예수님을 알고 믿는 것이 주께로 돌아가는 것이며 영원한 생명을 얻는 유일한 길입니다.

신약에 와서는 구약의 언약들이 완성된 모습을 보게 됩니다. 예수님께서 이 땅에 오신 이유는 하나님의 모든 약속을 이루기 위하여 오셨습니다. 하나님의 약속은 아들과의 약속으로서 '창세전 언약'에 근거하고 있습니다. 그 언약들이 구약 속에서 모형으로 드러나고 신약에서 완성을 보게 된 것입니다. 따라서 예수님께서 이 땅에 오셔서 하신 모든 일은 자신의 뜻대로 하신 것이 하나도 없고 다 아버지의 뜻을 이루기 위하여 오신 것입니다.

> "38 내가 하늘에서 내려온 것은 내 뜻을 행하려 함이 아니요 나를 보내신 이의 뜻을 행하려 함이니라 39 나를 보내신 이의 뜻은 내게 주신 자 중에 내가 하나도 잃어버리지 아니하고 마지막 날에 다시 살리는 이것이니라 40 내 아버지의 뜻은 아들을 보고 믿는 자마다 영생을 얻는 이것이니 마지막 날에 내가 이를 다시 살리리라 하시니라"(요 6:38-40)

이와 같이 예수님께서 이 땅에 오신 이유를 분명히 밝히고 있습니다. 아버지의 뜻을 이루기 위하여 오신 것입니다. 이 말씀만이 아니라 예수님께서 오셔서 하신 모든 일은 다 성경을 이루기 위함이라고 말씀하고 있습니다. 심지어 가룟 유다의 배신도 시편 말씀을 인용하시면서 성경을 응하게 하는 것이라고 말씀합니다.^{시 41:19}

> "내가 너희 모두를 가리켜 말하는 것이 아니니라 나는 내가 택한 자들이 누구인지 앎이라 그러나 내 떡을 먹는 자가 내게 발꿈치를 들었다 한 성경을 응하게 하려는 것이니라"(요 13:18)

> "그러나 이는 그들의 율법에 기록된 바 그들이 이유 없이 나를 미워하였다 한 말을 응하게 하려 함이라"(요 15:25)

예수님이 미움을 받는 것도 성경에 기록된 것이 이루어지는 것이라고 하십니다. 여기서 율법이라고 하는 것은 구약 전체를 말씀하는 것이지만 구체적으로는 시편의 성취입니다. 이뿐 아니라 예수님의 십자가의 죽으심과 예수님의 속옷을 가지기 위하여 제비 뽑는 것과 십자가에서 목마르다고 하신 것과 십자가에서 뼈가 꺾어지지 아니하신 것이 다 성경에 기록된 말씀을 그대로 응하게 하시기 위한 것이라고 말씀하셨습니다.^{시 35:19, 시 69:4}

사도 바울은 비시디아 안디옥에서 유대인의 회당에서 설교를 통해서 구약으로 예수 그리스도를 증거 하고 있습니다.^{행 13:15-41} 이 바울의 설교를 듣고서 일어난 청중들의 반응이 나옵니다.^{행 13:42-52} 바울이 이렇게 분명하게 구약으로 예수 그리스도를 증거 하였던 것입니다. 이 같이 그리스도를 증언할 때, 하나님께서 영생 주시기로 작정된 자는 모두 믿게 됩니다. 반대하는 자들은 바울과 바나바를 박해하며 그 지역에서 쫓아냅니다. 구약의 성경으로 예수 그리스도를 증거하는 복음을 동일하게 들었는데 반응은 전혀 다른 두 가지로 나타난 것입니다. 이렇게 되는 것도 성경대로 이루어지는 것입니다. 믿는 자는 영생 얻기로 작정된 자들입니다. 그러나 배척하는 것도 성경에 기록된 대로 되어지는 것입니다. 따라서 오늘도 복음이란 모든 언약의 완성이신 예수 그리스도라는 것을 성경으로 증언해야 합니다. 복음이 양들이 영접하고 모으는 음성으로 나타나지만 한편으로는 이리와 도둑을 몰아내는 이중 음성으로 들려진다는 사실 속에서 복음은 더 선명하게 드러날 것입니다.

새 언약을 누가복음에서는 예수님의 피로 표현하고 있습니다. 예수님의 피가 우리의 모든 죄를 용서하고 죄 없는 자로 여김 받게 하시며 거룩한 하나님의 백성이 되게 하셔서 우리가 알게 되고 보게 된 것을 증언하게 하십니다.

> "19 또 떡을 가져 감사기도 하시고 떼어 그들에게 주시며 이르시되 이것은 너희를 위하여 주는 내 몸이라 너희가 이를 행하여 나를 기념하라 하시고 20 저녁 먹은 후에 잔도 그와 같이 하여 이르시되 이 잔은 내 피로 세우는 새 언약이니 곧 너희를 위하여 붓는 것이라"
> (눅 22:19-20)

따라서 그리스도의 십자가만을 높이고 자랑하는 그가 새 언약으로 살아가는 그리스도인인 것입니다. 예수님께서 십자가에서 살이 찢기고 피를 흘리신 것이 '모든 언약을 완성하시는 자리'이기에 '십자가 위에서 다 이루었다'고 하신 것입니다. 이렇게 하나님의 모든 일은 십자가에서 절정에 이르게 됩니다. 따라서 하나님 말씀 스스로의 활동을 담아서 최종적으로 십자가를 드러내고 십자가로 모아지는 성경해석에 의한 복음만이 참된 생명의 복음임을 잘 분별해야 합니다. 종말을 살아가는 현시대는 후현대주의 시대로서 이러한 영적 복음과는 아무런 관계도 없이 거짓 영에 속아서 인간 중심의 육신적인 감정과 주관적 종교체험으로 황홀경에 빠지게 하고 카타르시스를 경험하게 하는 경우가 있습니다. 특별히 언약이 없는 인간의 탐욕과 종교성을 부추기는 것이 은혜인양 주의 백성을 속이고 스스로도 멸망을 자초하는 자들이 많음을 경계해야 할 것입니다.

새 언약의 핵심은 십자가에 잘 드러나 있습니다. 그런데 그 십자가에서 다 이루었다고 하신 자리는 저주의 자리입니다. 신명기 21장 23절에서 나무에 달린 자는 하나님께 저주를 받은 자라고 하였습니다. 따라서 예수님의 십자가의 죽으심은 율법을 잘 아는 유대인들에게 정말로 거리끼는 것입니다.

> "그리스도께서 우리를 위하여 저주를 받은바 되사 율법의 저주에서 우리를 속량하셨으니 기록된바 나무에 달린 자마다 저주 아래에 있는 자라 하였음이라"(갈 3:13)

그리스도께서 우리를 대신하여 저주 받으시고 우리를 속량하신 저주인 것입니다. 그런데 어떤 사람들은 예수님께서 십자가에서 대신 저주를 받았으니 우리가 예수님을 믿으면 이제 저주를 받지 않고 모든 복을 받고 산다고 하면서 세상 사람들이 좋아하는 '눈에 보이는 것들'을 복이라고 말하는 것을 자주 보게 됩니다. 그러나 그러한 보이는 것이 그리스도인의 소망이 아닙니다. 보이는 소망은 소망이 아니라고 로마서 8장 24절에서 분명히 밝히고 있고, 디도서 1장 2절에서도 영생의 소망이라고 말씀함에도 불구하고, 아직도 교회들마저 소망으로서 성경말씀과는 거리가 있는 눈에 보이는 비전들을 제시합니다. 사람의 힘으로 이루어 내어서 보암직한 업적을 만들어 내는 것을 성경은 '탐심'이라고 합니다. 탐심이 곧 우상숭배인 것입니다. 우상숭배를 하면서 주님을 섬긴다고 하는 착각에 빠져 있는 것입니다. 따라서 새 언약이 예수님의 피로 완성이 된 것을 아는 사람은 주님 다시 오실 때까지 기억하고 전하야야 할 내용이 분명합니다.

"23 내가 너희에게 전한 것은 주께 받은 것이니 곧 주 예수께서 잡히시던 밤에 떡을 가지사 24 축사하시고 떼어 이르시되 이것은 너희를 위하는 내 몸이니 이것을 행하여 나를 기념하라 하시고 25 식후에 또한 그와 같이 잔을 가지시고 이르시되 이 잔은 내 피로 세운 새 언약이니 이것을 행하여 마실 때마다 나를 기념하라 하셨으니 26 너희가 이 떡을 먹으며 이 잔을 마실 때마다 주의 죽으심을 그가 오실 때까지 전하는 것이니라"(고전 11:23-26)

우리가 늘 기억해야 하고 예수님께서 다시 오실 때 까지 전해야 할 것이 바로 '예수님의 피로 세운 새 언약'이라는 말씀입니다. 이 새 언약만이 하나님께서 홀로 영광 받는 자리이며 또한 자기 백성을 온전히 구원하시는 능력이기 때문입니다. 이러한 새 언약의 복음을 증언하는 자로서 우리를 그리스도인으로 부르신 것입니다. 죽이는 옛 언약의 직분도 영광스러웠다고 성경은 말합니다.^{고후 3:6-11} 살리는 새 언약의 직분이 얼마나 영광스럽고 엄청난 직분인지를 강조하고 있습니다.

> "13 우리는 모세가 이스라엘 자손들에게 장차 없어질 것의 결국을 주목하지 못하게 하려고 수건을 그 얼굴에 쓴 것 같이 아니하노라 14 그러나 그들의 마음이 완고하여 오늘까지도 구약을 읽을 때에 그 수건이 벗겨지지 아니하고 있으니 그 수건은 그리스도 안에서 없어질 것이라 15 오늘까지 모세의 글을 읽을 때에 수건이 그 마음을 덮었도다 16 그러나 언제든지 주께로 돌아가면 그 수건이 벗겨지리라 17 주는 영이시니 주의 영이 계신 곳에는 자유가 있느니라 18 우리가 다 수건을 벗은 얼굴로 거울을 보는 것 같이 주의 영광을 보매 그와 같은 형상으로 변화하여 영광에서 영광에 이르니 곧 주의 영으로 말미암음이니라"(고후 3:13-18)

그런데 바울 시대에만 수건이 가려진 것이 아니라 지금도 구약을 읽으면서 수건이 가려져 있다면 주께로 돌아가지 못하고 있는 것입니다. 새 언약의 일꾼이란 새 언약의 완성이신 예수 그리스도의 십자가의 피의 능력을 증언하는 자입니다. 새 언약이 얼마나 좋은 것인지를 말씀하시는 하나님은 우리에게 더 좋은 약속, 더 좋은 언약으로 세우셨다고 하십니다. 여기에 인간이 할 수 있는 것은 아무것도 없음을 말하며 자기의 죄를 알고 하나님의 용서를 구하는 자로 나올 것을 요구하는 새 언약이 더 좋은 언약이라고 말씀하는 것입니다.

> "6 그러나 이제 그는 더 아름다운 직분을 얻으셨으니 그는 더 좋은 약속으로 세우신 더 좋은 언약의 중보자시라 7 저 첫 언약이 무흠하였더라면 둘째 것을 요구할 일이 없었으려니와 8 그들의 잘못을 지적하여 말씀하시되 주께서 이르시되 볼지어다 날이 이르리니 내가 이스라엘 집과 유다 집과 더불어 새 언약을 맺으리라"
> (히 8:6-8)

그리스도인들이라고 자처하는 사람들 중에도 새 언약을 더 좋은 언약으로 여기지 않는 경우가 많은 것 같습니다. 십자가를 말하면서도 별도의 자기에게 좋은 길을 찾아 나섭니다. 하나님이 주신 좋은 것이 왜 좋은지를 모르는 것입니다. 그래서 자기중심으로 좋은 대로 삽니다. 복음도 자기 마음에 들어야 좋은 것으로 여기며 진정한 생명의 복음을 전하는 자를 비판하기도 합니다. 새 언약을 더 좋은 언약이라고 말씀하시는 것은 새 언약 안에서만 생명이 가능하기 때문입니다. 새 언약 밖에서는 언약에 실패하는 인간들의 모습으로 끝이 납니다. 새 언약 밖에서는 실패가 있고 죄만 있을 뿐 생명이 되는 길은 전혀 없는 것입니다. 그것이 새 언약 밖의 현실입니다. 하지만 새 언약 안에는 그리스도의 피가 생명의 길이 되어 우리를 생명으로 이끌어갑니다. 그래서 그리스도인은 예수님의 피로 감사하는 것만 있게 됩니다.

"12 내가 그들의 불의를 긍휼히 여기고 그들의 죄를 다시 기억하지 아니하리라 하셨느니라 13 새 언약이라 말씀하셨으매 첫 것은 낡아지게 하신 것이니 낡아지고 쇠하는 것은 없어져 가는 것이니라"
(히 8: 12-13)

이 말씀이 새 언약의 세계를 잘 표현해주고 있습니다. 그리스도인은 새 언약의 세계 안에서 용서 받은 자로 살아가는 것입니다. 언약의 모습은 좀 더 구체화되고 실제화 되어가서 궁극적으로 실체에 이르기 때문에 언약의 완성이신 예수 그리스도를 만나서 그 세계 안에 들어온 자는 낡은 것으로 되돌아가지 않는 것입니다. 새 언약의 중보자로서 예수 그리스도는 우리의 죄를 사하기 위하여 십자가에 죽으셨으며 그분의 뜻대로 부르심을 입은 자들에게 영원한 나라의 백성으로 생명을 주셨다고 하는 것입니다.

"이로 말미암아 그는 새 언약의 중보자시니 이는 첫 언약 때에 범한 죄에서 속량하려고 죽으사 부르심을 입은 자로 하여금 영원한 기업의 약속을 얻게 하려 하심이라"(히 9:15)

구약에서 보여주는 바와 같이 언약 중보자 한 사람의 대표적 사역에 의해 그 언약 중보자와 결속되어진 모든 백성이 언약 중보자가 성취한 일에 동참하였듯이 새 언약의 중보자 되시는 예수 그리스도께서 이루신 구원사건에 예수 그리스도와 연합된 모든 믿음의 자녀들은 동참하게 되는 것입니다. 새 언약의 구성원은 이제 육적 이스라엘이 아닌 영적 이스라엘 백성들이 되는 것입니다. 새 언약의 성취로 인하여 언약에 참여하여 영원한 생명을 누릴 자가 누구인가에 대해서는 이스라엘이라는 성격을 통해서 알 수 있습니다. 아담 언약과 노아 언약과 아브라함 언약과 모세 언약과 다윗 언약 등은 본래 하나님과 한 인간이 맺은 언약으로 보이지만 본질적으로는 대표성을 띤 언약들입니다. 이처럼 언약을 맺은 당사자가 한 개인이라고 할지라도 언약 당사자들은 언약 공동체 대표자의 자격으로서 하나님과 맺은 언약이므로 그 언약의 효력은 자신은 물론이고 언약 안에 있는 전체에 미치게 되는 것입니다.

따라서 언약은 그때 살고 있는 사람들뿐만 아니라 자손들에게도 계속 이어지는 것입니다. 이스라엘 백성으로서 그 자신은 개인적인 사람이 아니며 그는 공동체의 일원이자 한 부분입니다. 이러한 사실들을 두고 볼 때 구약 이스라엘은 한 사람의 행동으로 인해 전체로 영향을 미치게 되는 것을 알 수 있습니다. 즉 언약 공동체를 대표하는 대표자 한 사람의 행동에 의해 그 자손들이 동일하게 그 언약에 참여하게 되고 그 언약의 효력범위 안에 들어가는 일들이 일어난 것입니다. 이것은 이스라엘이란 민족이 언약백성임을 명백히 드러내는 것입니다. 다시 말하면 하나님은 이 세상을 심판하시고 구원하시는 기준이 이제는 그 아들의 피, 새 언약에 있습니다. 새 언약의 피의 효력범위 안에 놓인 자들은 언약에 참여한 자로서 긍휼을 얻게 되어 영원한 생명으로 주님의 통치를 받고 기쁨을 누리며 영원히 주님을 즐거워하게 되는 것입니다. 하지만 언약의 완성의 주인공으로 오신 예수 그리스도를 모르고 업신여기거나 그리스도의 십자가에서 흘리신 언약의 피를 가치가 없는 것으로 멸시하며 부정한 것으로 여기거나 십자가로 이루신 사실을 증언하러 오신 성령을 제대로 알지 못하고서 육신의 종교체험 등으로 성령을 욕되게 하면 엄청난 대가를 지불하게 될 것임을 경고하고 있는 것입니다.

> "26 우리가 진리를 아는 지식을 받은 후 짐짓 죄를 범한즉 다시 속죄하는 제사가 없고 27 오직 무서운 마음으로 심판을 기다리는 것과 대적하는 자를 태울 맹렬한 불만 있으리라 28 모세의 법을 폐한 자도 두세 증인으로 말미암아 불쌍히 여김을 받지 못하고 죽었거든 29 하물며 하나님의 아들을 짓밟고 자기를 거룩하게 한 언약의 피를 부정한 것으로 여기고 은혜의 성령을 욕되게 하는 자가 당연히 받을 형벌은 얼마나 더 무겁겠느냐 너희는 생각하라"
> (히 10:26-29)

위에서 '다시 속죄하는 제사가 없고'라는 말은 속죄 받을 기회가 없다는 것이 아니라 비록 죄를 범한다고 해도 그리스도인은 예수님의 속죄의 은총 속에 있기 때문에 여전히 피의 용서가 그의 죄를 덮고 있어서 또 다시 주님의 속죄의 제사가 있어야 할 필요가 없다는 것입니다. 죄에 대해 맹렬한 불로 소멸하시겠다는 것은 세상에 하나님의 거룩을 선포하시는 것입니다. 더러운 것은 남겨 두지 않으시겠다는 것입니다. 오직 남을 것은 거룩하시고 깨끗한 분으로 오신 예수 그리스도의 몸 밖에는 없습니다. 우리는 예수님 안에 있기에 모두가 거룩한 존재로 여김 받는 것입니다. 이것이 곧 예수 그리스도의 의와 은혜를 믿는 그리스도인입니다.

따라서 하나님의 은혜를 무가치한 것으로 여기는 자에 대해 예수님의 속죄의 은총은 해당되지 않는다고 합니다. 십자가에서 하나님의 심판을 생각할 때, 모든 심판을 홀로 담당하신 예수님의 은총보다 귀하고 값있는 것은 없습니다.

우리가 믿음이 있다는 것은 믿음으로 말미암아 죄를 범하지 않는다는 것이 아니라 자신의 죄에서 예수 그리스도의 속죄를 믿는 것입니다. 그런데 어떤 사람들은 그리스도인에게 믿음이 있고 성령이 오게 되면 그 다음부터는 죄를 이기고 죄를 짓지 않는 자로 살아가야 하는 것으로 오해합니다. 하지만 성령이 오신 것은 우리로 하여금 죄를 짓지 않게 하기 위해서가 아니라 죄에 있는 나를 책망하시고 속죄의 자리에서 나의 모든 죄를 덮고 계시는 예수 그리스도를 바라보게 하기 위한 것입니다. 이것이 새 언약의 피입니다.

3장

언약의 십자가

2장
언약의 십자가

언약으로만이 언약 완성이신 그리스도의 십자가로 찾아오신 참되신 하나님을 발견하고 만날 수 있으며 십자가는 인간 존재의 가치 없음을 드러내고 십자가만이 가장 가치 있는 것임을 알게 한다.

언약의 완성

　언약과 십자가는 어떤 관계인지에 대해 살펴보겠습니다. 새 언약이라는 말은 예수 그리스도의 십자가의 피로 인하여 이루어진 것이기에 이 의미가 담긴 '십자가'로 말할 수가 있습니다. 그래서 십자가의 의미는 새 언약을 통해 분명해집니다. 언약을 중심으로 성경을 본 결과 언약이 바로 예수 그리스도의 살과 피로 세워진 것입니다. 한 마디로 말하면 예수 그리스도의 십자가입니다. 세상의 지혜로서는 미련하고 어리석어 보이는 이 십자가만이 구원의 능력이 되는 것입니다.

　예수님께서 십자가를 지실 때의 십자가란 지금 우리가 십자가라는 말을 하는 것과는 너무나 엄청난 시공간의 차이가 있습니다. 예수님 당시에 한 두 명도 아니고 수십 명, 때로는 수 백 명이 십자가에 공개 처형을 당하였다고 합니다. 로마를 반역한 자들 중에 이 방인을 십자가형에 처형하였다고 합니다. 따라서 예수님의 십자가를 바라본 사람들의 반응을 보면 십자가의 의미를 알 수 있습니다. 침 뱉고 고개를 도리질 하면서 비웃고 조롱하며 모두가 실패하였다고 돌아선 자리가 십자가입니다. 그 십자가에서 도대체 무엇을 다 이루었다는 것인지를 알아야 언약의 십자가를 제대로 볼 수 있는 것입니다.

따라서 우리가 '언약을 통한 십자가'의 의미를 모르면 교회를 아무리 오래 다녀도 우리는 거저 수많은 종교중의 하나를 가지고 있을 뿐입니다. 모든 종교란 인간의 가능성을 부인하지 않습니다. 해탈을 하는 것도 인간이 이루어낼 수 있다고 합니다. 또는 신과 인간의 상호 협력하여 원하는 것에 이를 수 있다고도 합니다. 그러나 성경에서 증언하는 진리와 생명의 길은 결코 인간의 능력으로 갈 수 없다는 것을 분명하게 보여줍니다. 그래서 예수님께서 친히 십자가에 들리면 이러한 언약을 다 이루겠다고 하십니다. 예수님께서 십자가를 지신 후에 예수님이 누구신지 알게 하여 주신다고 말씀하십니다.요 8:28 이것은 사람이 스스로 예수님이 누구신지 알 수 없다는 말씀입니다. 그런데 예수님이 누구신지 알지 못하면 너희는 죄 가운데서 죽으리라고 하십니다.요 8:24 따라서 예수님이 누구신지를 알고 믿는 것이 영원한 생명을 얻는 것입니다.요 17:3 예수님이 누구신지를 알고 믿는 것마저도 십자가로 다 이루신 내용에 포함됩니다.

예수님께서 십자가에 들리심으로 모든 사람을 이끌겠다고 하십니다. 이렇게 말씀하신 것은 자신이 어떠한 죽음으로 죽으실 것인지를 미리 말씀하시고 그 일을 이루어내십니다. 구약에서도 하나님께서 약속하시고 그 약속하신 것을 이루십니다. 예수님께서 하나님의 모든 약속을 십자가로 다 이루신 것입니다. 십자가에서 죽으시는 예수님은 다 이루었다고 하십니다.^{요 19:30} 우리가 예수님을 믿음으로 영원한 생명을 얻는 것과 이러한 복음의 참 지식을 아는 것과 우리가 그리스도의 몸으로 이끌려가는 것까지도 다 십자가로 이루어 내신다는 것입니다. 약속이 이루어진 영역인 그리스도 안에서는 언제나 아멘인 것입니다.^{고후 1:20}

십자가 지는 삶

　예수님께서는 자기 십자가를 지고 예수님을 따르지 않는 자는 내게 합당하지 않다고 합니다.^{마 10:34-39} 그런데 우리는 이 말씀을 마치 자기 금욕적인 행위로 욕망을 억제하는 불교적인 자기부인으로 이해하고 있는 경우가 많습니다. 불교에서 말하는 자기부인은 얼마나 철저한지 세속과 단절하기 위하여 가정도 세상도 버리고 산으로 들어가는 것입니다. 물론 그렇게 산으로 들어갔지만 그곳이 다시 세상의 권력까지 흔드는 권력이 되어버립니다만 이러한 식으로 자기부인을 하는 종교가 기독교가 아닙니다. 그런데 그리스도인들이 예수님의 이 자기부인의 말씀에 대하여 심각하게 생각하지를 않습니다. 그저 세상의 다른 사람들보다 조금 더 금욕적인 행동을 하는 것을 자기 부인 또는 십자가라고 생각합니다. 또는 애를 먹이는 남편이나 아내 시댁을 십자가라고 하기도 합니다. 때로는 가난이나 고질적인 질병을 십자가라고 합니다. 그런 것이 성경이 말하는 십자가가 아닙니다. 그런 것은 하나님의 생명을 떠난 인생들이 마땅히 지고 가야할 형벌들인 것입니다. 그래서 사람의 늙고 병들고 죽는 것이 죄로 인한 것입니다. 이것은 믿는 사람이나 믿지 않는 사람이나 다 같이 가는 길입니다.

사람이 행동을 한다는 것은 자기에게 유익이 있을 때 행동합니다. 그 모든 행동의 근원은 자기 사랑입니다. 자기 사랑을 확대하면 가족이며 좀 더 확대하면 국가이고 지구촌 세상입니다. 그래서 가족을 위하고 이웃을 위하여 나라를 위하고 인류를 위하여 희생하면 영웅으로 말합니다. 그런데 이런 세상을 향하여 예수님은 서로 사랑하고 화평하라고 오신 것이 아니라 검을 주러 왔다고 하신 것입니다. 그 결과로 자식이 아버지와, 딸이 어머니와, 며느리가 시어미와 서로 불화하게 되며 원수가 자기 집안 식구라고 합니다.

아버지나 어머니를 나보다 더 사랑하는 자는 내게 합당하지 아니하고 아들이나 딸을 나보다 더 사랑하는 자도 내게 합당하지 아니하다고 합니다. 마 10:17 예수님을 따른다고 부모나 자식을 버리고 따라갈 수 있습니다. 그런데 자기 십자가를 진다는 것은 자기 목숨조차 미워하라는 말씀인 것입니다.

부모와 처자와 형제와 자매와 더욱이 자기 목숨까지 미워하지 아니하면 능히 내 제자가 되지 못하리라고 합니다.^{눅 14:25-27} 그런데 자기 목숨을 미워하는 일이 인간에게 가능하지 않습니다. 나는 모든 것을 버리고 나의 목숨조차 미워하면서 십자가를 지고가면 영생을 얻고자하는 것도 자기 사랑의 연장일 뿐입니다. 따라서 자기 십자가를 지고 간다는 것은 우리가 평소에 생각하는 자기금욕적인 내용이 아닌 것입니다. 그것은 우리가 결코 지고 갈 수 없는 것임을 '확인시키시는 자리'입니다. 한편 "주는 그리스도시요 살아 계신 하나님의 아들이시니이다"^{마 16:16}라고 베드로가 고백한 것을 우리는 잘 알고 있습니다. 베드로의 이 고백은 베드로의 능력이 아니었습니다. 그래서 이것을 알게 된 것은 혈육이 아니라 하늘에 계신 내 아버지시라고 합니다.

이 고백 후에 예수님께서 예루살렘에 올라가 장로들과 대 제사장들과 서기관들에게 많은 고난을 받고 죽임을 당하고 제 삼일에 살아나야 할 것을 말씀하실 때에 베드로가 듣고 강하게 항의합니다. 그런 일이 주께 일어나면 안 된다고 합니다. 베드로는 예수님을 위한다고 십자가에 죽는 것을 막으려고 하는 것입니다. 이때 예수님께서 베드로에게 사탄아 물러가라고 합니다. 그런데 이것이 하나님의 일을 생각하지 않고 사람의 일을 생각한 것이라고 합니다. 그렇습니다. 이것이 곧 사탄적인 생각입니다. 이 말씀을 하시고 누구든지 나를 따라오려거든 자기를 부인하고 자기 십자가를 지고 나를 따르게 될 것이라고 말씀하신 것입니다.^{마 16:24}

베드로가 예수님을 위한다고 한 말이 '사탄아 물러가라'는 책망을 받았다면 이제 십자가를 지고 나를 따르라는 말씀의 의미가 분명해집니다. 십자가란 말 그대로 사형 형틀입니다. '네가 나를 위해 하려는 것은 죽었다'는 말입니다. '이제 내가 너를 다루고 이끌어 가겠다는 주님의 의지'입니다. 이러한 의미를 모를 때 나타나는 결과는 다른 사람은 다 예수님을 부인하여도 자신은 부인하지 않겠다고 하는 것입니다. 그러나 베드로는 결국 예수님의 십자가 앞에서 세 번이나 저주하고 맹세하면서 예수님을 부인하고 말았습니다. 그런데 이미 베드로의 부인을 예수님께서 미리 말씀하셨습니다. 새벽닭 울기 전에 네가 세 번이나 나를 부인하리라고 하셨습니다. 베드로가 세 번을 부인하고 나서 닭이 울었습니다. 그 닭 울음소리에 정신을 차리고 보니 이미 자신이 세 번이나 저주하고 맹세하면서 부인한 후였던 것입니다.

그런데 이런 베드로에게 주님은 다시 찾아오십니다. 그리고 그의 믿음의 떨어지지 않도록 예수님께서 기도하십니다. 이제 베드로의 남은 생애는 자기 십자가를 지고 가는 삶입니다. 이것은 자신이 주도적으로 십자가를 지고 가는 것이 아니라 예수님의 십자가가 베드로에게 임하여 베드로를 '십자가의 길'로 이끄는 방식입니다. 이제는 내 뜻대로 사는 것이 아니라 주님의 뜻대로 끌려간다는 것이 십자가를 지고 간다는 뜻입니다. 요 21:18

처음에 베드로는 자기중심으로 주님을 따르려고 했으나 나중에 성령이 임하니 베드로가 주님을 붙드는게 아니고 주님이 붙들어 주신 것을 그제야 알게 됩니다. 처음부터 주께서 사랑하셨다는 것을 예수 그리스도 안에서 창세전까지 연결됩니다.

예수님이라는 공동의 적 앞에서 대제사장과 서기관과 로마의 정치꾼인 헤롯과 빌라도마저 전에는 원수였으나 당일에 서로 친구가 됩니다.^{눅 23:10-12} 두 사람이 친하게 되었다는 것은 공동의 적이 나타난 것입니다. 그 공동의 적, 공공의 적이 바로 예수님이었습니다. 그래서 사람들이 마음을 합하여 죽여 버린 곳이 십자가입니다. 여기에 동의하고 합동한 자들이 바로 그리스도인들 모두 포함되어 있는 것입니다.^{행 4:26-28} 따라서 바로 오늘 우리가 예수님을 십자가에 못 박아 죽인 자들인 것입니다. 이것을 인정하고 믿는 것은 사람의 힘과 능력이 아니라 오직 주의 성령이 임하여야 되는 일입니다. 이런 자들은 자신이 예수님을 죽였기에 자신이 저주를 받아 마땅하다는 사실을 인정하게 됩니다. 그런데 예수님의 십자가를 믿는다고 하면서도 조금만 손해가 와도 온갖 불평과 원망이 쏟아지는 것이 우리의 실존입니다. 그럼에도 불구하고 자신이 예수님을 죽인 죄인임을 아는 사람이 생겨난다면 이것은 하나님의 택하심을 따라 되는 것이기 때문에 이런 사람들은 예수님의 십자가 외에는 자랑 할 것이 없게 됩니다.

십자가의 도

사람들은 자신의 뜻을 이루고 싶어 합니다. 그런데 그 힘이 부족하니 주변의 힘을 동원하고 심지어 신의 힘까지 동원하여 자신의 뜻을 이루려고 합니다. 주변의 힘을 동원하는 것도 힘이 들지만 신의 힘을 빌리려면 더 지극한 정성을 바쳐야 한다고 여깁니다. 그렇게 하여 자기의 뜻을 이루고자 하는 것입니다. 그런데 예수님은 자신의 뜻을 이루기 위함이 아니라 자신을 보내신 하나님 아버지의 뜻을 이루시기 위하여서 이 땅에 오셨습니다. 따라서 예수님께서 하시는 일만이 하나님의 뜻이며 하나님의 영광이며 기쁨이 되는 것입니다. 이것이 성경을 기록한 목적입니다. 예수님께서 이루시는 하나님의 일은 바로 십자가입니다. 그래서 예수님은 십자가에서 다 이루었다고 하신 것입니다. 그 십자가의 도를 가지고 자기 백성들을 구원하시는 것입니다.

이 십자가의 도는 세상의 지혜로 보면 거리끼고 미련한 것이라는 것입니다. 고전 1:18-25 그런데 이 미련하고 거리끼는 십자가의 도를 전하는 것이 '전도'라고 합니다. 미련한 십자가의 도로 구원하시기를 하나님께서 기뻐하신다는 것입니다. 그러면 전도를 사람들이 잘 알아듣고 좋아하는 방법으로 하지 않으시고 사람들이 꺼려하고 싫어하는 '십자가의 도'로 구원하시는 이유는 인간은 자기의 자격으로 구원받을 수 없다는 것을 알리시는 것입니다. 만약 구원이 일어났다면 인간의 공로가 전혀 개입되지 않고 오직 주님의 일하심으로

만 되었다는 것이 증거 되는 것이 '십자가의 도'인 것입니다. 이러한 십자가를 모르면 고린도 교회처럼 자기 자랑이 생기게 되고 파벌이 생기게 됩니다.

그런데 오늘날 우리주변에는 얼마나 많은 전도 방법들이 있는지 모릅니다. 전도방법을 소개하면서 자기들의 방법이 미련하다고 하지는 않습니다. 자기들의 전도방법을 적용한 교회들이 확실하게 성장하고 있다고 자랑합니다. 그런 방법들이 너무 많아서 다 말하기도 곤란할 정도입니다. 그러한 내용들은 한마디로 사람들의 필요를 파악하고 그 필요를 채워주라는 것들로 요약될 수 있는 것입니다. 세상적인 지혜로 볼 때 얼마나 지혜로운 방법인지 모릅니다. 그래서 '십자가의 도'는 오히려 걸림돌이 됩니다. 그런데 주목할 것은 세상의 지혜로는 하나님을 알 수가 없다고 하는 것입니다. 십자가가 세상의 지혜를 미련하게 해버린 것입니다. 스스로의 지혜로 어떤 인간도 스스로 십자가를 알고 믿게 될 수가 없다는 것입니다.

이 '십자가의 도'가 모든 사람들에게 기쁜 소식이 아니라는 것입니다. '오직 구원 얻는 자들에게만' 하나님의 능력이 되고 기쁜 소식이 된다는 것입니다. 멸망 받는 자들에게 십자가란 미련하게 보이도록 하는 것입니다. 따라서 하나님께서 이 세상을 두 편으로 나누시는데 그것은 십자가로 나누어 버리시는 것입니다. 십자가를 보고서 미련하게 여기는 자들은 멸망 받는 자들이고 십자가가 하나님의 능력임을 믿는 자는 구원받는 자라는 것입니다.

예수님께서 십자가에 달리실 때, 사람들이 기대하는 그런 기적은 일어나지 않았습니다. 십자가에서 자기 자신이나 구원해보라는 조롱 속에 힘없이 약하심으로 달려 죽으신 것입니다. 신명기 법에 의하면 나무에 달린 자 마다 저주받아 죽은 것이라고 하였기에 유대인들이 보면 정말 저주를 받아서 죽은 죽음일 뿐입니다. 메시아가 와서 강한 능력으로 자기 민족을 구원하여줄 표적을 보여주어야 하는데 그냥 십자가에서 달려죽은 것입니다.

유대인들이 예수님을 향하여 표적을 보여 달라고 하였을 때 예수님은 악하고 음란한 세대가 표적을 구하나 내가 보여줄 표적은 요나의 표적뿐이라고 하셨습니다. 다른 수많은 표적들을 행하셨지만 정작 보여주시고자 하는 최종의 표적은 요나의 표적이라는 것입니다. 요나가 물고기 배속에 삼일을 있었던 것처럼 예수님께서 땅속에 삼일을 있을 것이라는 것입니다. 즉 '십자가의 표적'이 보여줄 표적이라는 것입니다. 따라서 이 '십자가의 도'는 사람의 지혜로는 알 수가 없는 것입니다. 이 세상의 지혜를 하나님께서 미련하게 하셨기 때문입니다.

유대인들은 표적을 구하고 헬라인들은 지혜를 구하나 우리는 '십자가에 못 박힌 그리스도'를 전한다고 합니다.^{고전 1:22} 표적을 구하는 유대인들에게는 거리끼는 것이고 헬라인들에게는 미련한 것입니다. 유대인들에게는 거리끼는 이유는 거리낀다는 것은 걸림돌이 된다는 것인데, 그들에게는 십자가란 능력이 아니라 실패로 보이기 때문입니다. 그래서 제자들조차 십자가 앞에서는 다 돌아서 버렸던 것입니다. 선지자들이 예언한 그 능력 있는 메시아가 아니라 '왜 십자가를 지는 메시아인지'를 전혀 생각하지 못한 것입니다.

세상 지혜를 찾는 헬라인들에게 십자가는 미련한 것입니다. 헬라인들의 신의 개념으로는 신이 육체로 오셔서 십자가에 못 박혀 죽는다는 것 자체가 미련한 것입니다. 또 하나는 세상의 삶의 원리란 '인과율'의 세계입니다. 자기의 행위를 자기가 책임지는 것입니다. 내가 선행을 하면 그 보상을 내가 받는 것이고 내가 악행을 하면 내가 벌을 받는 것입니다. 이 세상의 모든 원리가 다 '권선징악'을 주제로 하고 있는 것입니다. 그래서 인간의 가능성을 이야기 하면서 선하고 착하고 바르게 살자고 합니다. 그것이 '윤리요 도덕'인 것입니다. 따라서 기독교를 다른 종교와 마찬가지로 윤리와 도덕의 연장선상에서 인간이 서로 착하게 살도록 만드는 기능으로 보는 것입니다. 착하게 살면 신이 복을 주고 죽어서도 좋은데 가고, 악하게 살면 신이 벌을 주고 죽어서도 나쁜데 간다는 것입니다.

이러한 세상의 지혜로는 하나님을 알 수 없는 것입니다. 평생 강도짓을 하다가 사형당하기 직전에 예수님을 받아들여 '오늘 네가 나와 함께 낙원에 있으리라'고 하신 은혜를 한편 강도가 얻게 됩니다. 세상 지혜로는 강도가 천국 간 것이 믿어지지 않는 것입니다. 평생토록 율법을 지키고 금식하고 전도하고 죄를 짓지 않고 살았던 바리새인들이 단지 예수님을 믿지 않는다는 것으로 인하여 너희 아비는 마귀라고 예수님은 말씀하셨습니다. 그래서 나라의 본 자손들은 빼앗기고 이방인들이 차지하리라고 하신 것입니다. 따라서 예수님을 믿고 아니 믿고는 사람의 수고나 지혜나 능력으로는 되지 않는 것입니다.

오직 부르심을 입은 자들에게는 유대인이나 헬라인이나 그리스도는 하나님의 능력이요 하나님의 지혜임을 믿게 됩니다.^{고전 1:24} 부르심은 입지 않고서는 믿을 자가 없다는 것입니다. 따라서 우리가 예수 그리스도의 십자가를 믿는다는 것은 우리의 능력이 아니라는 것입니다. 나는 믿었기 때문에 너보다 낫다는 자기 자랑이 나올 수가 없는 것입니다. 나는 누구에게서 세례를 받았고 어느 학파 소속이라고 하는 자랑을 할 수 없는 것입니다. 그런데도 자기 자랑이 나온다는 것은 아직도 '십자가의 도'를 제대로 알지 못하기 때문입니다. '십자가의 도'란 날이 가면 갈수록 그리스도만 자랑하게 될 뿐입니다. 그래서 십자가에 못 박히신 그리스도는 '하나님의 능력'이요 '하나님의 지혜'입니다.

한편 십자가를 자랑하는 데 있어서 그리스도인과 율법의 관계를 다음과 같이 나타내고 있습니다.

"내가 율법으로 말미암아 율법을 향하여 죽었나니 이는 하나님을 향하여 살려 함이니라"(갈 2:19)

그리스도인이 '율법을 향하여 죽었다'는 것은 '자신이 말씀을 지켜야 한다는 인간이 죽었다'는 것을 말합니다. 율법을 향하여 죽는 이유는 하나님을 향하여 살기 위함입니다.^{갈 2:19} 즉 '내가 말씀을 지켜야 된다'는 것이 죽는 이유는 '예수님께서 다 이루셨다'라는 것으로 살기 위함입니다. 그래서 그리스도인이 사는 것은 나를 위하여 자기 몸을 버리신 하나님의 아들을 믿는 믿음 안에서 사는 것이라고 말하는 것입니다.^{갈 2:20} 그런데 아무리 이런 말씀을 주었어도 육에 속한 사람은 항상 자기가 지켜야 하는 쪽으로 말씀을 끌어당겨서 말씀을 지켜야 할 주체를 자기가 가지고 있으려고 합니다. 인간은 본성상 자기 고집을 꺾지 않으려고 합니다. 자기가 믿는 것으로 살아가야 편하다는 것입니다. 마치 종에게 아들로 살라고 하면 불편해서 못사는 것과 같은 것입니다. 그들은 종처럼 살아야 편합니다. 반대로 아들에게 종처럼 살라고 하여도 못삽니다. 아들은 하루 종일 빈둥거리며 놀아도 먹을 것을 달라고 큰소리칩니다. 그러나 종은 한 일이 없으면 먹는 것도 미안해하는 것입니다. 그러지 말라고 해도 안 됩니다. 왜냐하면 본성이 행동을 주장하기 때문입니다. 그러니 아들은 어떤 상황에서도 아들로 살고, 종은 어디서든지 종으로 살고자 하는 속성을 못 버리는 것입니다.

성경 66권이 전부 십자가만 말한 것이 아닌데 왜 바울사도는 십자가만 자랑한다고 했는지 반발이 나올 수도 있습니다. 사실은 반발이 나온다면 이런 사람은 아직도 자신의 육체를 신뢰하고 육체를 자랑하고 싶어 하는 것입니다. 더 엄격하게 말하자면 아직 예수 그리스도와 함께 십자가에 못 박혀 죽었다는 것을 모르고 있습니다. 사도 바울이 예수 그리스도의 십자가 외에는 자랑할 것이 없다고 하는 이유를 다음과 같이 고백하고 있습니다. "내게는 우리 주 예수 그리스도의 십자가 밖에는, 자랑할 것이 아무것도 없습니다. 그리스도로 말미암아, 내 쪽에서 보면 세상이 죽었고, 세상 쪽에서 보면 내가 죽었습니다"^{갈 6:14} 이것이 예수님을 믿는 사람의 자기 정체성입니다. 정말 예수 그리스도와 함께 십자가에 못 박혔고 그리스도와 함께 살아난 새로운 피조물이라면 이 말씀이 확인되어야 합니다. 우리가 세상을 볼 때에 죽은 세상으로 보여야 하는 것입니다. 마찬가지로 세상 사람들이 우리를 볼 때에 죽은 자로 보여야 하는 것입니다. 세상이 우리를 볼 때 죽은 자가 아니라 아직 펄펄 살아서 악착같이 썩어질 것들을 세상의 사람들보다 더 많이 거두려고 하는 모습으로 보이지는 않아야 합니다.

그리스도께서는 근본이 하나님의 본체이십니다. 그러나 하나님과 동등 됨을 취할 것으로 여기지 아니하시고 자기를 비워 종의 형체로 오셔서 사람들과 같이 되셨습니다. 그리스도의 자기 낮아지심의 최종점이 바로 십자가의 죽으심입니다.^{빌 2:6-8} 이 십자가의 죽으심만이 하나님의 뜻을 완성하시는 자리입니다.

화목의 자리

　인애는 긍휼입니다. 그런데 이것이 진리와 함께 만나게 됩니다. 진리대로 한다면 죄인은 모두가 심판을 받아야 합니다. 의인이 없나니 하나도 없다고 한 성경의 말씀에 따라 진리대로 심판하면 아무도 하나님 앞에 설 자가 없습니다. 긍휼이란 불쌍히 여김입니다. 진리대로 한다면 불쌍하다고 봐주면 안 됩니다. 사실 진리와 긍휼, 이 둘은 함께 만날 수가 없는 것입니다. 서로 충돌이 일어나는 속성을 가지고 있습니다. 의와 화평도 마찬가지입니다. 의대로 하면 하나님과 죄인 사이에 화평이 올 수가 없습니다. 그런데 진리와 긍휼이 만납니다. 의와 화평이 입을 맞춥니다.시 85:10 그 자리가 바로 십자가입니다. 하나님의 '공의와 긍휼'이 함께 만나는 자리가 십자가인 것입니다.

　따라서 예수 그리스도께서 십자가에서 죽기까지 자기를 낮추시고 복종하신 것은 하나님의 모든 뜻을 다 이루시는 자리입니다. 우리에게 이 마음을 품으라고 하시는 것은 예수 그리스도의 십자가로 인하여 하나님과 우리 사이에 화목이 일어난 것임을 새기라는 말씀입니다. 이런 말씀을 가지고 그리스도의 마음을 가진 사람은 이런 것이라는 아주 구체적인 적용을 해나가기 시작하면 다시 법으로 들어가게 되는 우를 범하는 것입니다. 따라서 그리스도의 마음을 품으라는 것은 예수 그리스도의 십자가가 하나님의 언약의 완성임을 마음에 품고 살아가는 것이 신앙이라는 말입니다.

그리스도인이란 하나님께 영광을 돌리는 사람입니다. 예수 믿는다는 사람 모두에게 물어보면 대부분 각자 다른 이야기를 할 것입니다. 그런데 가장 분명하게 하나님께 영광을 돌리는 길은 바로 하나님의 모든 언약을 완성하신 예수 그리스도의 이름 앞에 무릎을 꿇는 것입니다.^{빌 2:9-10}

모든 이름에 뛰어난 이름이 예수 그리스도입니다. 예수님의 이름에 무릎을 꿇는다는 것은 지금 이미 하늘의 영광에 오르신 분이시지만 아직 역사 속에서는 그 영광의 모습으로 나타나신 것이 아닙니다.^{사 52:13-15} 하늘의 영광의 세계를 묵시세계라고 합니다. 우리가 사는 시간과 공간을 역사라고 합니다. 역사는 묵시에 의하여 창조되고 유지되고 결론 내려집니다. 그런데 이 역사 속에서 증거 되는 예수님은 십자가에 죽으시고 3일 만에 부활하셨습니다. 그리고 승천하셔서 하나님의 보좌 우편에 계십니다.

그런데 역사 속에서의 전도는 '십자가에 못 박히신 예수님이 주와 그리스도가 되게 하셨다'는 것이 '전도의 내용'입니다. 따라서 세상에서 미련하고 어리석어 보이는 것입니다. 이렇게 미련하고 어리석은 '십자가의 도' 앞에 무릎을 꿇는 일은 사람의 힘으로 되지 않습니다. 세상에서 무릎을 꿇는 일은 자기의 소원을 이루기 위하여 권세 앞에 무릎을 꿇거나, 연인을 얻기 위하여 무릎을 꿇고 프로포즈를 하기도 합니다. 때로는 전쟁에서 항복하여 무릎을 꿇기도 합니다. 그러나 장수라면 무릎을 꿇느니 차라리 자결을 하기도 합니다.

그런 사람을 충성된 군인이라고 존경합니다. 그런데 저주 받아 죽은 십자가에서 달려죽은 예수의 이름 앞에 무릎을 꿇는 일은 거리끼는 것입니다. 더구나 내가 예수님을 죽인 죄인이라고 하면서 그 앞에 '당신이 나의 주시며 나의 하나님'이라고 고백하며 무릎을 꿇는다는 것은 인간으로 가능한 일이 아닙니다. 오늘 우리가 예수 그리스도의 이름 앞에 진정으로 무릎을 꿇는다면 이것이야 말로 기적이며 은혜를 받은 증거입니다. 우리가 예수님의 이름에 무릎을 꿇는 것이 하나님께 영광이 되는 일인 것입니다. 하나님께 영광을 돌리는 것도 우리의 행위로 되는 것이 아니라 하나님의 은혜로 되는 것입니다.

따라서 그리스도인이란 예수님의 이름에 무릎을 꿇는 자입니다. 지금 무릎을 꿇지 않는 자는 재림의 날에 무릎을 꿇고 하나님께 영광을 돌린 후에 영원한 심판을 받는 것입니다. 그렇기 때문에 지금 예수 그리스도의 이름 앞에 무릎을 꿇지 않는 자는 십자가의 원수입니다. 십자가의 원수란 하나님의 원수가 되는 것입니다.빌 3:17-19 자신이 예수님을 죽인 죄인임을 알고 회개하며 예수 그리스도의 이름 앞에 무릎을 꿇는 것이 아니라 자신의 욕망을 신으로 삼고 땅의 영광을 위하여 무릎을 꿇는다면 그 마침은 멸망입니다. 이들이 예수 그리스도의 십자가의 원수로 행하고 있는 것입니다. 사람들이 무릎을 꿇고 기도를 많이 한다고 믿음이 좋은 것이 아니라 그 사람이 무엇을 위하여 무릎을 꿇었는지를 제대로 보아야 하는 것입니다. 예수님의 이름 앞에 무릎을 꿇는다고 하여도 그 구하는 것이 자기의 욕심을 위하여 땅의 영광을 구하는 것이라면 이 또한 십자가의 원수가 됩니다. 그러나 하나님의 은혜로 십자가 지신 예수님의 이름 앞에 무릎을 꿇은 사람이라면 예수 그리스도의 재림을 신부가 신랑을 사모하듯이 기다릴 것입니다. 이런 자가 하늘에 시민권이 있는 사람입니다.^{빌 3:20-21}

땅에 있는 것들이나 하늘에 있는 것들이 다 예수 그리스도의 십자가의 피로 말미암아 하나님과 화목하게 되기를 기뻐하신다고 합니다.^{골 1:20} 그러면 땅에 있는 것들이나 하늘에 있는 것들이 전에는 악한 행실로 멀리 떠나 마음으로 원수가 되어 있었다고 합니다.^{골 1:21} 사람의 마음이란 '생명의 근원'^{잠 4:23}이라고 합니다. 생명의 근원인 마음이 하나님과 원수가 되어 있다는 말은 생명의 근원이신 하나님과 원수가 되어 있다는 말과 같은 말입니다. 이런 상태를 흑암의 권세라고 합니다. 모든 아담의 후손들은 다 하나님의 원수가 되어 있었습니다. 이런 원수가 하나님과 화목할 수 있는 유일한 길이 바로 '십자가의 피'이며, 그곳이 '화목의 자리'입니다.^{골 1:22-23} 이러한 하나님의 긍휼이 복음의 내용이 복음의 중심이며 결론입니다. 이것을 놓쳐 버리면 기독교라는 종교의 이름으로 사람의 일과 건물들과 기독교의 역사는 남을지 모르지만 복음의 소망에서 멀어지게 됩니다.^{골 2:6-8}

그리스도 예수를 주로 받고 그 안에서 행하여야 합니다. 그렇지 않으면 철학과 헛된 속임수에 사로잡히게 됩니다. 이런 것은 사람의 전통과 세상의 초등학문이기에 그리스도를 따르는 것이 아닙니다. 세례란 그리스도와 연합이 되는 것입니다. 성령이 임하심으로 그리스도와 함께 묶이게 됩니다. 이로 인하여 함께 죽고 함께 일으키심을 받게 되었습니다. 죄와 육체의 무할례로 죽은 우리를 모든 죄를 사하시고 함께 살리신 것입니다.^{골 2:14-15} 우리를 거스르고 불리하게 하는 법조문으로 쓴 증서가 율법입니다. 율법 아래에서는 인간이 저주를 받을 수밖에 없었습니다. 그런 법조문을 십자가에 못 박으시고 승리하신 것입니다.

그런데 우리가 이런 복음을 자꾸 기초로 말하면서 교회마저 이러한 진지한 복음보다는 다른 곳에 관심을 돌려 세속화 되어버렸습니다. 그 대표적인 모습이 세상 성공스토리들이 인기가 있고 그런 강의를 들으려고 사람들이 달려갑니다. 성과중심으로 가다 보니 예수 그리스도를 붙들기 보다는 자신들의 행위를 붙드는 일들이 일어나고 있습니다.^{골 2:16-18}

이미 새 언약이 완성이 된 신약시대에 아직도 그림자를 붙들게 하고 세상의 철학을 붙들게 하는 경우가 있습니다. 교회란 그리스도의 몸입니다. 그리스도의 몸인 교회가 머리를 붙들지 아니하면 그것은 그리스도의 몸이 아니라 괴물이 되어버립니다. 하나님이 그리스도를 통하여 공급하는 힘으로 살아가지 않으면 스스로의 자구책으로 살아가게 됩니다. 이것이 악입니다.^{렘 2:13}

완전한 십자가

복음은 예수 그리스도의 십자가가 시작이며 중심이며 결론입니다. 복음을 전하면서 처음에만 십자가를 언급하고 나중에 십자가를 빼버린다면 그것이 다른 복음이 되는 것입니다. 뿐만 아니라 하나님의 아들을 다시 십자가에 못 박아 드러내 놓고 욕되게 하는 것입니다. 그래서 그리스도의 도의 초보를 버리고 완전한대로 나아가라고 말씀합니다.^{히6:1-6} 완전한 곳이 바로 하나님의 아들의 십자가입니다. 따라서 한 번 빛을 받고 은사와 성령에 참여한바 되고 하나님의 선한 말씀과 내세의 능력을 맛보고도 타락한 자들은 다시 새롭게 하여 회개할 수 없다고 합니다. 여기서 타락은 하나님의 아들을 다시 십자가에 못 박는 것입니다. 즉 예수 그리스도의 '십자가의 완전함'을 믿지 않는다는 것입니다. 그 사람이 아무리 엄청난 은사와 능력을 행하였다고 하여도 예수님의 십자가의 완전함을 믿지 않는 것이 타락이라고 말씀하고 있는 것입니다.

성경은 언약의 책입니다. 그래서 성경은 구약과 신약이 있습니다. 구약은 옛 언약이라는 말이고 신약은 새 언약입니다. 따라서 언약을 모르면 성경의 중심을 모르는 것과 같습니다. 하나님께서 말씀으로 약속하신 내용입니다. 그러므로 언약이란 쉽게 표현하자면 '말로 약속한 것'입니다. 성경은 하나님의 말씀입니다. 하나님께서 약속하셨기에 인간이 이루어 내는 것이 아니라 하나님께서 이루어내십니다. 하나님의 모든 약속을 이루어 내신 분이 예수 그리스도이십니다.

예수님께서 십자가에서 다 이루었다고 하셨습니다.^{요 19:30} 십자가는 하나님의 모든 약속을 다 이루어내시는 자리입니다. 하나님의 모든 약속은 예수 그리스도 안에서 다 이루어졌습니다. 이 말씀에 대하여 우리가 아멘 하는 것이 하나님께 영광을 돌리는 것입니다.^{고전 1:20} 우리는 흔히 하나님의 말씀을 우리가 이루어내어서 하나님께 영광을 돌리자고 합니다. 그런데 인간이 하나님의 말씀을 하나도 순종할 수 없다는 사실을 옛 언약인 구약에서 철저하게 검증이 되어 왔습니다.^{롬 3:9-12}

하나님의 모든 언약은 인간이 이루어 낼 수가 없음을 보여주시는 것이 '구약'^{롬 3:19-22}이며 그 모든 언약을 대신 이루시는 분이 오신다는 것이 옛 언약에서 계시하였습니다. 그 언약대로 예수 그리스도께서 이 땅에서 오셔서 하나님의 모든 언약을 다 이루어내신 것입니다. 그 언약 또는 약속들이란 영원전 언약, 아담 언약, 노아 언약, 아브라함 언약, 모세 언약, 다윗 언약입니다. 따라서 모든 언약의 완성이시며 새 언약의 주체이신 예수 그리스도를 믿는 것이 하나님의 뜻이며 하나님께 영광이 되는 것입니다. 우리는 '예수 그리스도 안'에서 '모든 언약의 완성'을 맛보며 안식을 누리는 자들입니다. 하나님께 영광 돌린다면서 십자가와는 아랑곳하지 않고 사람들이 계획을 세우고 추진하고 있는 사람들에게는 십자가의 완성이 기쁜 소식이 아니라 괴로운 소식이 될 수도 있습니다.

그 결과로 복음을 증거 하는 자를 죽이고 땅에 사는 자들, 즉 땅의 것만 목적으로 살고 있는 자들이 즐거워하고 기뻐합니다.^{계 11:10} 그런데 그 장소의 이름이 나와 있는데, 복음을 증거 하는 증인을 죽여 버린 곳, 바로 영적으로 말하면 소돔이라고도 하고 애굽이라고도 합니다.^{계 11:8} 즉 심판받을 세상이라는 말입니다. 그런데 그 심판을 받을 세상이 되어 버린 곳이 주께서 십자가에 못 박히신 곳이라고 합니다. 예수님께서 십자가에 못 박히신 곳이 하나님을 가장 잘 섬긴다는 사람들이 모여 산다는 예루살렘입니다. 이곳에 성전이 있었고, 율법이 있었고, 제사장과 제사가 있었던 곳입니다. 사실은 이곳이 바로 소돔이었고 애굽이었다는 말씀입니다. 그렇다면 오늘날 교회라는 곳도 예수 그리스도의 십자가가 바로 선포되지 않는다면 얼마든지 소돔이 되고 애굽이 된다는 것입니다. 따라서 이 마지막 시대에 은혜의 성령으로 인하여 하나님의 아들이신 예수 그리스도의 십자가의 피 만이 우리를 거룩하게 하는 언약의 피임을 굳게 믿고 언약의 복음으로 살아가야 할 것입니다.

완전한 십자가는 그리스도께서 십자가에서 피 흘리심으로 율법의 요구를 다 성취하셨고 율법을 완성하셨음을 선언하는 완성의 장소이자 내용입니다. 이 십자가는 율법의 요구대로 죗값을 갚으라는 율법의 요구를 성취하시려고 율법대로 죽으신 것입니다. 예수님은 십자가에서 죽음으로 죗값을 갚으시어 죄 용서를 가져 오셨습니다. 이 죄용서가 곧 우리의 의입니다. 이 의는 오직 믿음으로 받습니다. 믿는 자들에게 더 이상 구원을 위하여 율법을 준수하라는 요구가 사라진 것입니다. 복음은 이러한 완전한 십자가를 믿는 것입니다. 따라서 우리의 믿음은 주 예수께서 십자가에 죽으심으로 죄용서, 곧 예수 그리스도가 우리 대신에 의를 완전히 성취하셨다는 것을 믿는 것을 말합니다. 언약의 십자가만이 성취의 모든 것이며 완전한 우리의 구원이며 축복이며 생명인 것입니다. 더 이상 그 외에 선행이나 율법준수를 해서 완전한 구원을 얻는 것이 아닙니다. 이제 우리는 주 예수를 믿는 믿음으로 죄용서 받아 영생하게 되었습니다. 하나님이 사람이 되셔서 우리의 죗값을 그의 피로 갚으셨습니다. 이러한 내용이 포함된 언약의 십자가가 완전한 십자가입니다.

하나님의 경륜과 언약은 십자가로 이루어졌음으로 이제는 십자가외에 다른 내용을 가지고 복음을 증거 해서는 안 되는 이유가 되는 것입니다. 다른 내용으로 다른 복음을 전하는 것을 십자가 자체가 배제하고 있기 때문입니다. 우리가 하나님을 아는 것은 십자가가 하나님의 능력이므로 언약의 십자가를 아는 것입니다. 이 십자가가 우리의 싸우는 무기이며 하나님의 능력인 십자가 복음은 십자가를 대적하여 높아진 것을 다 무너뜨리고 모든 생각을 사로잡아 십자가를 지신 그리스도에게 굴복하게 하실 것입니다. 그리스도의 인격과 사역의 총체인 십자가 곁에 인간의 행함이나 착함이나 의로움이나 위대함이나 그 어떠한 것을 섞어 넣지 않고 예수님 홀로 이루신 완전한 십자가를 전하는 것이야말로 예수께서 주와 그리스도가 되심을 증언하는 현장이며 하나님께 영광이 되는 것입니다.

4장

믿음의 내용

4장
믿음의 내용

믿음이란 눈에 보이지 않는 약속을 믿는 것이며 언약하신대로 하나님의 약속을 예수 그리스도께서 이루어내시는 것을 믿는 것이다. 예수 그리스도 때문에 변화된 세상의 특징들은 믿음의 결과이다.

믿음의 의미

성경의 중심은 예수 그리스도입니다. 그런데 유대인들은 영생을 얻기 위하여 성경을 부지런히 연구하였지만 영생이신 예수 그리스도를 맞이할 수가 없었습니다. 그 이유는 그들이 자기들의 영광을 구하기 때문이었습니다. 우리가 시간과 역사라는 공간 안에서 살다보니 주님의 묵시적인 약속에 대하여 희미해지고 다시 오실 예수님에게 관심을 가지기보다는 눈에 보이는 이 세상의 꿈과 비전이 더 커 보이는 것은 자기의 이름과 자기의 영광을 위한 아성을 쌓고 있기 때문입니다.

그런데 그리스도인의 소망은 하나님의 약속에 있습니다. 그렇다고 우리가 세상에 대하여 손을 놓고 주님 오시기만 기다리자는 말이 아닙니다. 이런 세상을 보면서 주님의 약속을 더욱 신뢰하는 자들이 되어야 한다는 말입니다. 이런 세상에 오직 복음만이 생명의 길임을 알아야 합니다. 지금까지 인류가 좀 나은 세상을 위하여 많은 노력을 하여 왔습니다. 그러나 결코 나아진 세상이 아닙니다. 이런 세상에서 눈에 보이는 소망은 소망이 아니라고 하는 것은 사람의 능력으로 되지 않는다는 것입니다. 오직 성령이 임함으로 눈에 보이지 않는 소망을 바라보게 됩니다. 믿음은 바라는 것들의 실상이요 보이지 않는 것들의 증거입니다.^{히 11:1} 그 소망이 바로 '하나님의 언약'입니다. 하나님은 자신의 언약을 신실하게 이루어내신다는 것입니다. 그 언약의 중심과 완성이 예수 그리스도입니다. 따라서 예수님께서 십자가에서 다 이루었다는 것입니다.

예수님께서 십자가에서 다 이루었다는 것은 하나님의 모든 약속 말씀의 성취입니다. 하나님의 모든 약속을 다 이루어내었다는 말씀에서, 예수님은 이 지상에서 하신 모든 일이 예수님 자신을 위하여 하신 일이 하나도 없습니다. 오직 아버지의 뜻을 이루기 위하여 일하셨습니다. 하나님 아버지의 일을 하시는 것이 예수님의 양식이었습니다.^{요 4:34} 그래서 율법과 시편과 선지자들이 말한 모든 것을 이루기 위하여 오셨다고 말씀하셨습니다.^{눅 24:44} 따라서 예수님께서 언약을 다 이루었다는 십자가의 의미를 모르면 어떤 종교적인 열심을 낸다고 하여도 복음이 아닙니다.

믿음이란 예수님을 믿는 것이며 예수님을 믿는다는 것은 하나님의 약속을 예수님께서 이루어 내신다는 것을 믿는 것입니다. 그런데 종종 우리의 믿음은 내가 하나님을 믿는다는 나의 결단과 의지와 실천력을 믿는 것으로 이해하기도 합니다. 하나님의 약속을 모르게 되면 하나님의 전능하심에 대해서도 오해하게 됩니다. 여호와 하나님의 전능하심은 하나님의 자기 언약을 이루어내시는 일에 전능하시다는 것을 의미합니다. 그런데 우리는 우리의 욕망을 따라서 눈에 보이는 소망을 이루어 달라고 전능하신 하나님의 이름을 부르는 경우가 많습니다.

예수님께서 말씀하시기를 '인자가 올 때에 믿음을 보겠느냐'고 하셨습니다. 눅 18:8 이 말씀은 기도하고 오래 기다려야 할 것에 대하여 말씀하신 내용입니다. 이것을 강청기도라고 하면서 아무 것이나 원하는 대로 기도하라는 것이 아니라 예수님의 약속을 믿고 기다리는 사람이 드물다는 것을 말씀하고 있는 것입니다. 아브라함이 하나님의 약속을 받았음에도 믿지 못하고 기다리지 못하고 성급하게 낳은 자식이 이스마엘이었습니다. 우리들도 이렇게 약속이 이루어질 것을 믿고 기다리는 믿음의 그리스도인인지 스스로를 자문해 볼 필요가 있습니다.

우리가 보지 못하는 것을 바라면 참음으로 기다리라고 합니다. 롬 8:25 모든 사람들이 다 보이는 것을 향하여 달려갈지라도 하나님의 약속을 바라보고 기다리는 자가 믿음의 사람입니다. 이것이 사람의 힘으로 되지 않으니 성령님을 보내셔서 그리스도인 안에서 말할 수 없는 탄식으로 기도하고 계시며 롬 8:26-27 예수님께서 하나님의 보좌 우편에서 기도하고 계십니다. 롬 8:34

이 마지막 때에 모두가 눈에 보이는 꿈과 비전을 향하여 달려갈 때에 보이지 않는 하나님의 약속만을 소망하면서 기다릴 수가 있는 사람이어야 합니다. 인자가 올 때에 세상에 사람의 가르침이나 종교적인 전통이나 자신의 상상이 아니라 하나님의 약속의 완성자이신 예수 그리스도를 믿고 예수님 다시 오시기를 기다리는 마음으로 살아야 합니다.

예수님을 믿었다는 것은 그리스도인이 새로운 능력을 갖거나 소유하는 것이 아니라 '하나님과의 새로운 관계 안에 놓인 상태가 되었음'을 말하는 것입니다. 예수님을 믿는다는 것이 사는 환경이나 형편이 나아지고 인격이 달라지기 위한 것이라기보다 단지 예수님의 관리와 간접 아래에 놓인 것입니다.

우리가 성령이 임한 사람이라면 하나님의 약속을 알고 그 약속이 이루어지도록 기도하는 사람이 됩니다. 그런 자들은 성령으로부터 자신의 죄가 무엇인지 의가 무엇인지 심판이 무엇인지 제대로 알도록 책망을 받게 됩니다. 그 책망은 내가 얼마나 일을 잘했느냐고 못했느냐보다 예수님을 믿지 않는 것이 죄임을 알게 됩니다. 그리고 우리의 의는 없다는 것을 알게 하십니다. 유일하신 하나님의 의가 되시는 분이 아버지께로 가신 것입니다. 심판은 이 세상의 임금이 심판을 받았습니다. 이런 내용들을 알게 하시면서 하나님의 언약이 얼마나 신실하게 이루어졌는지를 말씀을 통하여 알게 하시고 믿게 하시는 것이 '언약을 통한 믿음의 내용'인 것입니다.

믿음의 출발점은 '믿음이 하나님의 선물임'을 아는 것입니다. 믿을 수 있다는 것은 주셨기에 믿을 수 있는 것이지 내가 주체가 되어 믿을 수 있는 것이 아닙니다. 믿음이 나를 구원하는 것이 아니라 성경에서는 '믿음으로 구원 받는다'라고 하는 것이 더 분명합니다. 믿음은 그 자체로 어떠한 본체가 아니기 때문입니다. 하나님께서 믿음을 주신다고 할 때, '주입하다 또는 참여하다'라고 표현합니다. 이 과정 속에서 성령께서 내주하십니다. 은혜라는 것은 성령이 우리 안에 내주함으로서 나타나는 효과들입니다. 이때 성령을 성경에서는 그리스도의 영이라고 부릅니다. 그리스도가 이루어 놓으신 은혜입니다. 믿음은 배타성을 가지고 있습니다. 그리스도가 아닌 것을 밀어내는 성질을 가지고 있습니다. 따라서 믿음에는 그리스도가 아닌 다른 것이 들어갈 여지가 없습니다. 오직 믿음이라는 말은 오직 그리스도라는 말과 동일합니다.

믿음에는 나를 그리스도께 투항하고 항복하는 그 의미가 분명히 포함되어 있습니다. 그리스도를 증거하고 있는 말씀 또는 하나님의 약속을 믿는다는 것입니다. 구약 성도의 믿음이 신약 성도의 믿음과 동일하다는 말은 바로 구약 성도들이 하나님이 주신 그 약속을 믿는다는 의미, 곧 그리스도를 믿는다는 것과 동일한 성질의 것입니다.

그리스도인을 일컬어 '예수 안에서 산 자'라고 합니다. 바울은 자신은 십자가에서 죽었다고 하면서 이제는 내가 산 것이 아니요 '내 안에 그리스도께서 살아계신다'고 하였습니다. 갈 2:20 그리스도인은 그 안에 그리스도께서 살고 계신 자입니다. 그 안에 그리스도께서 살아 있는 자는 그리스도만 자랑하게 되어 있습니다. 우직할 정도로 그리스도만 말하게 됩니다. 무엇을 해도 그리스도가 다 하셨다고 증거 할 뿐입니다. 왜냐하면 '자기는 죽은 자'이기 때문입니다.

그러나 그리스도인 비슷한 흉내를 내는 자는 그 안에 그리스도가 없고 자기가 살아 있습니다. 그러니 무엇을 해도 '자아 중심'으로 자기를 자랑하는 일을 하게 됩니다. 이런 자들의 특징은 말씀을 지켜야 한다고 합니다. 말씀을 지켜내야 한다는 자들은 성령이 지키도록 자신들을 도와준다는 것을 이야기합니다. 그래서 성령의 열매를 맺게 된다고 말합니다. 마치 인간은 말씀을 지키는데 있어서 고장이 나서 스스로는 안 되는데 성령이 오셔서 이제는 말씀을 지킬 수 있도록 하신다는 것입니다. 이와 같이 쉽게 생각하는 자들은 아직도 인간이 어떤 존재인지, 또 하나님의 말씀의 특성이 어떤 것인지를 모르는 것입니다.

하나님의 말씀의 특성은 인간을 해부한다고 합니다. 영원한 대제사장에 의해서 말씀의 검으로 난도질당해야 함으로 골수를 찔러 쪼개기까지 하며 마음의 생각과 뜻을 판단해서 하나님 앞에 벗은 것 같이 드러나게 하신다고 합니다. 벌거벗겨서 숨어있는 죄를 드러내어 큰 대제사장이신 예수 그리스도에게로 돕는 은혜를 얻기 위하여 나아가도록 한다고 합니다.^히 4:12-16^ 말씀의 능력은 상하고 통회하는 심령을 일으켜 우리가 죄인이라는 사실을 알게 합니다. 그래서 바울은 율법은 그리스도께 인도하는 율법교사라고 하였습니다. 율법을 따라가면 예수 그리스도를 만나게 된다는 것입니다. 즉 율법의 마침인 예수 그리스도를 만나는 것입니다. 역설적으로 말하면 아직도 말씀을 지켜야 된다고 한다면 예수 그리스도를 만나지 못하였다는 증거가 됩니다. 율법은 예수 그리스도를 만나게 합니다. 예수님만이 말씀을 온전하게 다 이루신 분이기 때문입니다. 그래서 믿음을 선물로 받은 자들은 이제는 율법을 지켜야 하는 율법교사 아래 있지 않는다고 합니다.^갈 3:21-25^ 즉 말씀을 지켜서 의로워지려고 하는 것으로부터 벗어나 예수님이 지켜주신 것을 믿음으로 살아갑니다.

그런데 갈라디아 지역에 예수도 믿고 율법도 지켜야 한다는 이상한 무리들이 나타나 오직 은혜, 오직 십자가를 대적하여 다른 복음을 전하자 많은 사람들이 따랐습니다. 그러자 바울은 너희 앞에 십자가를 지신 그리스도께서 밝히 보이거늘 왜 다시 초등학문으로 돌아가려고 하느냐고 하였습니다. 왜 다시 종에 멍에를 매려고 하느냐고 책망하였던 것입니다.^갈 5:4^ 왜냐하면 그들이 말씀을 스스로 지킬 수 있었다면 예수님은 헛되이 죽은 것이 되기 때문입니다.

믿음이란 자기를 보지 말고 믿어야 할 분을 보라는 것입니다. 하나님께서 주 예수를 믿으라는 것은 예수님이 다 이루셨기 때문입니다. 따라서 믿음을 받은 자는 자기가 무엇을 하려고 하는 자가 아니라 예수님이 다 이루신 것을 믿음으로 사는 것입니다. 더 분명히 말해서 내가 지켜야 할 모든 말씀을 예수님께서 대신 다 이루었다고 믿는 것입니다.

예수님께서 다 이루신 것을 증거 하는 것이 새 언약 안에서의 신앙입니다. 새 언약 속에는 인간이 끼어들 틈이 없습니다. 오직 아버지와 아들 간에 맺은 언약이기 때문입니다. 그리스도인은 이 사실을 알리는 증거자로 살아야 합니다. 그래서 새 언약 아래에 있는 그리스도인들에게 갖가지 명령들이 주어졌습니다. 그런데 해 보면 안 되는 것을 깨닫습니다. 그러면 성령께서 우리가 안 되는 이유를 몸이 죄를 이기지 못하기 때문이라고 알려줍니다. 그런데도 말씀을 지키라고 하는 것은 인간은 스스로 항복을 하지 않는 존재라는 것을 깨닫게 하려는 '의사소통'인 것입니다. 결국 새 언약 아래서 명령법들을 주신 목적은 예수님이 다 이루셨다는 것을 '확실하게' 드러내기 위한 것입니다.

성령은 말씀을 지키게 하려고 오신 분이 아닙니다. 성령의 오심은 오직 '예수를 주와 그리스도'의 자리에 앉히기 위함입니다. '왜 예수이어야만 하는가'를 알리기 위해 말씀을 가지고 일을 하십니다. 왜 인간은 안 되는지 그리고 무엇이 문제인지 알라는 것입니다. 그래서 예수 당신만이 유일한 해답입니다. 이런 고백이 나오게 됩니다. 그래서 예수님이 십자가에 죽은 것이라고 가르치십니다.

말씀을 지켜야 하는 자들은 아직 안식에 들어오지 못한 자입니다. 예수님을 만난 자는 무엇을 지킬 의무가 주어진 율법 아래 있지 않기 때문에 안식할 수가 있습니다. 안식이란 무엇을 하는 상태가 아니고 모든 일을 마치고 쉬는 상태를 말합니다. 모든 말씀들이 명령법으로 주어져야 할 이유는 아들과 종을 구분하기 위함입니다. 믿는 자와 믿고자 하는 자를 찾아내기 위함입니다. 믿는 자는 예수님이 다 이루신 것에 감사하며 영광을 돌리며 살고, 말씀을 지켜야 한다고 하는 자들은 자신들이 말씀을 지켜서 영광을 돌린다고 합니다. 그리고 중요한 것은 어디서 어디까지가 아니고 온 말씀을 다 지키라고 하신다는 것입니다. 즉 말씀을 지키고자 한다면 모든 말씀을 다 지켜야 한다고 합니다. 약2:8-11

만약에 단 하나라도 못 지키면 몽땅 못 지킨 것으로 간주하겠다고 합니다. 어떤 것은 지키고 어떤 것은 안 지켜도 되는 예외 조항이 없습니다. 죄인이라는 본질이 하나님의 말씀을 거역하는 유전자가 들어가 있는 존재입니다. 즉 본질적으로 하나님 말씀을 지킬 수 없는 존재란 말입니다. 왜냐하면 '죄의 몸'을 가지고 있기 때문입니다. 그런 인간에게 말씀을 주셨습니다. 누구든지 하나라도 조금도 빠지지 말고 완전하게 지켜보라고 하십니다. 죄인에게 이런 말씀을 요구하신다는 것은 지키라는 것인지 아니면 자기 자신을 알게 하기 위함인지를 분별해야 합니다. 말씀의 의사소통을 제대로 해야 합니다. 신앙은 오직 있느냐 없느냐 일 뿐입니다. 믿느냐 안 믿느냐 입니다. 몇 퍼센트 믿느냐를 묻지 않습니다. 얼마큼 말씀을 지켰느냐를 묻지 않습니다. 하나님은 완전을 요구하시지 최선을 요구하시지 않습니다.

'율법의 마침'이 되시고 성취가 되시는 그리스도는 모든 믿는 자들에게만 의를 이루는 것이 됩니다.^{롬 10:4} 그래서 그리스도인의 삶이란 날마다 자신의 죄를 깨닫고 상한 심령으로 하나님께서 우리를 대신하여 꺾으신 뼈를 기쁨과 즐거움으로 믿고 사는 것입니다.

하나님께선 우리를 구원하여 곧장 천국으로 데려가지 않고 이 세상에 두는 이유 그리고 구원받았으면 죄를 이기는 몸을 주시지 않고, 죄를 이길 수 없는 몸인 줄 아시면서 말씀을 지키라고 하는 이유를 제대로 알아야 합니다. 탕자는 집에 돌아와서도 나는 탕자였음을 잊으면 안 됩니다. 자신이 탕자였다는 것을 아는 자는 자기 행위로 온전함을 보이려고 나서지 않습니다. 그저 아버지의 은혜에 감사하며 스스로 아들이라 하지 않고 종처럼 산다할지라도 기쁘게 살아갑니다.

'예수 믿으라'고 할 때, 한 사람은 '자기가 믿는 믿음'을 내어놓고, 또 다른 사람은 '믿어지게 하는 믿음'을 내어놓게 됩니다. 전자는 자기가 믿었다는 것을 자랑하게 됩니다. 후자는 주께서 믿게 해 주셔서 믿게 되었다고 하여 주를 찬양합니다. 그 이유는 자기가 지킨 것이 아니고 자기 안에 계신 분이 지키게 해 주셨기 때문입니다. 이러한 상태를 내 안에 그리스도께서 사신 것이라고 합니다. 믿음은 아무 것도 하지 않는 것이 아니라 아무 것도 할 수 없다는 것을 인정하는 것입니다. 성령의 인도함을 받지 못하는 그리스도인이란 존재하지 않으며, 아무것도 하지 않는 그리스도인은 없습니다.

믿음의 본질

'믿음이란 무엇일까' 가장 쉬운 질문 같으면서도 어려운 것이 믿음에 대한 문제입니다. 많은 사람이 비록 믿음의 분량은 적고 부족한 면이 많지만 예수님이 나의 구주가 되시고 예수님을 믿어야 천국에 간다는 사실을 믿는다고 생각합니다. 그러므로 자기 믿음에는 아무런 문제가 없다는 것이 현대 교인들의 입장입니다. 하지만 잊지 말아야 하는 것은 천국은 자신이 생각하는 믿음이 아니라 하나님이 선물로 주신 그 믿음이어야 문이 열린다는 것입니다. 그러므로 중요한 것은 하나님이 선물로 주신 믿음이 어떤 것인가를 아는 것입니다. 그렇지 않으면 자기 믿음에 속은 채 멸망의 길을 달려가는 결과를 초래하고 말 것임을 알아야 할 것입니다.

믿음에 대한 잘못된 이해중 하나는 믿음을 복을 얻기 위한 수단으로 여기는 것입니다. 이처럼 믿음을 복을 위한 수단으로 생각하게 되면 믿음에 차별을 두게 됩니다. 즉 열심이 있는 믿음과 열심이 없는 믿음으로 구분하면서 하나님은 열심 있는 믿음을 기뻐하시고 그러한 믿음이 있는 신자에게 더 많은 복을 주신다고 생각하게 되는 것입니다. 이것이 복을 갈구하는 세상의 종교성이 만들어 낸 믿음입니다. 그래서 모든 종교가 말하는 믿음은 이 범주에서 벗어나지를 않습니다. 하지만 하나님이 선물로 주신 믿음은 세상의 믿음과는 본질적으로 다릅니다.

아브라함이 하나님께 의롭다고 여김 받게 된 근거가 믿음이 무엇인가를 말해줍니다. 그리고 그 근거는 행위가 아니라 하나님을 믿은 믿음에 있음을 말합니다.^{창 15:4-6} 하나님께서 아브라함의 믿음을 보시고 그를 의로 여기셨다는 것은 아브라함의 믿음이 참된 믿음이라는 뜻입니다. 그러므로 누구든 아브라함의 믿음과 같지 않으면 믿음이 아니라는 말이 가능해 집니다. 따라서 하나님께서 의로 여기신 아브라함의 믿음이 어떤 것인가를 아는 것이 중요한 것입니다.

아브라함이 믿은 것은 아브라함에게 후사를 약속하시고 아브라함의 자손이 하늘의 별과 같을 것임을 말씀하신 '하나님의 약속'을 믿었던 것입니다. 다시 말해서 아브라함이 믿은 것은 하나님의 약속이었던 것입니다. 아브라함의 이 믿음에는 하나님께서는 약속하신 것을 반드시 이루실 것임을 믿는 믿음이 포함되어 있습니다. 이것이 '믿음의 본질'인 것입니다. 세상이 생각하는 믿음은 자신이 원하는 것을 얻기 위해 신을 믿는 것입니다. 이 믿음은 신에게 나의 정성을 보여주면 신은 나의 소원을 들어준다는 것이 그 본질입니다. 하지만 아브라함의 믿음은 자기 소원을 향하는 것이 아니라 하나님의 약속을 향합니다. 자기 소원을 이루기 위해 하나님을 찾는 믿음이 아니라, 하나님의 약속을 바라보고 하나님께서 약속을 이루실 것을 기다리는 믿음인 것입니다.

사람은 이 믿음에 있을 수 없습니다. 왜냐하면 이 믿음은 인간의 소원은 부인하기 때문입니다. 하나님의 약속 앞에서 인간의 욕망은 용납되지 않습니다. 하나님의 뜻 앞에서 인간의 뜻은 부인되어야 할 대상일 뿐입니다. 그리고 자신의 모든 것을 하나님께 맡겨 놓은 채 하나님이 어떻게 행하실지 바라보고 기다리는 것을 인간은 하지 못합니다. 그것은 막연한 것이고 추상적인 것이라고 하면서 믿음이 아니라고 반발할 뿐입니다. 따라서 아브라함의 믿음은 세상이 생각하고 말하는 믿음이 믿음이 아니라는 것을 역설적으로 보여주는 것입니다. 우리에게는 행함을 기준으로 해서 믿음을 판단하는 습성이 있습니다. 믿음이 좋으면 그만큼 행함도 다를 것이라고 생각하기 때문입니다.

우리는 예수 그리스도가 나의 구주라는 것을 믿는다고 하기 전에 예수님이 세상에 오시고 십자가에 못 박혀 죽으신 것이 곧 하나님의 약속의 성취라는 사실부터 생각해야 합니다.

예수님의 십자가의 죽으심은 우연한 사건이 아닙니다. 창세전에 이미 계획된 것이고, 그 계획이 아브라함을 향한 약속을 시작으로 점차 구체적인 사건이 되어 세상에 드러나기 시작한 것입니다. 그러므로 예수님의 십자가 사건에는 마귀의 그 어떤 훼방에도 지지 않으시고 강력한 힘과 권능으로 자기 뜻을 이루신 하나님의 열심이

들어 있는 것입니다. 그리스도인은 바로 이것을 믿어야 하는 것입니다. 예수님이 나의 구주시고, 십자가의 피가 나를 구원하심을 믿는다는 것도 틀린 것은 아닙니다. 그것은 분명한 사실이지만 문제는 자기 구원으로 즐거워하는 것일 수 있다는 것입니다. 우리는 바로 이점을 잘 분별할 수 있어야 합니다.

아브라함이 하나님의 약속을 듣고 만약 자신의 가문이 번성하게 될 것을 믿고 그것으로 기뻐한 것이라면 그 믿음은 세상의 믿음과 다를 바가 없었을 것입니다. 하지만 아브라함은 하나님은 '약속하신 대로 이루실 분이심'을 믿었다는 것을 생각해야 합니다. 이것은 '믿음이 무엇인가'를 분명히 하기 위해 중요한 문제입니다. 왜냐하면 지금 그리스도인이라고 이름하는 많은 사람들이 이 함정에 빠져 있기 때문입니다. 약속을 이루시는 하나님을 바라보고 믿는 것이 아니라, 하나님께서 자신에게 이루어주실 복을 바라보고 그것을 즐겨하면서도 그것이 믿음인 것으로 착각하는 것이 믿음의 함정인 것입니다. 따라서 예수님의 은혜를 믿고 십자가를 믿는다는 것도 그 은혜와 십자가로 말미암아 내가 천국에 가는 것을 믿고 그것으로 기뻐하는 것이라면 아브라함의 믿음이 아니라는 것입니다. 이러한 믿음은 결국 예수님을 찾아와서 영생에 대해 질문한 부자처럼 모든 것을 버리라는 말씀에 대해서는 등을 돌릴 수밖에 없는 것입니다.

예수님은 제자들에게 예수님을 따르는 것이 세상에서 미움을 받는 것이라고 말씀하셨습니다. 또한 자기를 부인하고 나를 좇으라고도 말씀을 하셨고, 세상에서는 나그네로 사는 것이 그리스도인이고 좁은 길로 가야 한다고도 말씀하셨습니다. 이처럼 예수님을 따르는 길에는 인간이 원하는 것이 없습니다. 세상에서의 성공이나 영광 이러한 것들이 없습니다. 그것이 예수님이 가신 길입니다.

그렇다고 해도 그리스도인은 예수님이 가신 그 길을 가는 것이 곧 생명에 이르는 것임을 믿습니다. 다른 길은 없으며, 따라서 하나님께서 자기 백성을 오직 예수 그리스도에게로 인도하시고 그리스도로 말미암아 생명에 이르게 하실 것을 믿는 것입니다. 그래서 이 믿음에 있는 그리스도인은 가는 길이 어떻든 상관하지 않고 예수님이 가신 길만을 바라보게 되는 것입니다. 이 믿음이 하나님이 선물로 주신 참된 믿음입니다. 이러한 믿음에는 인간의 소원과 욕망이 들어 있지 않습니다. 이것이 세상의 믿음과는 본질적으로 다르다고 말할 수가 있습니다. 나를 위해서 예수님을 믿는 것이 아니라, 나 자신이 예수님을 위해 부름 받은 자라는 것을 믿는 것입니다. 그런데 많은 사람들이 자신이 아니라 주를 위해 살아가지 않습니다. 세상의 믿음은 오히려 예수님을 자신을 위해 이용하려고 할 뿐입니다. 그래서 하나님이 주신 믿음이 아니고서는 예수님을 믿을 자가 없는 것입니다.

믿음은 인간의 노력이 개입되는 것을 허락하지 않습니다. 인간도 노력하면 믿음을 향상 시킬 수가 있는데 그러한 노력을 허용하지 않는다는 것이 아니라 애초부터 인간의 노력이란 아무 쓸모가 없다는 것입니다. 그런데도 사람들은 노력하면 믿음이 향상된다고 고집합니다.

그래서 노력하여 믿음을 향상시켜서 그 믿음으로 하나님의 마음을 움직이고 소원이루고 기도에 응답을 받아라는 것입니다. 이러한 말은 인간으로 하여금 믿음의 문제에 있어서는 끊임없이 자신이 노력하고 해야 할 무언가가 있다는 생각을 하게 합니다. 소위 믿음이 구체적으로 다가오는 것처럼 느끼게 됩니다. 그럼에도 불구하고 독생자를 보내셔서 십자가에 피 흘리게 하시고, 우리를 그의 지체가 되게 하셔서 생명으로 이끌어 가시는 하나님의 일은 쉬지 않고 계속됩니다. 이것이 믿음의 본질입니다.

믿음의 근원

예수님은 유대인으로 유대사회에 오셨습니다. 유대사회는 믿음으로 유지하는 사회라고 할 수 있습니다. 하나님에 대한 믿음이 그들에게는 존재이유였고 믿음을 삶의 전부로 여겼습니다. 그러한 유대사회에 예수님이 오신 이유는 무엇일까요? 단적으로 말씀드리면 유대사회가 추구해 오던 믿음이 믿음이 아님을 증거하기 위해서입니다. 유대사회가 참된 믿음으로 바르게 유지되고 있었다면 예수님이 오실 이유가 없기 때문입니다. 이처럼 예수님이 오심으로 하나님의 백성으로 자처한 유대인이 정작 하나님이 누구신가를 몰랐고 믿음 또한 믿음이 아닌 것으로 드러났다는 것은 세상에 믿음이 없었다는 증거이기도 합니다.

예수님이 말씀하시기를 겨자씨 한 알만한 믿음이 있었더라면 뽕나무더러 뿌리가 뽑혀 바다에 심기어라 하였을 것이고 그 말대로 뽕나무가 너희에게 순종하였으리라고 하십니다.^{눅 17:6} 마태복음에서는 산을 명하여 여기서 저기로 옮겨지라 하면 옮겨질 것이라고 말씀하신 것을 아실 것입니다.

그런데 현실은 누구도 뽕나무나 산에게 그러한 말을 하지 못합니다. 자신의 말 대로 되지 않는다는 것을 잘 알기 때문입니다. 이것이 의미하는 바가 무엇입니까? 겨자씨만한 믿음도 없다는 뜻입니다. 아예 믿음이 없다는 통보입니다. 이 말은 예수님 앞에서는 누구든 '믿음이 없다'로 시작해야 한다는 뜻입니다. 그래서 누구든 '나는 믿음이 있다'로 시작한다면 그것은 예수님이 세상에 오신 이유와 의미를 묵살하는 불법이 되는 것입니다.

우리에게는 믿음이 없습니다. 어떤 사람도 믿음을 생산할 수 없기 때문입니다. 이것은 유대인도 다르지 않습니다. 하지만 그들은 자신들에게만큼은 믿음이 있다고 여겼습니다. 그 증거를 이방인에게는 없는 하나님의 율법이 자신들에게 있고 그 율법을 지키고 행하는 것에 두었지만 예수님은 그것을 믿음으로 인정하지 않으셨습니다.

오히려 하나님으로부터 심판을 받아야 하는 죄로 규정되었을 뿐입니다.

우리에게 믿음이 없고 믿음을 생산할 수 없다면 '믿음의 근원'은 우리가 아닙니다. 따라서 누구든 예수님을 믿게 된다면 그 믿음은 위로부터 주어진 것이고, 위로부터 주어졌기에 세상이 아니라 위엣 것을 바라며 예수님만을 지향하게 됩니다. 이 말은 믿음을 자신을 위한 것으로 여기고 자기의 복을 위해 예수님을 찾고 부르는 모든 것은 허위이고 거짓이라는 뜻이 됩니다. 유대사회의 믿음을 부정하신 것처럼 부정당할 수밖에 없는 것이 그러한 믿음인 것입니다.

'믿음의 근원'이 예수님이고 그 믿음을 받았고 그 믿음의 능력에 붙들려 있다면 믿음의 사람은 자기를 지향하지 않는 것이 당연합니다. 자기를 지향하지 않는다는 것은 믿음의 근원이 되시는 예수님의 오심과 십자가의 피와 부활의 생명만을 증거하고 높이는 것에 뜻을 둘 뿐이지 자신이 믿음 좋은 사람으로 높임 받고 부각 되는 것에는 전혀 관심을 두지 않게 됨을 의미하는 것입니다. 참된 믿음의 여부는 이것으로 증거 됩니다.

그럼에도 대개의 기독교인들의 관심은 자신을 향해 있습니다. 예수님에 대한 고백을 자기 믿음을 증명하고 확인하기 위한 의미로 생각하는 것이 대부분입니다. '내가 이렇게 고백 했으니 나는 믿음이 있다'는 것입니다. 이것이 믿음에 대한 착각임을 인식하지 못한다면 기독교의 믿음은 유대사회의 믿음의 범주에서 벗어날 수 없음을 알아야 합니다.

많은 사람들이 믿음의 부족을 말하면서 부족함을 채워야 한다고 강조하는 것도 믿음의 근원을 인간에게 두고 행함으로 믿음을 확인하려고 하기 때문입니다. 서로의 행함을 비교하면서 자기 행함이 타인보다 좀 더 낫다고 생각되면 믿음에 만족하고 부족하다고 생각되면 행함을 더 강화하여 부족한 부분을 채워야 한다고 생각합니다. 믿음은 하나님으로부터 선물로 주어졌습니다. 하나님이 선물로 주신 믿음에 부족함이 있을까요? 누구에게는 부족한 믿음을 주시고 누구에게는 완성된 믿음을 주신 것일까요? 기독교인 누구도 그렇게 생각하지 않을 것입니다. 그럼에도 불구하고 믿음의 부족을 말하는 것은 믿음을 받은 이후의 책임이 인간에게 있다고 생각하기 때문일 것입니다. 믿음을 받았다면 그 믿음을 지키고 유지해야 할 책임이 인간에게 있다고 생각하는 것입니다. 그것이 믿음에 대한 큰 착각입니다.

'예수 그리스도를 믿음으로 구원을 받는다'라고 할 때 믿음의 주체를 자기에게 두는 경우가 많습니다. 즉 '내가 예수님을 믿는다'라고 생각을 하는 것입니다. 이처럼 자신이 예수님을 믿는 것으로 생각하기 때문에 타인의 믿음과 자신의 믿음에 차별을 두려고 하고, '누구의 믿음이 더 나은가?'라는 경쟁으로까지 나아가게 되는 것입니다.

그렇지만 예수님을 믿는 것은 처음부터 인간에게는 불가능한 일입니다. 인간의 자질로는 예수님을 믿을 가능성이 전혀 없다는 것입니다. 그래서 예수님은 부자가 하나님 나라에 들어가기가 낙타가 바늘귀로 들어가는 것보다 더 어렵다는 말씀을 하신 것입니다.

인간은 믿음으로 말미암아 구원을 얻습니다. 그런데 사도 바울은 '은혜를 인하여'라는 말을 앞세우고 있습니다. 즉 믿음으로 말미암아 구원을 얻는 것은 하나님의 은혜로 된 것이라는 뜻입니다. 왜냐하면 우리를 구원에 이르게 하는 믿음은 인간에게서 생산되는 것이 아니라 은혜로 말미암은 것이기 때문입니다. 그래서 너희에게서 난 것이 아니요 하나님의 선물이라는 말을 합니다.^{엡 2:8} 그래서 그리스도인은 '내가 예수님을 믿습니다'라는 말을 한다고 해도, 예수님을 믿는 나는 예전의 내가 아니라 하늘로부터 주어진 믿음에 의해 '새롭게 된 나'라는 생각이 전제되어야 하는 것입니다.

그리스도인에게는 자기의 뜻, 자기 열심, 자기 의지가 없습니다. 이렇게 말씀드리면 '아니 숨을 쉬고 생각을 하며 살아가는 인간이 자기 뜻, 자기 열심, 자기 의지가 없다는 것이 말이 되느냐?'라는 의문이 들 것입니다. 사실 자기 뜻이 없고, 자기 의지가 없고, 자기 열심히 없는 인간이라면 죽은 자이거나 아니면 식물인간이 되어 누워있는 사람일 것입니다. 하지만 뜻과 열심, 의지가 전혀 없는 채 살아간다는 것이 아니라 그 모든 것이 옛 사람의 때의 것이 아니라는 뜻입니다.

어떤 일에서도 다만 '주님이 옳습니다'라는 고백이 있을 뿐입니다. 이것이 주 안의 세계입니다. 이런 고백이 있을 수밖에 없는 것은 하나님의 은혜로 인한 하늘의 선물이 아니었다면 자신은 영원토록 그리스도와 상관없는 자일 수밖에 없음을 알기 때문입니다. 하나님이 믿음을 선물로 주심으로 말미암아 예수 그리스도의 구주로 믿게 되고, 예수님의 십자가의 은혜가 내 마음에 기쁨으로 자리하는 자가 된 이 복됨을 깊이 감사할 수 있는 것입니다.

온전한 믿음

하나님이 예비하신 더 좋은 것은 약속된 것이고 그것은 약속의 성취자로 오신 예수 그리스도입니다. 이것은 믿음의 사람들이 제아무리 믿음의 증거를 받았다 할지라도 하나님이 약속하신 더 좋은 것을 받지 못했다면 온전한 믿음이 아니라는 뜻입니다. 다시 말해서 믿음의 온전함은 하나님이 예비하신 더 좋은 것. 예수 그리스도를 알게 되고 그리스도 안에 있는 것을 뜻합니다.

구약의 성도들이 믿음으로 말미암아 증거를 받았다는 것은 믿음에 의해 믿음의 길로 갔음을 인정받았다는 뜻으로 이해할 수 있습니다. 그럼에도 불구하고 지금의 그리스도인들과 다른 것은 그들이 약속된 것을 받지 못했다는 것입니다. 약속된 것을 받아야 '온전한 믿음'이라는 뜻입니다.^{히 11:39-40} 구약의 믿음의 사람들은 약속을 믿었으되 약속된 것을 받지 못했습니다. 그러므로 그들의 믿음은 약속된 것을 받은 그리스도인으로 말미암아 온전하게 되는 것입니다. 이러한 내용에서 그리스도인이 분명히 주지해야 할 사실은 믿음의 온전, 즉 믿음의 완성, 충만은 우리의 행함의 열심과 선으로 채워지는 것이 아니라는 것입니다. 그러므로 무엇이 믿음의 완성입니까? 예수 그리스도를 믿는 것이 믿음의 완성입니다. 즉 믿음의 완성은 예수 그리스도인 것입니다. 그리스도를 믿는 그리스도인은 완성된 믿음에 있습니다. 이미 그리스도로 '온전한 믿음'입니다. 만약 '나는 믿음이 부족하다'고 생각된다면 그것은 하나님이 예비하신 더 좋은 것, 온전한 것에 마음을 두기보다 자신을 바라보기 때문임을 알아야 합니다. 그것이 믿음에서 떠난 것이기 때문에 그리스도인에게는 중요한 문제가 아닐 수 없습니다.

인간은 약한 존재이기에 세상으로부터 유혹을 받고 데살로니가 교회처럼 환난이 있으면 그리스도를 향한 마음이 흔들리기도 합니다. 항상 유혹과 시험을 받으며 세상으로 끌려가는 자신을 확인하게 됩니다. 이것은 하나님이 주신 믿음이 부족하고 약한 것이 아니라 인간이 온전히 믿음으로 살아가지 못하는 것입니다. 바울이 부족한 믿음을 보충하고자 하는 것은 복음을 전함으로 환난 가운데 있는 그들로 하여금 더욱 더 그리스도를 바라고 그리스도가 소망이 되는 믿음의 길로 가도록 돕고자 하는 것으로 이해할 수 있습니다. 다시 말해서 복음의 세계에 깊이 빠져드는 것이 믿음의 보충인 것입니다. 그러므로 믿음의 보충을 약해진 배터리를 충전하는 개념으로 이해하지 않아야 합니다.

온전하신 분은 예수 그리스도입니다. 완성의 의미 또한 예수님에게만 국한됩니다. 그래서 그리스도인의 믿음은 완성되어져야 하는 것이 아니라 '그리스도로 완성된 믿음'으로 기뻐하고 감사해야 합니다. 우리가 채우고 이루어야 할 것은 없기 때문입니다. 이 모든 것이 그리스도로 인해서 그리스도 안에서 누리는 은혜의 세계입니다. 그러므로 그리스도인은 믿음 없는 자신을 주께 부탁할 수밖에 없습니다. 하나님의 약속의 성취자로 오신 그리스도가 믿음의 완성이시기 때문입니다.

오직 믿음

믿음은 행함이 아니라 은혜에 속해 있습니다. 이 말은 행위와 무관하게 '오직 믿음'에 의해 의롭게 된다는 뜻입니다. 이것은 "복음에는 하나님의 의가 나타나서 믿음으로 믿음에 이르게 하나니 기록된 바 오직 의인은 믿음으로 말미암아 살리라 함과 같으니라"^{롬 1:17}는 말씀이나 "그러므로 사람이 의롭다 하심을 얻는 것은 율법의 행위에 있지 않고 믿음으로 되는 줄 우리가 인정하노라"^{롬 3:28}는 말씀으로 분명히 확인할 수 있는 것이고 이 구절을 배경으로 등장한 신학적 용어가 '이신칭의'입니다. 이 구절들만이 '오직 믿음으로 의롭게 된다'는 것을 말하는 것이 아니라 로마서 전체, 더 나아가 성경 전체가 증거하는 내용입니다.

그럼에도 불구하고 현대 교회에 행함의 문제에서 벗어나지 못하는 이유는 무엇일까요? 물론 믿음을 배제한 채 행함으로 의롭게 된다는 말은 하지 않을 것입니다. 하지만 믿음은 반드시 행함으로 증거 된다고 말함으로써 행함이 없는 믿음은 믿음이 아닌 것으로 간주하는 것이 현대 교회입니다. 야고보서에서 행함이 없는 믿음은 죽은 것이라는 말을 하지만 야고보서에서 언급하는 행함은 현대 교회가 강조하는 행함과는 그 의미가 다름을 알아야 합니다.

믿음에 의해서 증거 되는 것은 있습니다. 그것은 우리가 예수님에게 받은 용서와 긍휼과 사랑 등입니다. 야고보서에서 말하는 행함은 이것과 연결되어 있는 것이지 흔히 말하는 기도, 봉사, 헌금 등이 아닌 것입니다. 또한 믿음이 행함으로 증거 된다면 결국 믿음과 함께 행함이 있어야 의롭게 된다는 의미가 되기 때문에 바울의 복음과 상반된 말이라는 것을 염두에 두어야 합니다.

혈통으로 따지면 아브라함은 유대인의 조상입니다. 그런데 바울이 우리 모든 사람의 조상이라고 하는 것은 혈통을 초월한 다른 관계에서 아브라함을 말하기 때문입니다. 그것이 곧 믿음입니다. 믿음의 관계에서 아브라함의 믿음에 속한 자라면 아브라함의 후손이라는 것이고 아브라함과 동일한 믿음이라는 것입니다.^{롬 4:16} 그리스도인이라면 누구나 믿음을 말합니다. 자신이 하나님을 믿고 예수님을 믿는다고 합니다. 하지만 그 믿음이 하나님께로부터 주어진 참된 믿음인 것은 어떻게 알 수 있을까요? 방법은 참된 믿음으로 인정된 그 사람의 믿음을 알고 그 믿음을 기준하여 자신의 믿음을 점검하는 것입니다. 이런 의미에서 아브라함을 믿음의 조상이라고 일컫는 것입니다. 따라서 아브라함의 믿음에 속한 자만이 상속자로 인정되는 것이고 하나님의 약속 안에 있는 성도라 일컫게 되는 것입니다.

아브라함의 믿음에 속한 자만 하나님의 약속에 의해 태어난 하나님의 사람으로 인정되며 그들만이 상속자, 즉 하늘의 것을 상속받게 됩니다. 이 말은 '아브라함과 같은 믿음을 가져라'거나 '아브라함처럼 되어라'는 뜻이 아니라 자기 믿음의 현실을 바르게 살피고 믿음이 아닌 것을 믿음으로 착각하는 오류에서 벗어나 아브라함으로 말미암아 증거가 된 참된 믿음을 바라보고 소망할 것을 가르치는 것으로 이해하면 될 것입니다.

아브라함은 독자 이삭을 제물로 바쳤습니다. 우리가 귀한 것을 하나님께 바친다고 해도 아들을 바치지는 않을 것입니다. 설사 아들을 제물로 바쳤다 해도 믿음이 아니라 맹목적인 광신일 뿐입니다. 그런데도 대개의 기독교인들은 바치는 것을 헌신으로 이해합니다. 믿음이 있다면 헌신하고 봉사해야 한다고 생각하는 것입니다. 이것이 믿음에 대한 잘못된 이해이고 현대 교회의 큰 잘못이며 오류입니다.

헌신과 봉사에는 보상이 따른다고 생각합니다. 헌신과 봉사로 하나님을 기쁘게 하였으니 복으로 보상해 준다는 것입니다. 이것이 한국교회에 바위처럼 굳어져 있는 믿음의 내용이기 때문에 행함이 없이 믿음으로만 된다는 말에 귀를 닫게 되는 것입니다. 행함이 없는 믿음은 믿음이 아니며 게으른 것이고 복으로부터도 멀어질 뿐이라고 생각합니다.

　　과연 그럴까요? 바울이 믿음에 대해 무엇을 가르치고 있는지를 곰곰이 생각해보아야 합니다. 상속자는 하나님이 주시는 것을 받을 자라는 뜻입니다. 그리고 하나님이 주시는 것을 받게 되는 것이 은혜에 속하기 위하여, 즉 하나님의 은혜로 말미암은 일이 되기 위하여 율법이 아닌 '오직 믿음'으로 된다는 것입니다.

　　바울이 증거 하는 것은 '오직 믿음'입니다. 인간의 행위가 개입되지 않은 온전히 하나님의 은혜로 되어졌음을 믿는 믿음을 요구하는 것입니다. 이것이 은혜에 속한 믿음이며 이 믿음이 있는 자가 아브라함의 믿음에 속한 자입니다. 우리가 이 믿음에 속했다면 우리의 신앙고백은 '하나님의 은혜로 삽니다'가 되어야 합니다. 그렇기 때문에 '나 교회 잘 다니고 신앙생활 잘 합니다'가 오히려 죄가 되는 것이고 그 믿음은 율법에 속한 것일 뿐 은혜에 속한 것이 아니기 때문에 아브라함에게 속한 믿음으로 인정되지 않는 것입니다.

　　아브라함은 아브라함의 행위와는 무관하게 다만 하나님의 약속을 믿은 믿음으로만 의로 여김 받은 것입니다. 물론 아브라함이 하나님의 말씀에 따라 고향과 친척을 떠나 낯선 이국땅인 가나안으로 간 행위는 있습니다. 그리고 그 행위는 하나님의 말씀을 믿은 믿음에 의한 것입니다. 그렇다면 오늘 우리에게도 이러한 행위가 있어야 합니다. 하지만 그것은 아브라함처럼 살고 있는 터전을 떠나라는 것이 아니라 우리의 삶의 방향이 하나님이 주시는 약속의 땅으로 향하는 것으로 드러나야 합니다. 세상에서 나그네로 사는 것입니다. 이것이 믿음에 의한 행위이며 믿음이 있는 성도에게 당연한 것이기에 믿음과 분류하여 생각할 수 없는 것입니다.

은혜는 받을 자격이 없는 자에게 주어지는 하나님의 선물이란 뜻입니다. 받을 자격이 없다는 것은 어떤 행함도 의로 인정되지 않는다는 뜻입니다. 윤리와 도덕이 인정하는 최고의 선을 행한다 해도 그것으로 하나님 앞에 받을 자격을 획득하는 것은 아닙니다. 그 어떤 헌신과 봉사로 자신의 모든 것을 내어 놓는다 해도 하나님 앞에서는 불의한 자이며 저주에 속한 자 일 뿐입니다. 이것이 인간이 벗어날 수 없는 한계입니다. 그러므로 은혜는 반드시 '받을 자격이 없는 자'라는 사실로부터 출발해야 하고 그것이 믿음의 내용이 되어야 합니다. 그래야 은혜가 은혜로 믿음이 믿음으로 증거 됩니다.

믿음에 대해 우선적으로 주지해야 할 사실이 있습니다. 그것은 하나님의 말씀, 약속에 대한 사람의 반응에 관심을 두는 것이 아니라 그러한 반응을 가능하게 하신 하나님께 관심을 두어야 한다는 것입니다. 그렇다면 아브라함이 하나님의 약속을 믿고 그 믿음을 의로 여기신 모든 일을 가능하게 하신 분은 하나님이라는 결론이 내려지게 됩니다. 인간의 의지와 결심과 선택에 의한 반응이 아니란 것입니다.

성경에 등장하는 모든 인물들의 믿음에 대해서도 이러한 시각으로 바라봐야 합니다. 누구의 믿음이든, 믿음을 인정받은 누구든 그것을 가능하게 하신 하나님이 중점이 되어야 하는 것입니다. 많은 현대 교회들이 이 사실을 간과하고 사람의 반응에 초점을 두기에 인간의 행함이 강조되고 높이며 하나님 또한 인간의 반응을 보시고 그에 따른 평가를 하시는 것으로 이해하는 것입니다. 이러한 잘못된 믿음에 의해 무시되고 가려지는 것이 하나님의 은혜입니다.

아브라함이 행위로 얻을 것이 있다면 하나님의 진노뿐입니다. 율법으로 얻을 것은 진노입니다.^{롬 4:15} 이 말은 우리 역시 우리의 행위로 하나님께 얻을 것은 진노 밖에 없다는 뜻입니다. 다시 말해서 우리가 기대하는 행위에 대한 보상은 없는 것입니다.

불의한 자인 우리가 하나님께 얻을 수 있는 최고의 것은 '의'입니다. 의로운 자로 여김 받는 것이야 말로 우리를 붙들고 있는 죄에서 해방되어 하나님의 거룩한 백성으로 영원한 영광의 나라에 거하게 되는 것이기에 이보다 더 큰 선물은 없으며 그 선물은 행위가 아니라 오직 은혜로 주어집니다.^{롬 4:1-3} 이것이 그리스도인의 믿음으로 내용으로 자리할 때 그리스도인이 바라보게 되는 것은 하나님의 긍휼과 자비하심과 사랑입니다.

아브람을 아브라함 되게 하신 분은 하나님이지 아브라함 스스로의 의지와 실천의 결과가 아닙니다. 이처럼 모든 일은 하나님이 이루십니다. 그리스도인은 하나님이 이루신 일로 인해 복을 누릴 뿐입니다. 그래서 하나님의 은혜만을 말하게 되는 것이고 그것이 아브라함에게서 증거된 믿음입니다. 이 믿음이 우리를 의로운 자 되게 하고 부활 생명에 있게 합니다. 오직 믿음입니다.

은혜의 믿음

말씀이 육신이 되어 우리 가운데 거하셨다는 것은 인간과는 전혀 관계없이 하나님께서 독자적으로 일으키신 사건입니다. 하나님께서 독자적으로 일으키신 사건이라는 것은 말씀이 육신이 되어 우리 가운데 거하심으로써 하고자 하시는 하나님의 일이 있음을 뜻합니다. 따라서 그리스도인은 하나님이 하고자 하시는 그 일에 마음을 두는 것이 마땅한 것입니다.

사람들은 하나님이 하고자 하시는 일이 자기의 육신적인 문제와 연관이 있을 것이라고 생각합니다. 하지만 그것은 종교적인 환상일 뿐이고 헛된 생각에 지나지 않습니다. 육신의 문제를 해결해주기 위해서라면 굳이 사람의 육신으로 우리에게 오실 필요가 없는 것입니다. 그냥 하늘에서 우리의 모든 일을 처리해 주시면 되기 때문입니다.

그러면 우리를 구원하기 위해서일까요? 우리의 구원이 목적이라면 그 역시 육신으로 오실 필요는 없습니다. 택한 자기 백성을 골라서 천국에 들어가게 하시면 되기 때문입니다. 그럼에도 불구하고 하나님은 육신으로 세상에 오셨고, 우리 가운데 함께 거하신 것입니다. 요 1:14-16

이처럼 예수님이 오셔서 함께 거하심으로써 하시는 일이 무엇일까요? 그것은 세상을 죄와 의로 나누시고 죄에 속한 자를 심판하시고 의에 속한 자는 생명에 들이시는 일을 위해서입니다. 하지만 예수님이 육신으로 오시기 전에도 세상은 나름대로 죄와 의를 구분하고 죄는 멀리하고 의를 실천하면서 살고 있었습니다. 그럼에도 예수님이 오셔서 죄와 의를 구분하셔야 하는 것입니까? 물론입니다. 그 이유는 예수님이 오시기 전에 세상이 구분하고 있던 죄와 의는 인간의 선악관에 의한 잘못된 것이었기 때문입니다. 하지만 예수님이 오심으로써 세상의 모든 것은 죄에 속한 것일 뿐이고 의는 없으며, 의는 오직 예수님 한 분뿐이라는 것을 증거하신 것입니다.

따라서 의에 속한다는 것은 자신에게는 죄밖에 없음을 깨닫고 의로 오신 예수님을 의지하는 것을 뜻하며 이것을 믿음이라고 말합니다. 결국 세상이 심판을 받는 것은 악을 행해서가 아니라 도덕에 가려져 있는 자신의 악한 실체를 보지 못하고 예수님의 의가 아닌 자신의 의를 고집하는 결과인 것입니다. 그래서 예수님이 우리 가운데 거하심으로써 벌어지는 은혜의 사건들은 인간의 종교체계에 가려져 있던 모든 죄가 드러나고 예수님의 의가 곧 생명임을 믿게 하는 것으로 진행되는 것입니다. 그러므로 그리스도인이 예수님의 의를 믿는다면 그것은 이미 그에게 하나님이 벌이시는 '은혜의 사건'이 벌어졌음을 의미하는 것입니다. 그런데도 지금의 기독교인들은 예수님을 믿는다고 하면서도 또 다시 은혜를 받고 싶어서 안달하는 수준에 있습니다. 즉 믿음과 은혜를 개별적인 것으로 구분하는 것입니다. 믿음은 은혜에 속하여 있고, 따라서 예수를 믿는다는 것은 이미 은혜가 충만한 상태에 있음을 알지 못하는 것입니다. 이것이 바로 예수를 믿는다고 하지만 사실은 예수를 믿은 적이 없음을 보여주는 것입니다.

예수님이 육신이 되어 우리 가운데 거하십니다. 예수님이 우리 가운데 거하실 때는 사람의 자격과 자질을 따지지 않았습니다. 누구든 자기에게는 의가 없음을 알고 예수님의 의를 믿겠다고 나온다면 누구든 받아주시고 예수님의 의의 날개 아래 거하게 하십니다. 그리고 그것으로 상을 주시는 것입니다. 때문에 그리스도인에게는 예수님이 하늘의 의로 오셨고, 인간에게는 의를 요구하지 않으시고 다만 예수님의 의를 피난처로 삼아 주께 나오는 모든 자를 받아주시고 그를 의로운 자로 여기신다는 그 말씀만으로 기쁨이 되는 것입니다. 이것을 '은혜'라고 말합니다.

사람이 예수를 믿는 것은 성령으로 말미암지 않고는 불가능한 일입니다. 그래서 믿음은 이미 성령의 충만과 은혜의 충만을 담고 있습니다. 그런데도 사람들은 예수님을 믿는 믿음의 상태를 별 것 아닌 것으로 치부해 버립니다. 믿음을 자신의 선택과 자기 의지의 결과물로 여기기 때문입니다. 그래서 자신이 예수를 믿는 믿음의 대가로 복이라는 것을 기대하기도 하고, 믿음 외에 별도로 은혜를 더 많이 받고 싶어 하는 것입니다. 이것은 신자가 아니라 단지 종교인의 수준에 지나지 않음을 알아야 합니다. 말씀이 육신이 되어 우리 가운데 거하셨다고 말함에도 불구하고 사람들은 여기에는 관심을 두지 않습니다. 말씀이 육신이 되어 우리 가운데 거하든 말든 그것보다는 은혜를 달라는 것입니다. 자기의 소원이 이루어지는 은혜를 받음으로써 교회를 다니는 보람을 얻으려고 하는 것입니다.

이런 수준의 사람들이 교회를 다니면서 생각하고, 관심 두고, 기대할 것은 뻔합니다. 교회생활이 자신에게 즐거움이 되어주고, 부담이 되는 말은 하지 않았으면 좋겠고, 천국이니 지옥이니 하는 비현실적인 말도 삼가면서 다만 도덕적이고 윤리적인 강연만 해주기를 바라는 것입니다. 육신이 되어 세상에 오신 예수님을 알아가고, 그분을 믿고, 그 분의 말씀에 순종하는 것에는 아예 관심이 없습니다. 사실 말씀이 육신이 되어 우리 가운데 오셨다는 것이 무슨 관심거리가 되겠습니까? 육신으로 오시면서 양손에 선물 보따리를 잔뜩 안고 오시고 선물을 나눠주신다면 육신으로 오신 분에게 조금 마음이 갈 수도 있겠지만 그것도 결국 육신으로 오신 분을 향한 관심이 아니라 그 분의 손에 들고 있는 선물이 관심일 뿐입니다. 예수님은 실제로 선물을 갖고 오셨습니다. 그리고 그 선물을 예수님께 나오는 모든 자에게 나눠주십니다. 그 선물이 바로 영생, 영원한 생명입니다.

그런데 사람들은 예수님께 나오다가도 선물의 내용을 듣게 되면 실망한 듯이 돌아서 버립니다. '영생이 아닌 또 다른 선물이 있지 않으냐'고 우격다짐을 하지만 예수님이 주시는 선물은 '영생'입니다. 그래서 여기저기서 영생 말고 또 다른 다양한 선물을 준다는 다른 예수로 향하는 것입니다.

이러한 현실에서 다만 예수님이 가져오신 영생에만 마음을 두면서 우리를 영생으로 인도하는 예수님의 의로 감사하고 기뻐하는 사람이 발생한다는 것이야 말로 기적 중의 기적이 아닐 수 없습니다. '은혜 위에 은혜'인 것입니다. 이러한 은혜에 있는 그리스도인은 또 다른 은혜를 구하지 않습니다. 특별한 체험이나 세상의 일이 잘 되는 그것을 은혜로 간주하지 않게 되는 것입니다. 은혜를 받고 싶어서 안달이 난 것이 아니라 자신에게 주어진 충만한 은혜로 기뻐하고 감사하면서, 자신에게 주어진 은혜를 다른 사람과 함께 공유하고 싶어서 안달이 난 그가 바로 그리스도인입니다.

말씀이 육신이 되었다면, 세상에서는 그 육신만이 가장 거룩하고 영광을 받아야 합니다. 다시 말해서 세상 그 어떤 육신도 거룩하다고 할 수 없고, 또 영광을 받을 자격이 있는 육신도 없다는 것입니다. 그러므로 육신으로 오신 예수님을 믿는 것은 자신의 무너짐이 없이는 불가능한 것이고, 이 불가능을 가능케 하는 것이 성령의 역사입니다. 이처럼 성령이 역사로 인해서 창조되는 것이 그리스도인인데, 그리스도인이 예수님을 믿는 믿음을 하나님이 벌이신 은혜의 사건으로 바라보지 못하고 기쁨이 없다면 그것은 아직 육신으로 오신 예수님과의 사귐에 있지 않기 때문일 것입니다.

그리스도인이 예수님을 믿게 된 것은 은혜의 사건입니다. 그리고 그 믿음으로 예수님이 주시는 영생에 속하게 된 것 또한 은혜의 사건입니다. 요 1:16 은혜가 우리를 은혜에 있게 한 것입니다. 그래서 은혜 위에 은혜라는 말을 하는 것입니다. 은혜에 은혜를 더 얹어서 갑절로 주는 은혜라는 뜻이 아닙니다. 신자가 은혜 위에 은혜라는 은혜의 세계에 있다면 그에게 세상의 일은 더 이상 심각한 문제로 다가오지 않을 것입니다. 이미 놀랍고 충만한 은혜에 있기 때문에 세상의 문제는 지금 당장은 고통이 될지 언정 그 마음은 항상 예수님을 향하게 되는 것입니다. 그래서 항상 기뻐할 수 있는 것이 그리스도인입니다. 이 모든 것이 그리스도인인 우리가 누리는 은혜입니다.

구원의 믿음

기독교에서는 '예수님을 믿어야 구원받는다'고 말하지만, 세상이 알고 있는 구원, 즉 죽어서 좋은 곳에 가는 의미의 구원은 굳이 예수님을 믿는 믿음이 아니어도 얼마든지 상상으로 가능합니다. 인간의 선과 도덕적인 삶만으로도 세상이 말하는 좋은 곳에는 들어갈 수 있습니다.

하지만 세상이 말하는 좋은 곳은 존재하지 않는다는 것이 문제입니다. 사람이 죽은 후에 가는 곳은 영원한 천국 아니면 지옥, 둘 중에 하나입니다. 그런데 천국은 단지 좋은 곳이 아니라 예수님의 십자가의 피를 믿는 믿음이 있는 사람들만 모인 곳입니다. 그래서 '천국에 해당되는 사람이 누구인가' 하는 것은 '누가 예수님의 피의 은혜만 높이고 자랑하는가'로 알 수 있는 것입니다.

하나님께서 자기 백성을 택하시고 부르시고 믿음을 주신 이유가 무엇일까요? 아마 너무 뻔한 질문이라고 생각될 것입니다. 그러면 뻔한 질문에 대한 뻔한 답은 무엇입니까? '그야 자기 백성을 천국 보내시기 위해서가 아닙니까'라고 할 것입니다. 즉 믿음의 목적을 자기 구원으로 생각하는 것입니다. 이것이 믿음에 대한 오해입니다.

믿음의 목적이 구원이라면, 믿음이 주어짐으로써 구원된 신자에게 더 이상 믿음의 역할은 없는 것이 됩니다. 그래서 많은 사람들은 구원된 신자에게 남은 것은 믿음으로 힘써 살아감으로써 하늘에 상을 쌓는 것이라고 말합니다. 즉 구원받고 천국 가는 것이 전부가 아니라 천국에서 큰 상을 받아 남보다 더 좋은 천국을 누리는 것에 믿음의 최종 목적을 두는 것입니다. 그러나 이러한 천국 역시 성경에는 등장하지 않습니다. 이러한 천국은 세상이 말하는 '좋은 곳'이란 개념과 다를 바가 없기 때문입니다.

믿음의 결과는 영혼의 구원이라고 합니다. 아마 지극히 당연한 말로 들릴 것입니다. 그리고 자신을 믿는 자로 여기기에 구원 또한 당연한 것으로 받아들일 것입니다. 그러나 이것이 오늘 우리의 문제라는 것을 생각해야 합니다. 우리에게는 무엇 하나도 당연한 것은 없습니다. 모든 것이 하나님의 긍휼로 인한 선물이고 은혜입니다. 우리가 알아야 하는 것은 믿음도 구원도 우리에게는 모두 불가능한 것이고, 우리가 받을 수 있는 것도 아니라는 것입니다. 그런데 대개의 사람은 자신이 예수를 믿고 있다고 생각하기 때문에 믿음은 자신에게 달린 문제가 되어버리는 것이고, 결국 믿음 생활 잘한 사람에게 구원은 당연하게 주어지는 결과로 받아들이는 것입니다. 안타까운 것은 그로 인해서 상실되는 것이 있는데, 그것이 바로 '기쁨'입니다.

사도가 말하는 구원의 감격, 즉 말할 수 없는 영광스러운 즐거움으로 기뻐하는 그 기쁨은 믿음의 결국인 영혼의 구원으로 인한 것입니다. ^{벧전 1:8-12} 이처럼 구원에는 말할 수 없는 영광스러운 즐거움으로 인한 기쁨이 있는 것입니다. 그런데 오늘 우리에게는 그 같은 기쁨이 없다는 것이 안타깝다는 것입니다. 왜 구원으로 인한 기쁨이 없을까요? 그것은 앞서 말한 대로 구원을 믿는 자에게 주어지는 당연한 것으로 생각하기 때문입니다. 그래서 그리스도인으로서 잊지 말아야 하는 것은 믿음도 구원도 우리가 받을 자격이 없다는 사실입니다. 그 정도로 우리는 천국에 해당되지 않는 악한 자들입니다. 오히려 인간에게는 영원한 저주와 고통이 더 어울릴 뿐입니다. 그것이 인간임을 안다면 '믿음의 결국인 영혼의 구원'에 대해서는 의아해지는 것이 옳은 반응일 것입니다. 말하자면 '죄인인 내가 예수 믿었으니 의롭게 되고, 의롭게 되었으니 천국 간다'는 것은 맞지만 그 말 안에 우리에게 당연한 것은 아무것도 없다는 사실입니다.

사람은 예수님께서 부르신다고 해서 순순히 '예'하면서 따르는 존재가 아닙니다. 제자들이 예수님의 부르심에 순순히 따랐지만 당시 그들이 따라 나섰던 예수님은 십자가에 피 흘려 돌아가시는 예수님이심을 알고서 따랐던 것이 아니었습니다. 결국 예수님이 하늘로 가신 후에 성령이 오심으로써 예수님이 가신 십자가의 길을 좇을 수 있었던 것입니다. 그런 우리가 예수님의 은혜의 자리로 부름 받았다면, 그것은 우리는 이미 홀로 사는 몸이 아니라는 뜻입니다. 우리를 장악하고 다스리시고 붙드시고 인도하시는 도무지 거역할 수 없는 능력이 함께 동행 하는 것이기 때문에 은혜의 자리로 부름 받았다는 말은 위로와 힘과 소망이 되는 것입니다. 왜냐하면 은혜의 자리로 부름 받았다면 그것은 내가 나를 책임지는 자리가 아니라 은혜가 나를 책임지는 자리이기 때문입니다. 은혜가 책임지는 자리이기 때문에 구원이 가능해지는 것입니다. 인간은 악을 행하는 것을 즐겨합니다. 도덕적인 의미의 악이 아니라 항상 하나님보다는 자기를 사랑하며 살아가는 존재라는 뜻입니다. 그래서 진리를 싫어합니다. 왜냐하면 진리는 인간의 꿈과 계획과 욕망을 인정하는 것이 아니라 오히려 그 모든 것을 악한 것으로 드러내기 때문입니다.

그런 우리를 은혜가 책임진다는 것입니다. 무조건 은혜로 천국 보내준다는 것이 아니라 악한 우리를 다스리고 징계하시면서 우리의 마음을 세상이 아니라 하늘에 두게 하시고 나의 의가 아니라 예수님의 의에 두게 하심으로써 '구원에 실패가 없게 하신다'는 것입니다. 그래서 그리스도인은 자신의 구원에서 은혜가 얼마나 크고 놀라운 것인가를 알게 되는 것입니다. 이처럼 은혜의 풍성함을 알고 은혜에 감사하고 기뻐하는 삶이 구원된 그리스도인의 삶입니다. 그래서 구원된 그리스도인에게서 나오는 것은 기쁨으로 인한 찬송과 감사입니다.

예수 그리스도로 인한 구원의 은혜는 이미 구약 때부터 선지자들이 증거했던 내용입니다. 다시 말해서 하나님은 단 한순간도 예수 그리스도의 피로 인한 구원 외에 다른 구원은 생각하신 바가 없는 것입니다. 이처럼 구원은 하나님의 신실하심과 의지와 열심으로 인해 주어진 은혜입니다. 이 구원이 그리스도인에게 영광의 즐거움으로 인한 기쁨이 되어야 하는 것이 마땅한 것입니다. 지금 이 순간도 나 자신을 생각한다면 도저히 '구원받았다'는 말을 할 수 없을 정도로 엉터리입니다. 그런데도 불구하고 나는 구원의 은혜 안에 있습니다. 왜냐하면 예수님의 은혜가 나를 책임지고 있기 때문입니다. 예수님의 의가 나의 모든 악을 덮고 계시기 때문에 구원의 은혜에 참여된 자로 살아가는 것입니다. 그래서 예수님을 높이고 감사하고 자랑할 수밖에 없습니다. 이런 나는 무엇을 해도 은혜의 결과일 뿐입니다. 고전15:10 즉 봉사를 하고 성경을 보고 기도를 한다고 해도 그 모든 것은 예수님의 은혜로 인한 것이란 뜻입니다. 그래서 그리스도인에게는 자기 자랑이 있을 수가 없습니다. 이것이 '구원을 아는 그리스도인'입니다.

그리스도인은 '예수 그리스도 안'이라는 완성된 자리에 이미 들어와 있습니다. 이것을 믿는 것이 믿음입니다. 그래서 그리스도인이 이루어야 할 것은 없습니다. 아무것도 하지 말라는 것이 아니라 무엇을 하든 이미 완성이라는 복된 자리에 들어와 있는 그리스도인으로서, 그 완성을 누리고 감사하고 기뻐하는 성도로서 행하는 것이 되어야 한다는 것입니다. 그럴 때 어떤 행함도 내 것이 아님을 알 것입니다. 그러나 믿음의 결국인 영혼의 구원에 대한 기쁨이 있는 것입니다.

죽은 믿음

그리스도인은 다른 세상을 소망하는 사람입니다. 다른 세상을 소망한다는 것은 기존의 세상에 대해서는 소망을 두지 않음을 뜻합니다. 그러므로 그리스도인의 믿음은 '나는 이 세상에서는 나그네일 뿐이고, 내가 영원히 거할 본향은 하늘에 있다'는 것이어야 합니다. 이러한 믿음은 세상을 향한 집착으로 나타나지 않습니다. 세상의 것을 소유하지 못해서 안달하는 모습으로 나타나지도 않습니다. 그런데 지금의 그리스도인은 천국을 소망한다고 하면서도 여전히 세상에 집착을 한 채 살아갑니다. 예수의 이름을 빌어서 세상에서 힘 있는 자로 성공하고 싶어 하는 욕망도 드러냅니다. 이러한 모습들이 세상의 비판을 초래하게 되는 것입니다.

믿음은 믿음으로 인한 삶의 모습이 있습니다. 믿음의 삶에 윤리와 도덕적인 모습이 포함되어 나타나는 것은 당연하지만 윤리와 도덕이 믿음에 의한 삶의 본질은 아닙니다. 그럼에도 불구하고 신자가 믿음에 머물러 있다면 세상이 말하는 윤리와 도덕의 모습은 자연히 나타나게 됩니다. 즉 윤리와 도덕을 말하면서 그것을 실천하고 행하라고 강조할 필요가 없다는 것입니다. 또한 윤리와 도덕을 실천하는 것을 믿음으로 여겨서도 안 됩니다.

흔히 윤리와 도덕, 그리고 종교적인 실천을 교회는 행함으로 말합니다. 그리고 행함이 있어야 참된 믿음이라고 말합니다. "이와 같이 행함이 없는 믿음은 그 자체가 죽은 것이라"^{약 2:27}는 구절을 근거로 말하지만 이 구절은 보편적으로 이해하고 있는 의미와는 전혀 다른 뜻을 가지고 있음을 알아야 합니다. 야고보의 말대로 행함이 없는 믿음은 죽은 믿음입니다. "너희는 도를 행하는 자가 되고 듣기만 하여 자신을 속이는 자가 되지 말라"고 하는 것을 보면 야고보는 분명 행함을 말하고 있습니다. 하지만 로마서에서 사도 바울은 행함이 아닌 믿음을 말합니다. 이렇게 두 성경의 서로 충돌하는 듯한 내용 때문에 · 어떤 사람은 '사도 바울은 믿음을 강조하고 야고보는 행함을 강조한다'고 말하지만 사도 바울은 아브라함의 예까지 들면서 아예 행함을 거부하고 있고, 야고보는 "우리 조상 아브라함이 그 아들 이삭을 제단에 드릴 때에 행함으로 의롭다 하심을 받은 것이 아니냐"[약 2:21]라는 구절에서 알 수 있는 것처럼 아브라함의 행함을 말합니다. 이처럼 겉으로 보기에는 바울과 야고보가 신학적인 문제로 서로 대립하는 것 같이 보입니다.

그러면 야고보가 말하는 행함이 없는 죽은 믿음은 어떤 의미의 말일까요? 어쨌든 윤리적, 종교적 실천이 없는 믿음을 죽은 믿음으로 이해한다면 그것은 분명 사도 바울의 말과는 충돌됩니다. 따라서 죽은 믿음에 대한 의미가 사도 바울의 말에 전혀 충돌됨이 없어야 한다는 것이 전제된 해석이어야 합니다. 야고보는 행함이 없는 믿음은 죽은 믿음이라는 말 앞에 "내 형제들아 만일 사람이 믿음이 있노라 하고 행함이 없으면 무슨 이익이 있으리요 그 믿음이 능히 자기를 구원하겠느냐 만일 형제나 자매가 헐벗고 일용할 양식이 없는데 너희 중에 누구든지 그에게 이르되 평안히 가라 더웁게 하라 배부르게 하라 하며 그 몸에 쓸 것을 주지 아니하면 무슨 이익이 있으리요"[약 2:14-16]라는 말을 합니다. 즉 헐벗고 일용할 양식이 없는 형제, 자매에게 쓸 것을 주지 않으면서 마치 그들을 걱정하는 듯한 말만 하는 것은 행함이 없는 죽은 믿음이라는 것입니다. 그렇다면 살아있는 믿음은 헐벗고 굶주린 사람에게 쓸 것을 주는 것입니까?

야고보는 행함에 대해 또 다른 예를 들고 있습니다. "아아 허탄한 사람아 행함이 없는 믿음이 헛 것인줄 알고자 하느냐 우리 조상 아브라함이 그 아들 이삭을 제단에 드릴 때에 행함으로 의롭다 하심을 받은 것이 아니냐"[약 2:20]라고 말한 것을 보면 하나님께서 원하시면 아들까지도 제물로 바칠 수 있어야 행함이 있는 산 믿음이라는 것입니다. 또한 자기 목숨을 걸고 이스라엘의 정탐꾼을 도와준 라합의 예를 들면서 행함이 없는 믿음은 죽은 것이라고 말합니다.[약 2:25] 이것은 문자대로 하면 남을 위해서는 자기 목숨까지도 걸 수 있어야 참된 믿음이라는 뜻이 됩니다.

지금까지 야고보가 말한 세 가지의 행함에 대해 말씀을 드렸습니다. 그러면 세 가지의 행함 중에 비교적 쉬운 것은 어떤 것입니까? 하나님이 원하신다고 해도 아들을, 그것도 독자를 제물로 바칠 사람은 거의 없다고 봐야 합니다. 자신의 목숨을 걸고 남을 돕는 것 역시 어렵습니다. 이에 비하면 헐벗고 굶주린 형제, 자매에게 쓸 것을 주는 것은 비교적 쉬운 행함에 속합니다. 전 재산을 내어 놓아야 하는 일도 아니고 다만 헐벗은 자에게 쓸 것을 주면 되기 때문입니다. 그렇다면 아브라함이나 라합과 같은 행함이 없어도 헐벗은 자에게 쓸 것을 주는 행함만 있으면 산 믿음이라고 할 수 있는 것입니까?

야고보는 '세 가지의 행함이 모두 있어야 죽은 믿음이 아니다' 는 말을 하는 것이 아닙니다. 아브라함이 비록 아들을 제물로 바치는 행함은 있었지만 라합처럼 목숨을 걸고 남을 구하는 행함은 없습니다. 라합 역시 자기 목숨을 걸고 이스라엘의 정탐꾼을 돕기는 했지만 아브라함처럼 자식을 바치는 행함이 없습니다. 우리 역시도 헐벗은 자를 돕는 행함은 있다고 해도 아브라함이나 라합과 같은 행함은 평생토록 없다고 보는 것이 옳을 것입니다.

그렇다면 그에 상응하는 행함이 있어야 하는 것입니까? 이런 여러 가지 문제를 생각해 본다면 야고보의 말은 문자 그대로 받아들이고 해석해서 무리하게 적용할 문제는 아닌 것입니다. 야고보가 언급한 세 가지 행함은 각기 다른 행함입니다. 그런데 한 가지 공통점이 있습니다. 그 공통점이 죽은 믿음이 무엇인가에 대한 해결의 열쇠가 된다고 할 수 있습니다.

야고보는 가난한 자와 부자를 차별하여 대하는 것에 대한 얘기로 시작하면서 사람을 차별하여 대하는 것을 죄를 범하는 것으로 말합니다. 그리고 "긍휼을 행하지 아니하는 자에게는 긍휼 없는 심판이 있으리라 긍휼은 심판을 이기고 자랑하느니라"^{약 2:13}는 말을 합니다. 야고보가 사람을 차별하는 것에 대해 언급한 후에 긍휼을 말하는 것은 사람 차별이 곧 긍휼과 연관된 것임을 의미합니다. 그리고 긍휼에 대해 말한 뒤에 앞서 말한 세 가지 행함을 얘기한 것 역시 세 가지의 행함이 긍휼과 연관되어 있음을 짐작케 합니다.

외적인 조건으로 사람을 차별하는 것은 단지 가난한 사람을 무시하는 문제로 접근하면 안됩니다. 그렇게 되면 성경은 윤리와 도덕의 문제로 전락됩니다. 외적인 조건으로 사람을 차별하는 것은 긍휼이 없는 것입니다. 이것이 복음의 시각입니다. 왜냐하면 하나님은 우리를 외적인 조건으로 대하지 않으시고 불쌍히 여겨주신 긍휼의 하나님이시기 때문입니다. 이러한 하나님의 긍휼이 있는 그리스도인이라면 외적인 것으로 사람을 차별하는 것은 결코 있을 수 없는 것입니다.

때문에 교회에서는 '사람을 차별하지 맙시다'라는 캠페인 같은 말을 하는 것보다는 '예수님의 긍휼을 압시다'라는 선포를 할 수 있어야 합니다. 예수님에게서 자신이 원하는 것을 얻는 것에 관심을 두지 말고 인간이 어떤 존재이며 예수님이 베푸신 용서가 무엇인가를 아는 것에 마음을 두어야 한다는 것을 쉬지 말고 선포해야 합니다.

그래서 믿음의 행함은 '예수님의 긍휼'로 형제를 대하는 것입니다. 이것은 자신의 죄인 됨을 알지 못하고서는 불가능합니다. 결국 긍휼이 없는 죽은 믿음, 즉 행함이 없는 죽은 믿음일 뿐이라는 것이 야고보의 말입니다. 헐벗고 굶주린 형제, 자매에 대해서도 인간적 동정이 아니라 우리를 불쌍히 여기시고 자신의 몸을 내어주신 예수님의 긍휼로 대해야 합니다. 이처럼 긍휼은 자기의 것을 지키는 것이 아니라 내어 놓게 합니다. 그래서 헐벗은 자에게 말만 하는 것이 아니라 쓸 것을 주게 되는 것입니다. 이것이 동정이 아니라 긍휼입니다.

아브라함이 이삭을 바치는 것도 아브라함의 무조건 적인 순종이라는 시각으로만 보기에는 뭔가 부족합니다. 이삭을 바치는 행위로 인해 드러난 것은 아브라함의 하나님 경외였습니다. 이삭에 대한 하나님의 약속을 믿는 믿음으로 인해서 하나님이 하시는 일에 순종하게 된 것입니다.

아브라함의 행위로 말미암아 자기믿음을 기능적으로 표현한 것을, 야고보서에서 하나님께서 예상치 못한 목표를 정해놓고 주님의 지시에 의해 벌어지는 그런 사건 자체가 주께서는 행함으로 규정해 버리십니다. 그런 낯선 행함이 없는 믿음은 죽은 믿음입니다.

하나님은 이삭 대신에 수양을 준비하셨습니다. 이것을 통해서 하나님은 죽어야 할 우리 대신에 제물을 준비하셨음을 보여주십니다. 그 제물이 예수님이시고, 따라서 아브라함이 이삭을 바치는 사건에서 드러난 것은 '하나님의 긍휼'인 것입니다. 이처럼 그리스도인이 경외하고 존귀히 여기할 하나님은 긍휼의 하나님입니다. 긍휼의 하나님을 믿고 하나님이 행하시는 일에 순종하는 것이 행함이 있는 믿음인 것입니다.

라합이 정탐꾼을 도와준 것도 인간적 도움이 아니라 하나님께서 이스라엘을 다스리고 계셨고 그 하나님이 여리고를 무너뜨릴 것을 믿은 믿음의 행동입니다.

"12 그러므로 이제 청하노니 내가 너희를 선대하였은즉 너희도 내 아버지의 집을 선대하도록 여호와로 내게 맹세하고 내게 증표를 내라 13 그리고 나의 부모와 나의 남녀 형제와 그들에게 속한 모든 사람을 살려 주어 우리 목숨을 죽음에서 건져내라"(수 2:12-13)

이스라엘의 하나님의 긍휼을 구하는 것입니다. 이처럼 야고보가 말한 세 가지 행함의 중심에는 긍휼이 있습니다. 이것을 생각해 보면 야고보가 말한 행함은 긍휼을 의미하며, 따라서 '행함이 없는 죽은 믿음은 하나님의 긍휼이 없는 믿음'을 의미한다는 것을 알 수 있습니다.

믿음은 하나님의 긍휼을 아는 것입니다. 그래서 그리스도인은 예수님의 십자가에서 하나님의 긍휼을 볼 수 있어야 합니다. 신자의 심령에 하나님의 긍휼이 있다면 그로부터는 긍휼의 모습이 증거될 것입니다. 더 나아가 하나님의 긍휼이 나타난 예수님의 십자가가 행함인 것입니다. 우리의 행함이 아니라 '예수님의 행함'이 없는 믿음이 '죽은 믿음'인 것입니다.

영생의 믿음

영생에 대한 기독교인의 이해는 단어가 지니고 있는 문자적 의미 그대로 '영원히 사는 것'입니다. 물론 이것은 육신의 죽음이 없는 영생을 의미하지는 않습니다. 또한 누구도 육신이 죽지 않고 영원히 사는 것을 기대하고 영생을 믿지 않습니다. 대다수의 기독교인들은 영생에 대한 오해를 갖고 있습니다. 그것은 성경이 말하는 영생의 전부가 죽음 이후에 예수님이 재림하셨을 때 부활하여 하늘나라에서 영원히 사는 것으로 이해하는 것입니다. 이것이 영생에 대한 전통적 생각이고 이해라고 할 수 있습니다.

물론 그러한 이해가 완전히 잘못된 것이라고 말할 수는 없습니다. 분명 예수님이 재림하셨을 때 죽은 자의 부활과 함께 죽음이 없는 영원한 삶이 시작되기 때문입니다. 하지만 영생을 그처럼 미래에 있을 사건으로만 국한하게 되면 현재의 삶과는 무관한 관념적 영생으로 남게 된다는 것을 생각할 수 있어야 합니다. 다시 말해서 그리스도인의 현재의 삶에 아무런 힘을 주지 못하는 무기력한 영생으로 전락된다는 것입니다.

인간에게는 영생에 대한 욕망이 있습니다. 이에 대해 인류 역사에서 가장 대표적인 이야기로 회자되고 있는 것이 진시황제일 것입니다. 인생 말년에 죽지 않고 자신의 부귀영화를 계속 누리고자 하는 욕망으로 인해 불로초를 구하기 위해 애를 썼고, 죽은 후에라도 왕으로서의 권력과 부귀영화 속에 있고자 하여 군사 모형으로 가득한 거대한 무덤을 만든 것이야 말로 영생을 향한 인간 욕망의 극치를 보여준 것이라고 할 수 있습니다.

성경에 보면 어떤 사람이 예수님을 찾아와서 무엇을 하면 영생을 얻을 수 있는지에 대해 물었습니다. 하나님이 기뻐하시는 어떤 일을 행하면 그에 대한 보답으로 영생이 주어진다고 생각한 것입니다. 이 또한 영생에 대한 많은 사람들의 오해라고 할 수 있습니다.

'예수를 믿으면 영생을 얻는다'는 생각들을 많이 하는데 이 또한 예수께 질문한 그 사람의 사고방식에서 벗어나지 않기 때문입니다. 따라서 '어떻게 하면 영생을 얻을 수 있는가'가 아니라 '무엇이 영생에 걸림돌이 되는가?'를 생각하는 것이 옳습니다. 왜냐하면 '어떻게 하면 영생을 얻을 수 있는가'라는 생각이 오히려 영생에 있어서 우리를 걸려 넘어지게 하는 걸림돌이 되기 때문입니다.

성경은 '영생은 곧 유일하신 참 하나님과 그가 보내신 자 예수 그리스도를 아는 것이니이다'요 17:3라고 말씀합니다. 이 말씀이 의미하는 것이 무엇일까요? 영생이 하나님과 그가 보내신 예수 그리스도를 아는 것이라면 영생은 '우리가 무엇을 하는 것'과 무관하다는 뜻이 됩니다. 하나님과 예수 그리스도를 아는 것 또한 우리의 지식으로 불가능한 것이기 때문에 영생에 대해서 우리가 할 수 있는 것은 전무할 뿐입니다. 하나님과 그가 보내신 자 예수 그리스도를 아는 것이 영생이라면 중요한 것은 하나님과 예수 그리스도를 바르게 아는 것입니다.

예수님이 하나님께 하시는 기도는 하나님이 택하신 백성들의 영생을 위한 기도입니다.요17:1-2 '우리의 영생을 위해서 예수님이 굳이 하나님께 기도할 필요가 있는가' 라는 생각을 할 수 있지만 그것은 자기 영생에만 초점을 두는 자의 생각입니다. 예수님은 '아들을 영화롭게 하사'라고 기도합니다. 예수님이 아버지께 아들을 영화롭게 해달라고 기도하는 것은 아들로 아버지를 영화롭게 하기 위해서입니다. 예수님이 말씀하신 영화로움은 물론 세상과는 관계없는 영화입니다. '때가 이르렀사오니'라고 말씀하신 것처럼 아버지께 버림받아 십자가에 죽으시는 것을 영화롭게 되는 것으로 말씀하는 것입니다. 따라서 아버지를 영화롭게 할 수 있는 분은 예수님 밖에 없습니다. 누구도 예수님과 같은 모습으로 하나님을 영화롭게 하고자 하지 않을 것이기 때문입니다.

인간은 본성적으로 자기를 챙기게 되어 있습니다. 하나님께 버림 받지 않고 사랑 받는 관계에 머물기 위해 본인이 선하다고 생각되는 행위들을 만들어 내는 일에 힘을 씁니다. 자신이 정성을 보이면 하나님의 사랑을 받을 수 있다는 것을 기정사실로 여기는 것입니다. 모든 인간이 하나님께 버림받아야 함을 전혀 알지 못하는 것입니다. 이러한 인간성으로 예수를 믿는다면 과연 어떤 모습이 나올까요? 십자가 앞에서 죄를 회개하면 용서 받고 구원 받을 것을 생각할 것입니다. 우리의 죄로 인해 버림받아 죽으신 예수님 앞에서 자신이야 말로 버림 받는 것이 마땅한 존재임을 보지 못하는 것입니다.

하나님과 예수 그리스도를 안다는 것은 아무개를 아는 수준을 말하지 않습니다. 구원 될 수 없는 자신의 존재성에 눈을 뜨고 예수님의 권세만이 구원의 능력이 됨을 아는 것이 진심으로 하나님과 예수님을 아는 것입니다. 그래서 예수님을 알게 되면 자신이 마음에 두고 있는 자기 소원을 끄집어 내지 못합니다. 이것이 예수님을 바르게 아는 것입니다.

사람들은 자신에 대해 알지 못한 채 '예수를 믿으면 영생을 얻는다'고 생각합니다. 예수를 믿을 수 없는 무력한 인간됨을 거치지 않기 때문에 영생을 얻기 위해 열심히 믿으면 된다고 여기는 것입니다. 그래서 영생에 대해 질문한 사람처럼 '어떻게 사는 것이 영생을 얻은 성도다운 것인가?'라는 생각에 매입니다. 바로 이것이 영생에 있어서 걸림돌임을 생각할 수 있어야 합니다.

예수만 잘 믿으면 영생이 여러분의 것이 된다고 생각합니까? 이것이 예수님을 알지 못한 인간들의 착각입니다. 영생이 우리의 것으로 허락된 적이 없습니다. 영생은 곧 예수 그리스도입니다. 예수님을 앎으로 영생에 참여되는 것이지 우리가 하나님의 마음에 맞는 일을 행함으로 주어지는 보상이 아닌 것입니다. 그래서 '영생은 예수 그리스도와의 관계 안에 있는 것'을 말하는 것입니다.

인간에게 선언된 마지막은 사망입니다. 인간이 사망 아래 있게 된 것은 하나님의 말씀에서 벗어났기 때문입니다. 그렇다면 영생은 인간이 하나님의 말씀 안에 있을 때 가능하다 할 수 있습니다. 그런데 그것이 우리로서는 불가능하다는 것입니다. 다만 말씀의 완성자로 오신 그리스도로만 가능할 뿐입니다.^{롬 6:21-23} 그래서 그리스도인은 예수 그리스도 앞에서 자신의 존재를 확인 받고 인정받고자 하지 않습니다. 확인 받을 것도 인정받을 것도 없음을 알기 때문입니다. 굳이 확인 받는다면 말씀에서 벗어난 사망의 존재라는 것뿐입니다. 이런 우리에게 영생은 우리를 죄로부터 건지시고 진리로 이끌어 가시는 그리스도를 아는 것입니다.

　　영생은 예수님을 믿는 자만 얻습니다.^{요 3:16} 그리고 믿음은 인간의 의지와 방법으로는 불가능합니다. 이 말은 예수님이 행하신 일을 믿는 것이 믿음이라는 뜻입니다. 그래서 믿음은 우리의 모든 것을 부정하게 합니다. 오직 예수님만이 참되다는 고백과 함께 주만 바라보게 할 뿐입니다. 이 믿음이 우리를 영생에 있게 합니다. 그래서 영생이 있는 그리스도인은 예수님이 가신 길을 바라보며 그 길을 자신이 가야 할 길로 소원하며 기도하게 되는 것입니다. 이것이 세상에서 빠져 나오는 것입니다.

　　영생을 죽은 후의 문제로만 인식하게 되면 살아있는 현재는 세상의 것을 챙기는 것에 뜻을 둘 뿐입니다. 하나님의 사랑도 은혜도 세상의 것이 확대되는 것에서 확인하려고 하게 됩니다. 이것이 영생에 있지 못하는 것이고 그 마지막은 사망으로 끝나게 됩니다. 영생은 예수님을 아는 믿음으로 사는 것입니다. 따라서 그리스도인에게 영생은 미래가 아니라 지금 현재입니다. 그리스도로 인해서 영원한 생명에 붙들려 있다는 것이야 말로 세상을 당당하게 살게 합니다. 그래서 우리를 영생에 있게 하신 예수 그리스도의 권세를 믿으며 모든 것을 얻은 자로 살게 되는 것입니다.

　　영생은 하나님의 은총입니다. 아무런 조건 없이 주어진 하나님의 선물입니다. 누구에게도 영생을 받을 만한 조건이 있지 않습니다. 다만 예수 그리스도의 죽음이 조건이었을 뿐입니다. 우리에게는 십자가에 죽으신 예수님을 알게 된 것 조차도 은혜의 사건입니다. 그래서 그리스도인은 예수로 말미암아 주어진 것으로 감사하고 즐거워하는 것입니다. 인간의 악함과 무능함을 알기에 그리스도로 말미암아 주어진 모든 것이 존귀함으로 다가오면서 세상이 아니라 그리스도가 함께 하는 삶을 소망하는 것입니다. 이것이 영생이 있는 자로 사는 것입니다. 우리 안에 하나님의 사랑이 있고 그리스도의 은혜가 있는 것이야 말로 크신 은총입니다. 세상의 것보다 이 은총에 감사하게 된다면 그것이 곧 하나님과 예수 그리스도를 아는 것이며 영생을 사는 것입니다.

믿음 생활

그리스도인이 예수를 믿고 구원을 받았으면 자신의 삶에 대해 책임을 져야 한다는 말을 들을 수 있습니다. 이러한 말은 누구에게나 그럴듯하게 들릴 것입니다. 하지만 그리스도인이 책임져야 할 삶이라는 것이 과연 어떤 것일까요? 먼저 분명히 전제되어야 하는 것은 구원 받은 성도의 삶이라면 구원 받지 않은 사람의 삶과는 다르게 나타나야 한다는 것입니다. 그렇다면 이 말은 구원 받은 성도의 삶은 윤리와는 상관이 없다는 뜻이 됩니다. 왜냐하면 윤리는 구원 받지 못한 사람들에게서는 얼마든지 나타나기 때문입니다. 따라서 구원받은 그리스도인이 자신의 삶에 대해 책임을 져야 한다는 말이 윤리적인 삶을 통해서 주변의 사람들을 감동시켜야 한다는 뜻이라면 그것은 잘못된 것입니다. 왜냐하면 앞서 말한 대로 윤리적인 삶은 구원 받은 자와 구원 받지 못한 자를 구분하는 기준이 될 수 없기 때문입니다.

세상은 교회에서 기독교인의 사랑을 보고 싶어 합니다. 십자가에 못 박혀 죽으신 예수님의 사랑이 어떤 것인지에 관심을 두는 것이 아니라 '너희가 예수를 믿는다면 예수를 본받아서 이웃을 사랑해야지'라고 말하면서 이웃의 자리에 자신을 둡니다. 다시 말해서 나를 사랑하면 사랑이 있고 믿음이 있는 그리스도인으로 인정해 주겠다는 것입니다. 교회에 와서도 살피는 것은 '이 교회가 나를 사랑하는가?'입니다. 나를 사랑해주면 사랑 받는 그 재미로 교회를 다니겠다는 것입니다. 반대로 사랑해 주지 않으면 '이 교회는 사랑이 없다'라고 욕하면서 등을 돌리는 것이 사람들의 속성입니다.

교회에 사람을 붙들어 놓는 것은 진리의 말씀이 아니라 사람들의 사랑이고 친절이라는 것입니다. 그래서 목회는 말씀을 전하는 것이 아니라 사람을 교회에 붙들어 놓는 기술이라고까지 말하는 것입니다. 그러나 이처럼 사람에 대한 사랑, 친절 등을 믿음의 모습으로 말할 수는 없습니다. 물론 주변의 사람에게 친절할 필요가 없다는 뜻은 아닙니다. 다만 그것을 믿음의 모습으로 연결하여 생각하지는 말자는 것입니다.

그리스도인은 어둠에 있다가 주 안에서 빛의 자녀가 되었으니까 이제부터는 빛의 자녀처럼 행하고 살아가야 한다고 쉽게 생각합니다. 그런데 빛의 자녀라는 것은 빛에 의해서 발생한 새로운 사람을 의미합니다. 엡 5:8-9 양심과 윤리를 실천하여 빛이 된 것이 아니라 빛에 의해서 빛의 사람이 된 것입니다. 사람의 행동 실천과는 아무런 관계가 없는 것입니다. 그래서 주 안에서 빛이라는 말을 하는 것입니다. 이 말은 빛의 자녀는 착하고 윤리적인 행동과는 상관없이 주 안에 있다는 것만으로 어둠이 아니고 빛으로 구분이 된 것입니다. 믿음을 얘기하는 사람들이 착각하는 것이 이것입니다. 사람들은 자신의 행동을 기준으로 해서 그리스도인임을 파악하려고 합니다. 그리스도인이라면 불신자보다 더 나은 윤리적인 삶이 있어야 한다고 생각하기 때문입니다.

하지만 그리스도인은 불신자와 윤리적인 삶을 내세우며 경쟁하는 관계에 있지 않습니다. 이런 관계에서는 굳이 예수를 믿어야 할 이유가 없어집니다. 세상이 말하는 것처럼 착하게 살면 내세의 문제는 해결되기 때문입니다. 예수님이 우리의 착함과 윤리적인 삶을 보시고 그리스도인으로 택하셨겠습니까? 그것이 예수님의 택하심의 기준이라면 가장 억울하고 할 말이 많은 사람은 서기관과 바리새인들 같은 사람들입니다. 그들의 착함과 윤리는 우리가 따라갈 수 없을 정도로 수준 높은 것이었습니다. 그러나 예수님의 부르심은 무조건적입니다. 부르시기로 작정하셨기 때문에 불러내신 것뿐입니다. 여기에 우리에게 요구되는 조건은 아무것도 없습니다.

빛의 자녀인 그리스도인은 '빛 안에 거한다'는 그것으로 이미 빛입니다. 그런데도 빛이니까 빛답게 살아야 한다는 생각들이 신자로 하여금 강박관념이 되게 하는 것입니다. 하지만 사도는 분명히 빛의 자녀처럼 행하라고 말합니다. 여기에서 사도가 말한 행함은 그리스도인이 주 안에 있음으로 인해서 나타날 수밖에 없는 특성을 의미합니다. 즉 사람이 가지고 있는 양심이나 윤리에 의한 행함이 아니라 주안에서 주 예수 그리스도를 아는 것으로 인해 나타나는 특성이 분명히 있다는 것입니다. 그것이 무엇일까요? 빛의 자녀는 세상이 아니라 주 안에 있는 존재입니다. 즉 세상을 사는 것이 아니라 주님의 세계를 살고 있습니다. 주님의 세계에서는 세상에서의 성공을 성공으로 여기는 것이 아니라 생명이신 예수님을 알았고, 그분의 세계로 이끌려 들어온 인생이 된 것이 성공입니다. 그래서 주 안에서의 그리스도인은 세상에서의 실패가 낙심할 문제로 다가오지 않는 것입니다. 이것이 빛의 자녀로 행하는 것입니다.

하지만 우리는 우리 자신을 잘 압니다. 세상에서의 실패로 낙심하고 자녀의 문제로 염려하면서 그렇게 살아가고 있다는 것을 스스로 잘 알고 있습니다. 또한 그런 우리를 하나님이 아십니다. 그래서 하나님은 우리로 하여금 세상의 헛됨을 보게 하시고, 주 안에서의 세계가 어떤 세계인가를 더 깊이 깨달을 수 있는 사건을 일으키시며 우리를 인도하십니다. 하나님이 일으키시는 사건을 통해서 우리로 하여금 죄를 보게 하시고 깊은 죄의 자리에서 예수님의 십자가의 은혜의 풍성함을 보게 하십니다. 그래서 그리스도인은 실패를 통해서 결국 하나님의 손이 자신을 날마다 예수님에게 붙들어 놓고 있음을 실감하며 하나님의 함께 하심으로 감사하게 되는 것입니다. 낙심할 수밖에 없는 상황에서 하나님의 함께 하심을 깨닫고 감사하는 그것이야 말로 빛의 자녀의 특성이고 빛의 자녀로 행하는 것입니다.

주 안에서는 '나'라는 존재는 사라집니다.^{골 3:3} 이것이 진정한 주 안에서의 나입니다. 나라는 존재가 사라지기 때문에 내가 잘되고 성공해야 할 이유가 없는 것이고, 내 자녀가 잘되어야 하는 이유 또한 상실되게 됩니다. 그리고 다만 하나님의 언약 안에서 완성된 그리스도의 세계가 나를 감싸고 있는 상태에서 예수님의 십자가의 은혜로 기뻐하고 감사하는 세계를 맛보게 됩니다. 이것이 빛의 열매인 착함과 의로움과 진실함입니다. 우리가 조금만 노력하면 착하고 의롭게 진실하게 살 수 있는 사람들이라면 얼마나 좋겠습니까? 하지만 우리의 삶은 빛이라는 것은 잊어버리고 믿지 않는 사람들의 멍에를 같이 메고 살아가려는 것으로 가득합니다. 이런 우리에게 하나님은 하나님의 살아계심을 알게 하시고 예수님의 은혜가 우리 존재의 근본 토대라는 것을 알게 하시는 사건을 일으키십니다. 그래서 그리스도인은 하나님이 일으키시는 사건들 속에서 희미해져가는 예수님의 은혜를 다시 확보하면서 세상이 알 수 없는 기쁨의 세계를 맛보는 것입니다. 그것으로 그리스도인은 보이는 세상이 전부가 아니라는 것을 증거하게 되는 것입니다. 때문에 그리스도인이 빛의 자녀로 행하는 것은 하나님의 일하심으로 가능해지는 것입니다.

하나님의 말씀 안에서 '믿음 생활'을 한다는 것은 기존의 눈이 아니라 믿음으로 인해서 새롭게 열린 새로운 눈으로 세상을 바라보며 사는 것입니다. 그럴 때 악인의 형통이 복이 아니고 영원한 것이 아니며, 의인의 핍박이 저주가 아님을 알게 됩니다. 그래서 악인의 형통을 부러워하지 않게 되는 것이 곧 믿음의 세계에서 사는 것입니다. 이런 믿음의 세계에 인간의 실천은 포함되지 않습니다. 사람들이 생각하는 공평은 악인은 벌을 받아 고통을 받으며 사는 것이고, 의인은 복을 받아 평안을 누리는 것입니다. 그런데 세상은 분명 그런 공평을 따라 흘러가지 않습니다. 복과 저주의 경계가 없습니다. 뒤죽박죽입니다. 악인이 잘살고 착한 사람이 오히려 견디기 힘든 고통을 겪는 것을 우리는 수없이 목격합니다. 하박국 선지자의 불평처럼 하나님이 하시는 일에 대해 불평이 나올 수밖에 없는 것이 우리 눈에 비춰는 세상의 현실입니다.^{합 1:13}

하지만 바울이 바라보는 세상은 달랐습니다. 바울이 바라보는 세상은 하나님을 알되 하나님을 영화롭게도 아니하며 감사하지도 아니하고 오히려 그 생각이 허망하여지며 미련한 마음이 어두워진 상태였을 뿐입니다.^{롬 1:21} 마음에 하나님 두기를 싫어하면서 온갖 악을 따라 살아가는 세상이었을 뿐입니다. 이처럼 바울의 눈에는 사람들이 부자와 가난한 자로 보이는 것이 아니라 멸망에 해당된 자들로 보였을 뿐입니다. 그래서 바울에게는 세상에서 잘 되어 보자는 소망이 없었습니다. 그것이야 말로 세상과 함께 멸망에 이르는 것임을 알았기 때문입니다. 대신 바울은 세상에서 자신을 건지는 의가 되는 예수님만을 생명으로 알았을 뿐입니다. 이것이 믿음으로 사는 것입니다. 흔히들 세상에는 좋은 것이 많다고 말합니다. 그래서 그 좋은 것들을 마음껏 누리며 사는 사람들이 부러워지기도 합니다. 하지만 하나님이 정하신 종말이 이르렀을 때 우리를 살리는 생명은 오직 예수 그리스도입니다.

따라서 믿음이 있는 자가 외칠 수 있는 세상에 가장 좋은 것은 '예수 그리스도'입니다. 비록 지금은 세상이 예수 그리스도의 가치를 무시하고 예수님을 믿는 것을 업신여기지만 종말의 때가 되면 예수님은 가장 존귀하시고 가장 크신 복으로 세상에 나타나실 것입니다. 그리스도인은 하나님이 하실 그 일을 믿음으로 내다보며 사는 사람입니다. 이것이 '의인은 믿음으로 말미암아 살리라'는 말씀의 의미입니다. 그러므로 믿음은 그리스도인이 자신의 실천적 행위에 안주하는 차원과는 전혀 다릅니다. 믿음은 사람이 전혀 관심 두지 않는 약속을 성취하시는 하나님의 일에 모든 마음을 두게 하는 것이고, 그 믿음으로 인해서 세상을 보는 새로운 안목이 열리는 것이고, 따라서 바울처럼 세상의 모든 것을 배설물로 보게 되는 것입니다. 그리고 세상이 알지 못하는 하늘의 참된 복, 생명이 되시는 예수 그리스도를 자신의 전부로 여기며 그 기쁨을 누리는 복된 자로 머무는 것이 '믿음의 세계'입니다. 이러한 믿음으로만 '나는 십자가 외에는 아무것도 알지 아니하기로 작정했다'는 바울의 고백을 이해하며 그 고백에 함께 할 수 있는 것입니다.

믿음으로 사는 자에게는 믿음 자체가 곧 복입니다. 이 말은 믿음으로 말미암아 복을 받고자 하는 사람들에게는 이해될 수 없습니다. 믿음이 복이라는 것을 이해하려면 믿지 않는 상태가 무엇을 의미하는지를 알아야 합니다. 믿지 않는 상태의 절망과 비참함을 얼마나 이해하느냐에 따라서 예수님을 믿게 된 사실 하나만으로도 감사와 기쁨이 있는 믿음생활이 가능하게 되는 것입니다. 세상에 기대를 갖게 하는 것은 믿음이 아닙니다. 믿음은 예수님만 바라보게 합니다. 예수님의 의가 생명이며 우리의 의로 가능한 것은 아무것도 없음을 알게 합니다. 때문에 그리스도인은 믿음으로 인해서 예수님을 바라보는 것이고, 예수님을 바라봄으로써 자신의 모든 소망과 위로와 힘은 예수님에게로부터 나오는 것임을 믿게 됩니다. 이러한 믿음의 사람으로 산다면 그것이 기적의 삶입니다. 현대 교회에 이런 믿음의 사람이 있다면 그것은 참으로 놀랍고 신기한 일이 아닐 수 없습니다. 이러한 믿음으로 사는지 자신을 확인해 볼 수 있어야 합니다.

5장

십자가 복음

5장
십자가 복음

✝

십자가는 신앙의 처음과 끝이며 신앙의 핵심이다.
십자가 안에서는 법을 지키는 것이 아니라 법을 완전케 하며 의를 이룬다.
십자가 복음 안에 있는 자는 영원한 생명을 누리는 자이다.

복음의 핵심

십자가 복음은 기독교의 심장이요 핵심입니다. 이 복음에는 하나님이 이루신 언약의 모든 내용을 담고 있습니다. 그래서 복음의 가장 중심에는 십자가가 있습니다. 우리는 십자가에 담긴 언약을 믿음으로 받아들임으로서 하나님의 비밀인 지혜가 성령으로 깨달아 하나님의 능력인 십자가의 길에서 우리와 함께하시는 그리스도를 만나는 기쁨을 누립니다. 복음의 중심은 내가 원하는 것이 아닙니다. 그리스도 안에서 하나님께서 이루신 일을 말하고 있습니다. 그 중심에는 예수 그리스도가 계십니다. 그분이 이루신 십자가가 있습니다. 복음은 하나님께서 우리를 위하여 하신 일들을 먼저 알려주시고 성경을 통해 하나님의 아들 예수 그리스도가 이 땅에 육신으로 오신 일과 우리의 죄를 위해 십자가에서 피를 흘리심으로 죄의 대가를 다 치르신 일과 죄인인 우리를 그 피로 깨끗하게 하셔서 하나님 앞에 의롭다 여김을 받게 하신 일을 알려주십니다.

그러나 인간중심으로 개인 구원의 초점에 맞추어 십자가를 이해할 때, 이 십자가는 언약의 십자가로 이루어진 복음이 아니라, 언약이 빠진 '나를 위한' 개인주의적 성향을 띠게 됩니다. 따라서 구원이 언약의 구속역사에서 분리되는 순간 그리스도의 십자가는 개인 구원을 위한, 심하게는 '나를 위한' 수단으로 전락할 수 있습니다. 하나님께서 인간들과 언약을 맺으시어 자기를 찬송하는 언약백성 삼으심이 구원의 목적입니다.

십자가 복음을 전하는 일은 그리 쉬운 일만은 아닙니다. 사람들은 십자가를 말하고 죄를 드러내고 심판을 선포하는 말씀을 기뻐하지 않습니다. 이는 그동안 거짓되고 변질된 복음에 물들었으며 거기에 익숙해왔기 때문입니다. 즉 진리에 거슬려 번영과 치유와 신비주의와 도덕주의와 율법주의로 빠져든 거짓된 복음을 좋아하게 되었기 때문입니다. 그래서 참된 복음은 많은 사람들에게 인기가 없습니다. 그들에게는 참된 진리의 복음이 뭔가 불편하다고 느낍니다. 대신에 자신에게 짜 맞추어 달콤하게 제공된 거짓된 복음을 더 좋아합니다. 살후 2:11-12

참된 복음의 진수는 십자가에서 죄와 죄의 세력을 이기신 하나님의 능력이며 새로운 생명으로 인도하는 십자가의 능력을 경험하는 데 있습니다. 하나님께서 그리스도의 십자가를 통해서 성취하신 내용은 부요한 내용들입니다. 그리스도의 십자가의 대속이 기초가 되어 화목, 구속, 칭의, 화평이 이루어졌습니다. 그리스도의 십자가 사건이 보여주는 서로 다른 두 가지 측면은 우리의 죄의 용서라는 측면과 우주적 세력인 정사와 권세의 정복이라는 측면을 동시에 이야기 한다는 것입니다.

십자가 복음은 예수님의 죽으심과 부활을 모두 포함합니다. 왜냐하면 만약 부활하시지 않았다면 그분의 죽음에 의하여 아무것도 성취되지 못하였을 것이기 때문입니다. 하지만 십자가 복음은 십자가를 강조합니다. 왜냐하면 승리가 성취된 곳이 바로 십자가였기 때문입니다. 부활이 죄와 죽음으로부터 우리를 구원하는 것이 아니라 십자가의 죽음이 죄와 죽음으로부터 구원한 것이며, 부활은 그것에 대한 확신을 우리에게 심어주는 것입니다. 십자가를 패배로 생각하고 부활만을 승리로 간주하는 일은 잘못된 것입니다. 하나님이 말씀하시는 부활은 예수님의 십자가에 대해서 지속적으로 언급하는 것으로서의 부활이기에 십자가를 거부하면 반드시 부활도 거부하도록 되어있는 것입니다. 이 말은 부활은 예수님의 십자가 사건을 무효로 돌리는 사건이 아니라 도리어 중심내용으로 포함하고 있는 것입니다.

따라서 성경은 그리스도의 십자가와 부활이 분리될 수 없음을 가르쳐줍니다. 십자가에서 이루신 모든 일이 부활로서 확증되기 때문입니다. 성경이 십자가를 강조하는 이유는 그리스도께서 십자가를 통해 모든 저주와 사망의 원인인 죄를 처리하셨고 그리스도의 피 묻은 '십자가 구원의 능력이며 복음'이기 때문입니다. 십자가 없는 부활이나 십자가가 없는 하나님의 나라를 선포하는 것은 거짓 복음을 선포하는 것입니다. 십자가에서 그리스도에 의한 성취는 우리에게 승리를 가져다주었습니다.

> "13 또 범죄와 육체의 무할례로 죽었던 너희를 하나님이 그와 함께 살리시고 우리의 모든 죄를 사하시고 14 우리를 거스르고 불리하게 하는 법조문으로 쓴 증서를 지우시고 제하여 버리사 십자가에 못 박으시고 15통치자들과 권세들을 무력화하여 드러내어 구경거리로 삼으시고 십자가로 그들을 이기셨느니라"(골 2:13-15)

그리스도인의 승리는 그리스도의 승리 안으로 들어가서 그 승리의 유익을 즐기는 것입니다. 그리스도께서 우리를 율법, 육신, 세상, 죽음으로부터 자유하게 하셨습니다. 그리스도인이 하나님과 맺은 친밀한 관계의 특징은 담대함, 사랑, 기쁨입니다. 십자가 앞에 설 때 우리는 우리의 가치와 무가치함을 동시에 보게 됩니다. 왜냐하면 우리는 죽기까지 하신 그분의 크신 사랑과 그분을 죽음에까지 이르게 한 우리의 큰 죄를 모두 깨닫기 때문입니다. 우리는 '창조되고 타락했으며 구속된' 자신을 존중하면서 동시에 죄에 대하여, 악한 소욕에 대하여, 무사안일에 대하여 자신을 부인해야 합니다.

그리스도의 십자가의 영향력은 구원, 체험, 전파, 대속, 박해, 거룩,

자랑이 우리의 삶속에 나타나게 됩니다. 오직 인간으로서의 그리스도는 우리의 대속자가 될 수 없고, 오직 하나님이신 성부도 우리의 대속자가 되실 수 없으나, 인간이 되신 하나님의 독생자이신 예수님만이 우리를 대신하실 수 있습니다. 십자가는 하나님이 죄 된 인간들에게 자신의 구원과 계시를 가져 다 주는 자리입니다. 우리는 십자가에 달리신 그리스도의 권위 아래 오도록 부르심을 받습니다.

십자가의 성취

그리스도의 십자가 성취는 그리스도의 인격과 사역이므로 구원뿐만 아니라 계시로도 이해되어야 합니다. 왜냐하면 십자가는 구원 사건일 뿐만 아니라 계시의 사건이기도 합니다.

이는 세상을 위하여 십자가에서 하신 일을 통하여 하나님은 또한 세상을 향하여 말씀하십니다. 인간이 행동 속에 자기성품을 드러내듯이 하나님도 그분의 아들의 죽음 속에서 우리에게 자신을 보여 주십니다. 십자가는 사역이 될 뿐만 아니라 말씀이 되기도 합니다.

십자가를 통해서 성취하신 일들은 죄가 처벌을 받고 죄인들이 용서를 받는 것과 악을 무너뜨리고 인류를 해방하는 것과 죽음을 파괴하고 죽음의 세력을 잡은 자인 마귀를 멸하는 것과 복음으로 생명과 썩지 아니할 것이 드러나는 것과 하나님과 화목하는 것과 온 피조물이 회복되는 것입니다. 사 53:6, 골 2:15, 히 2:14, 딤후 1:10, 엡 2:14-16, 골 1:20

이 모든 것이 십자가에서 성취되었고 그런 다음 부활로 확증되고 입증되고 보증되었습니다. 예수님의 죽으심으로 다 이루신 결과로서 믿는 자들에게 영원한 생명을 불러오고, 그들로 하여금 그리스도가 누구인지를 알게 하는 참 지식을 갖게 되며 모든 사람들을 그리스도의 몸으로 이끌게 됩니다. 십자가는 그리스도만의 유일한 실재이자 사건이며 동시에 우리 모두의 실재이자 사건입니다.

십자가의 성취는 십자가 안에서 십자가 본질인 심판과 사랑을 나타내며, 전인적인 구원으로서 죽음과 누림을 동시에 가져다줍니다. 이러한 성취의 승리는 죄와 사탄에 대하여 승리이며, 육체와 세상에 대하여 승리이며, 자아로부터 해방을 우리에게 안겨주는 것입니다. 그리스도의 십자가는 하나님의 영원한 계획을 이루기 위해 절대적으로 필요한 것이며 하나님의 영광의 모든 것입니다. 인간을 죄에서 구원하는 유일한 방편이며, 하나님의 사랑과 거룩하심을 모두 만족시키는 것입니다. 또한 십자가는 우리를 구원하는 핵심 요소입니다.

사도 바울은 말하기를 "나는 십자가 외에는 알지 아니하기로 작정했다" 고전 2:2고 했습니다. 언약의 핵심인 십자가를 성경의 중심 내용으로 보아야 함을 말합니다. 예수님께서 십자가상에서 버림받음을 외치고 사도들이 왜 이러한 십자가만을 자랑했는가에 관심을 가져야 합니다. 그리고 이 세상이 불 심판 유황 심판의 대상인 것과 세례 요한

이 나무뿌리에 도끼가 놓였다고 말한 이유를 알아야 합니다. 돌아온 탕자이야기에서 돌아온 탕자는 말 그대로 돌아온 탕자이지 돌아온 의인이 아닙니다. 마찬가지로 십자가를 알고 난 뒤에 더욱 더 죄인임을 아는데, 어떤 사람들은 의인이 되었는데 맨날 죄인 타령이냐고 따져 묻는 경우를 많이 봅니다. 복음을 제대로 모르고 주님의 은혜 속에서 벗어났기 때문에 나타나는 불신의 모습입니다. 그러나 언약복음의 혜택을 받는 우리들은 '구원받은 죄인'임을 날마다 통감합니다.

구원의 능력

그리스도의 십자가를 자랑하는 것이 치우친 생각처럼 보이겠지만 구원의 능력은 오직 여기에 있습니다. 여기에 동등하게 부활이나 다른 것들을 나란히 나열해서는 안 됩니다. 부활의 의의는 십자가의 연장이므로 십자가에 종속시켜야 하는 것입니다. 구원의 능력은 십자가에 있고 부활에 있는 것이 아니기 때문입니다. 부활은 십자가를 확증하는 것입니다.

> "27그리스도께서 나를 보내심은 세례를 주게 하려 하심이 아니요 오직 복음을 전케 하려 하심이니 말의 지혜로 하지 아니함은 그리스도가 십자가에 헛되지 않게 하려 함이라 18 십자가의 도가 멸망하는 자들에게는 미련한 것이요 구원을 얻는 우리에게는 하나님의 능력이라"(고전 1:17-18)

따라서 이 십자가를 중심으로 볼 때, 다른 것들은 이 구원의 능력을 나타내는 도구들로 사용되어집니다. 만약 십자가 외에 하나님의 나라를 중심으로 한다든지, 임마누엘 사상을 중심으로 삼는다든지, 하나님의 주권을 중심으로 한다든지, 교회의 존재를 중심으로 한다든지, 삼위일체를 중심으로 해서는 안 되는 이유는 이러한 철학적 체계와 세계관에 대한 지식은 구원의 능력이 아닙니다. 십자가를 중심으로 복음을 전하면 이로 말미암아 전하는 자신도 그 십자가의 삶을 살 것을 요구받게 됩니다. 성경의 모든 개념은 십자가와 연결시킴으로써 결국에는 그리스도인들에게 '구원의 능력'이 주어지도록 하는 것이 복음 전파입니다.

십자가에 대한 해석은 인간으로부터 출발하는 것이 아니라 성경 말씀인 언약을 통하여 신약의 십자가가 구약에서는 어떤 개념으로 나타나는가를 살펴야 합니다. 구약 성경의 많은 것들이 이제 충만해지고 현실이 되었습니다. 그것은 자신의 목표에 도달하였습니다. 이를테면, 결혼 하는 날이 되었을 때 약혼은 그 목표에 도달한 것입니다. 약혼은 결혼으로 성취가 된 것입니다. 약속이 있던 곳에 성취가 왔습니다. 마찬가지로 '실체'를 가진 사람은 결코 '그림자'로 돌아가기를 바라지 않습니다.

언약이 아니고서는 십자가로 찾아오신 하나님을 발견할 수 없습니다. 십자가는 '인간의 손에 의해 버림받는 현상과 하나님의 사랑에 의해서 구출되는 현상' 양 측면을 다 보여줍니다. 십자가는 죽음이 먼저이고 생명이 그 다음입니다. 우리 모두는 죽은 자이기 때문에 죽음이 깨뜨려져야 생명이 생겨납니다. 따라서 이런 현상이 발생하려면 역사 속에 언약이 주어졌을 때만 가능합니다. 그래서 신약에서 십자가가 중심이라면 구약에서는 언약이 중심입니다. 성경은 언약의 십자가 중심입니다.

'언약'을 구약의 여러 다양한 개념 중의 하나로 보면 안 됩니다. 신약에 와서 십자가가 '새 언약'으로 표현된 것을 보아도 언약은 구약에 흐르는 오직 하나 뿐인 중심개념입니다. 십자가가 신약에서 모든 기존 개념과 지혜를 부수는 역할[고후 10:4-5]을 하는 것처럼 이 언약도 구약에서는 그 당시 모든 우상과 거짓 종교를 부수는 '하나님의 능력'입니다.

만약 언약을 단순히 여러 가지 가운데 하나로만 취급하게 되면 다른 것을 수정하고 부수는 십자가 기능을 담당 못하게 됩니다. 그렇게 되면, 구약의 내용은 그 핵심이 사라지고 그냥 여러 옛날 신앙 이야기에 지나지 않게 됩니다.

성경의 계시는 언약의 복음입니다. 구약마저도 그리스도인에게는 율법이 아니라 복음인 것입니다. 언약의 십자가를 보여주지 못하면 복음이 아닙니다. 그래서 '구원의 능력'인 그리스도의 십자가를 어디서나 우리가 접할 수가 있도록 해야 합니다. 십자가가 빠진 성경 개념들은 항상 종교적, 윤리, 도덕적 개념으로 이해되기가 쉽습니다. 십자가 복음이 빠져있는 종교 생활과 사회 윤리로 인간이 구원받을 수 없습니다. 마귀의 권세를 이기는 것은 오직 '그리스도 십자가의 피' 밖에 없는 것입니다.

　구원은 언약의 소관입니다. 언약이 원하는 자만 구원됩니다. 심판권이 이미 예수님에게 넘어가 있기 때문에 요5:21 구원 자체가 언약의 한 모습입니다, 구원은 언약의 완성이신 예수 그리스도 '그리스도의 몸'으로부터 시작됩니다. 우리가 우리 몸으로부터 시작하는 개인의 구원을 요구할 수는 없습니다. 그래서 우리가 구원받은 모습은 자신의 죄를 노출시키는 '죄인중의 죄인입니다' 딤전1:15 는 고백과 함께, 하나님의 자비와 긍휼이 빛이나는 형태로 나타납니다.

　진정한 아브라함 자손의 나라는 그리스도의 몸으로 정착됩니다. 오늘날 그리스도의 몸을 만들기 위해서 이스라엘이라는 나라가 준비되었는데 그 나라는 아브라함과 하나님이 맺은 언약인 할례언약을 기반에 두고 있습니다. 스스로 출발한 자신의 믿음은 죽여야 합니다. 자신의 믿음은 곧 불신의 믿음인 것을 고백해야 합니다. 언약인 그리스도의 할례에서 나온 '그리스도의 믿음' 혹은 '그리스도께서 선물로 주신 믿음'이 구원에 이르게 합니다. 천국은 예수님의 사심이 아니라 법이 얽어매고 있는 죄의 모양을 띤 몸인 예수님을 십자가에 못 박아 죽으심으로 성립된 나라입니다. 하나님께서 예수님을 '사용하셔서' 율법의 요구를 이루신 방식은 행동적 충족으로 율법 조항을 하나하나 지켜내는 것이 아니라 죄의 대가를 지불하는 것으로서 몸의 멸절을 통한 것이었습니다. 롬8:3

언약의 자리

복음은 언약의 자리가 모든 출발점임을 알려줍니다. 그리스도인은 자기 자아로부터 출발하는 것도 아니요 주체로부터 출발하는 것도 아니고 하나님이 만들어 넣어주신 자리에서 출발해야 합니다. 그 자리가 언약의 자리입니다.

본래 하나님의 계획은 인간 구원을 목적으로 하는 것이 아니라 자신의 언약 세우기에 있습니다. 언약의 자리가 중요한 이유는 하나님께서 천지를 창조하실 때의 원리가 언약에 그대로 전수되어 내려오기 때문입니다. 대자연마저 언약을 위한 배경으로서 움직이고 있습니다. 자연세계도 언약을 중심으로 돌아갑니다. 이스라엘이 존재하는 이유는 언약을 이 세상에 구체화하고 펼쳐 보이기 위한 것입니다.

언약은 우리가 지키는 것이 아니고 언약자체를 하나님께서 지키기 위해서 거기에 필요한 일꾼들과 백성들에게 친히 찾아오십니다. 하나님의 관심은 언약세우기에 있으며 우리의 구원에 집중되어 있는 것이 아닙니다. 구약을 보면 이 언약이 얼마나 차근차근 성취되고 있는지를 알 수 있습니다. 그리스도외에 그 어느 누구도 하나님이 원하시는 언약을 이룰 수 없습니다. 언약을 이룰 능력도 없는 자들이 언약을 이루신 분을 죽이는 그 사건 자체가 하나님께서 진정 원하신 언약의 진수였던 것입니다. 거짓이 참을 공격한 사건이 바로 십자가 사건입니다. 그리고 이런 일의 배후에는 정사와 권세인 이 세상신이 있었던 것입니다.

아브람이 아브라함으로 바뀌지면서 이 생성의 자리에 등장하는 존재가 아브람을 대체합니다. 그 자가 이삭입니다. 노아 방주 안에서 홍수가 끝나면 희생제물이 되어야 될 정결한 짐승과 정결한 새의 기능을 해야 될 인물이 바로 이삭입니다. 자식의 할례가 아버지를 살립니다.^{출 4:24-25} 이런 방식으로 그리스도에게 이르면 예수 그리스도만이 유일한 아브라함 자손이 됩니다.^{갈 3:16} 즉 그리스도만이 모든 그리스도인의 언약적인 바탕이 됩니다. 이런 토대위에 아브라함의 모든 행위는 믿음이 됩니다. 그래서 '믿음으로 구원 받는다'는 말은 '언약적인 죽음 안에서 구원받았다'는 말입니다.

이렇게 구원받은 자는 "나 예수 믿습니다"라고 하는 자기의 믿음을 자랑하지 않습니다. 왜냐하면 오히려 저주 받아 마땅한 데, 세상에 무슨 이런 일이 내게 일어난 것에 놀라면서 "예수를 믿게 되었습니다"를 고백하며 그리스도의 증인이 되고 예수님을 자랑하게 됩니다.^{갈 6:14}

언약이 없는 이방인들의 과학적 사고방식으로는 홍해사건과 여리고가 무너지는 사건 등을 과학적으로 설명할 수는 없습니다. 과학적으로 설명되어야 한다고 하는 자체도 언약이 없이 설명하려는 불신의 태도입니다.

아브람은 '아브라함'되기 위한 하나의 재료가 되는데 이 속에서 '하나님의 의'가 생성됩니다. 아브라함은 의의 재료로 부름 받았습니다. 아브라함이 된 후 아브라함 입장에서 다시 '아브람'을 생각하고 변화된 과정을 소급해서 보는 관점을 '믿음'이라고 합니다. 그 믿음은 자신의 의도나 기대나 행함이 전혀 담겨있지 않음을 발견하게 됩니다. 언약의 주체이신 그리스도의 중심에서 나온 사건이기에 이것이 바로 믿음이 발생되는 사건입니다. 그러니 자기중심을 유지한 채, 그 자리에다 주님의 중심을 받아들일 수는 없는 것입니다.

주님 앞에서 사는 그리스도인이라면 평소의 자기중심적으로 살아가는 모든 것이 죄라는 사실이 낱낱이 드러나는 것을 감사하게 됩니다. 이를테면, '아브라함'속에서 죽을 때까지 '아브람'요소가 사라지지는 않습니다. 오히려 그 요소가 들통 나면서도 회개하면서 감사가 나옵니다. 왜냐하면 세상에 사는 동안에 하나님께 드리는 '산 제물' 이 되어야 하기 때문입니다.

사라는 사래를 잊을 수 없고, 사라는 사래 시절의 하갈을 잊을 수 없습니다.갈 4:22 이것을 '상호 관계성'이라고 합니다. 독자적으로 의미가 발생되지 않습니다. 정반대가 되는 개념 앞에서 자신의 위상이 정립됩니다. 하갈이나 사래나 다 같은 인간이지만 하나님께서는 인간들이 주장하는 '인간'이라는 개념을 인정하지 않고 '기능적'으로 다루십니다. 당연히 언약인 그리스도 중심을 위한 기능입니다. '그리스도가 누구신가'를 위해서 '언약중심'으로 역사를 이끌어 가십니다.

그리스도 되신 예수님은 창세전에 먼저 나신 분인데, 그 누구보다도 먼저 나신 분입니다.^{골 1:18} '하나님의 형상'으로 먼저 나신 분입니다. 그리스도는 역사라는 시공간으로부터 '자유자'로서 역사 해석을 주관합니다. 그렇게 되면 '인간은 하나님의 형상'이라고 주장하는 정통적인 신학적 견해는 거짓이 됩니다. 왜냐하면 예수님만이 하나님의 형상이기 때문이다.^{골 1:15} 그래서 인간은 '존재론적으로 하나님의 형상'이 될 수 없고 '기능적으로 하나님의 형상'이 됩니다.

성경 전체는 구원파에서 이야기하는 것처럼 인간의 구원을 위한 책이 아니고, 오늘날 일부 교회에서 이야기하는 것처럼 성경은 하나님이 인간을 구원하기 위함이 아니고, 하나님은 인간을 사랑하기 위함이 아니고, 오직 하나님은 예수 그리스도의 주 되심과 하나님의 아들 되시는 예수님을 사랑하는 책이 바로 성경책입니다. 하나님은 예수 그리스도 중심으로, 그리스도를 초점으로 세상을 이끄시기를 처음부터 원했던 것입니다. 그래서 우리는 거기에 동참시키려고 그리스도 안에서 선택되었고 창조된 것입니다.^{엡 1:4}

이것은 창조이전에 이미 '그리스도 예수 안'이라는 목적을 바탕으로 그 목적을 달성하기 위해서 주님께서 창세기 1장에 천지 만물을 창조하신 것입니다. 그래서 나의 구원이 하나님의 목적의 전부가 아닌 것입니다. 하나님께서 에서를 미워해서 지옥 보내고 야곱을 사랑해서 천국 보내는 이것은 인간이 보기에 불합리하고 공평하지 못하게 보이지만 예수님이 갖고 있는 두 속성, 미워하고 사랑하고, 일방적으로 누구는 미워하고 누구는 사랑할 권리가 주님에게 있음을 보여주기 위해서 천국과 지옥이 있는 것입니다.

하나님은 하나님 중심입니다. 하나님은 우리에게 죽음을 보라는 것입니다. 죽음 속에서 하나님이 나오는 것입니다. 죽음 속에서 하나님이 나오기 이전에 먼저 이스라엘부터 나오게 하십니다. 이스라엘은 장차오실 예수님의 모형이기 때문에 그렇습니다. 이스라엘을 하나님의 아들이라고 합니다. 하나님은 '이스라엘은 내 아들, 내 장자라'고 하셨습니다. 출 4:22

하나님께서 이스라엘로 하여금 요셉의 은혜를 잊어버린 바로왕을 앞장세워서 바로왕의 그 권세 속에 갇히게 했습니다. 그렇게 갇히게 하고 난 뒤에 모세를 보내서 하는 말씀이 "너는 바로에게 이르기를 여호와의 말씀에 이스라엘은 내 아들 내 장자라 내가 네게 이르기를 내 아들을 놓아"야 된다고 합니다. 그러면 아들이라 하는 것은 그냥 있다고 해서 아들이 아니라 아들은 어떻게 나타나고 구체화되느냐 하면, 갇혀 있는 상황을 먼저 전제로 하고 거기서 빠져나오는 상황을 통해서 아들은 어떻게 만들어지고 이 세상에 나타나는가를 구체화시키는 것입니다.

구체화되면서 죽음 사건이 히브리인들과 결부되어 어린양이 죽어서 문설주에 피를 바릅니다. 바로 그 분이 아들입니다. 그 어린양을 믿을 때 그 믿는 자들이 아들에게 포함된 하나님의 이스라엘이라는 아들이 되는 것입니다. 이스라엘을 장자라고 하지만 로마서 8장에 보면 맏아들은 예수님밖에 없습니다. 성령께서 기도하시는 이유는 맏아들을 본 받아서 미리 아신 자들을 부르시고 부르신 자들을 의롭다 하시고 의롭다 하신 자를 영화롭게 하신다는 거기에 분명히 맏아들의 형상을 본받게 하기 위해서라고 되어 있습니다.롬 8:29

그러니까 하나님의 관심은 맏아들에게 있는 것입니다. 하나님은 '누가 이 세상의 주가 되시는가'를 보여주기 위해서 그 주의 형상대로 주를 드러내기 위한 목적으로 이 세상 모든 피조세계를 만들어 놓았습니다. 언약을 통해서 보면, 인간은 하나님의 아들 그 인자되시는 분을 어디서 찾게 되며, 이미 죄의 지배를 받는 인간세계 어디에서 하나님은 나오시는가를 알 수 있는 데 그곳은 바로 죽음에서 나옵니다. 그 자리가 바로 십자가입니다.

십자가의 효력

'동일한 것을 보고서 각기 다른 생각을 한다'는 말인 동상이몽이라는 말이 있습니다 동일하게 예수라는 말을 하고, 십자가를 말하는데도 그 내용의 속을 들여다보면 전혀 다른 경우가 많이 있습니다. 그래서 바울은 다른 예수, 다른 복음, 다른 영이 있다고 경고하였습니다. 어찌 이런 일이 일어날 수 있는지 안타까워 할 일이 아니라 이것마저도 주님께서 하셨다는 것을 알아야 합니다. 하나님께서 심지 않은 것은 뽑아내기 위함이라고 볼 수 있습니다. 피조물 중에 유일하게 인간만이 겉과 속이 다릅니다. 말하자면 속에도 없는 것을 겉으로 있는 척 합니다.

믿음이 없으면서 믿는 척하고, 사랑하지 않으면서도 사랑하는 척하는 게 인간입니다. 그래서 예수님께선 "이 백성이 입술로는 나를 존경하나 마음은 내게서 멀도다" 라고 하셨습니다. 한 마디로 인간이란 속이는데 있어서 천재들인 것 같습니다. 성도가 아니면서도 성도인 척 얼마든지 할 수 있습니다. 예수님은 이런 상태를 회칠한 무덤이라고 하셨습니다. 겉으로는 잔디를 덮어서 아름답게 치장을 하였지만 그 속엔 해골이 들어 있다는 것입니다. 이런 말씀을 가장 하나님 말씀을 잘 지킨다고 자랑하던 바리새인들에게 하셨습니다. 지금도 바리새인과 같은 자들이 속에는 갖가지 탐욕과 자기사랑으로 가득 차 있으면서도 예수님을 사랑한다고 합니다.

더군다나 십자가의 의미를 모르면서도 십자가를 말하는 것이 인간입니다. 하나님께선 포도나무에선 포도열매가 맺히고, 무화과나무에선 무화과열매가 맺히게 하셨습니다. 즉 본질을 속일 수 없는 것입니다. 이런 본질을 언약의 성취인 그리스도의 십자가로 가려 내십니다. 누구든지 십자가 앞에 세우면 그 본질이 드러나게 되어 있습니다. 즉 십자가를 소개하면 하나님께로 난자와 나지 않은 자가 가려진다는 것입니다. 십자가를 말하면 그 어떤 인간도 숨어 있던 것들이 밖으로 튀어나오게 되어 있어서 십자가는 마치 인간의 죄를 고발하는 기계와 같습니다. 이것이 바로 십자가의 효력입니다.

말씀세계는 내가 사로잡을 수 있는 세계가 아니라 말씀이 나를 사로잡으며 다가오는 세계입니다. 말씀세계는 나를 세워주는 인간세계가 아니라 하나님이 찾아오셔서 나를 허무는 하나님의 세계입니다. 하나님은 이들의 속성을 고발하기 위해서 십자가를 가지고 속을 뒤집어 놓게 하십니다. 속을 뒤집어 놓는 가장 좋은 방법이 그 인간의 존재를 공격하면 금방 반응을 나타냅니다. 왜냐하면 자기가 죽지 않고 살아 있기 때문입니다. 이럴 때 왜 날 공격하느냐고 항의합니다. 십자가에서 자기가 죽지 않은 자들은 자기 자존심이 상하는 일은 참지를 못합니다. 이렇게 자신의 존재를 보게하는 것이 십자가의 영향력입니다.

완성의 세계

십자가 복음의 진수는 십자가와 율법이 어떤 관계인가를 살펴보면 더 분명하게 알 수 있습니다. 하나님께서 모든 인간에게 율법을 주셨습니다. 유대인들에게는 직접 주셨고 이방인들에게는 자기가 자기에게 율법이 되는 방식으로 주셨습니다. 율법은 인간이 죄를 깨닫게 할 목적으로 주어진 것입니다. 즉, 율법은 거룩하며 의롭고 선한 것으로 생명에 이르게 합니다. 그러나 당혹스러운 것은 인간이 이렇게 거룩하고 의롭고 선한 율법을 지키는 행위로는 의롭다는 평가를 받을 수 없다는 것이며, 그럼에도 불구하고 인간은 이 율법을 지켜내고 싶어 한다는 점입니다. 왜냐하면 죄가 인간으로 하여금 신의 자질과 능력을 구비할 수 있다고 속이는데, 인간으로서는 신이 주신 율법을 온전히 행하는 것만큼 좋은 축복의 기회가 없다고 생각하고 자기가 이루고자하는 성취욕을 채우는 최고의 방법이라고 여기기 때문입니다.

말하자면, 하나님께서는 죄가 인간의 주인노릇하고 있음을 확실히 알리고자 율법을 주셨는데, 오히려 인간은 죄에게 속아 자신이 율법을 지켜냄으로써 의롭다는 평가를 하나님께 받고자하는 것입니다. 죄의 권능이 바로 율법이 된 셈입니다. 그렇다면 생명에 이르게 할 그 계명, 즉 율법이라는 선한 것이 내게 도리어 사망에 이르게 하며 인간에게 사망이 되는 것인가라는 질문에 사도바울은 '그럴 수 없다'고 단언합니다. 내가 죽은 자로 발견되는 것은 죄로 심히 죄 되게 하기 위함이라고 합니다. 율법은 죄 아래 있는 인간을 상대로 하는 것이 아니라, 율법은 인간의 주인 노릇하는 죄를 공격하고 있는 것입니다. 단지 인간은 육신에 속하여 죄 아래 팔려온 죄의 종에 불과합니다.

율법은 신령한 것입니다. 이는 영적인 주체에 의해서 관리될 수밖에 없습니다. 나는 지금 내가 무엇을 하고 있는지 조차 알지 못한다는 것이 육신에 속한 인간으로서의 솔직한 고백입니다. 인간이 스스로 행동하는 것이 아니기 때문입니다. 인간 행위의 진정한 주체는 인간 속에 있는 죄입니다. 그렇기 때문에 하나님을 알만한 것이 보여도 하나님을 알 수 없고, 설령 하나님을 알게 된다하여도 하나님을 영화롭게 하거나 하나님께 감사를 돌릴 수 없는 것이 현실입니다.

하나님께서는 죄에 속고 있는 인간을 잠시 내어 버려두십니다. 죄에 속고 있는 상태가 바로 마음의 정욕, 부끄러운 욕심, 상실한 마음입니다. 내어 버려두심을 보다 적극적으로 표현하면 '불순종에 가두어 두심'이 되는 것입니다. 이것은 인간이 죄에 팔려 있다는 처지를 확실하게 하시는 것입니다. 어느 인간도 하나님의 가두어 두심으로부터 스스로 빠져나올 수 없습니다. 이러한 하나님의 계획과 조치사항을 지혜의 성령이 아니고서는 그 누구도 알 수가 없는 것입니다. 이렇게 확고하게 죄인으로 가두어 두심이 긍휼을 베풀려 하시는 하나님의 지혜라는 것입니다.

하나님께서는 인간을 개인적으로 상대하지 않습니다. 아담은 사망의 왕 노릇에 굴복할 수밖에 없도록 하나님으로부터 내어버려진 자의 이름입니다. 그러나 하나님의 지혜는 죄가 사망 안에서 왕 노릇 한 것 같이 은혜도 또한 의로 말미암아 왕 노릇하여 우리 주 예수 그리스도를 드러내시는 것입니다. 그 예수 그리스도가 영생입니다. 사망의 왕 노릇에 철저히 갇혀있는 아담은 바로 영생이라는 은혜의 왕 노릇을 보여 주기 위해 오실 자인 예수 그리스도의 표상인 것입니다.

예수 그리스도는 하나님의 형상입니다. 하나님께서 은혜를 베푸실 목적으로 자신을 나타내시는 방식이 하나님의 형상인 것입니다. 그래서 하나님께서 육신의 모습으로 자신을 나타내셨습니다. 다른 인간과는 육신으로 피가 전혀 다르며, 혈통이 다른 다윗의 혈통입니다. 아브라함 그리고 다윗과 맺으신 언약의 말씀이 육신이 되신 것입니다. 이제 은혜의 세계는 아브라함과 다윗 언약의 자손 예수 그리스도의 세계인 것입니다.

그런데 문제는 육신이라는 영역은 이미 죄가 왕 노릇하고 있는 곳이라는 점입니다. 이 곳에 예수 그리스도라는 육신이 등장함으로써 왕이 둘이 되어버린 것입니다. 과연 누가 진짜 왕이냐를 놓고 전쟁이 일어날 수밖에 없게 되었습니다. 이 전쟁의 결과는 이미 하나님께서 알려주셨습니다. 그것은 바로 세상의 왕이 쫓겨나게 될 것이고 예수께서 세상을 이기셨다는 것입니다. 죄가 행위의 주체가 된 육신의 영역에서 성령에게 종속된 예수 그리스도가 승리하는 방식이 바로 발꿈치를 물리는 것입니다, 핍박받는 것이며 섬기는 것이며 죽는 것이며 사랑하는 것입니다, 즉, 십자가를 지는 것입니다.

예수 그리스도는 '하나님과 함께 있음'이 죄악된 세상에서 어떠한 모습으로 나타나게 되는가를 몸소 보여주기 위해 오셨습니다. 이러한 목적을 분명하는 것이 '임마누엘'이라는 이름입니다.

'하나님과 함께 있음', 성령에 의해 육신의 생명은 언제든지 버릴 수도 있고 다시 찾을 수도 있습니다. 요 10:18 육신의 죽음을 두려워하지 않고 오직 하나님만이 두려움의 대상입니다.^{눅 12:4-5} 죽기를 두려워하여 일생을 죄의 종으로 살고 있는 인간에게 자신의 육신을 참 양식과 참 음료로 먹일 수 있습니다. 예수 그리스도는 육신인 채로 성령에 삼킨바 되어 참 자유를 누렸습니다. 영의 자유입니다. 영의 자유는 죄가 쏘아대는 죽음까지 생명으로 품게 됩니다. 예수 그리스도가 십자가를 지심으로 말미암아 율법은 그 본뜻이 확실해졌습니다. 그리스도는 율법의 완성이요, 마침이 되십니다. 모든 인간이 하나님의 아들 죽이기에 휩쓸리게 되며, 의인은 없나니 하나도 없음이 증명되는 것입니다.

따라서 인간은 죄의 노예, 즉 하나님의 원수라는 사실이 자명해지는 것입니다. 율법의 마침이신 분에 의해서 하나님의 원수에게 닥친 사망의 현실을 그 누구도 변명하지 못합니다. 인간이 원래 죄의 종으로 하나님에게는 죽은 자, 흙에 불과한 존재였으며, 육신의 생명은 생명도 아니었고, 땅과 하늘 등 모든 피조물의 존재 목적이 바로 예수 그리스도라는 하나님의 비밀을 드러내기 위한 배경에 불과하다는 것을 깨닫게 됩니다. 이는 만물이 주에게서 나오고 주로 말미암고 주에게로 돌아갑니다.**롬 11:36** 율법의 완성이신 분으로서 행하신 십자가 사건을 확인하는 차원에서 부활과 재림을 이해해야 합니다.**롬 14:11, 계 1:7** 그렇다면, 이제 예수 그리스도 안에 있는 자들에게는 율법이 어떻게 작용하는 것일까요?

'그러므로 이제 그리스도 예수 안에 있는 자에게는 결코 정죄함이 없다'라는 말씀은 어떻게 이해해야 할까요? 그리스도 예수 안에 있는 자가 율법의 완성을 완성한 자가 되었다는 말인가? 성화되었다는 말인가? 아니면 마음대로 살아도 아무 문제없다는 뜻인가? 예수 그리스도 안에 있는 자는 육신이 죽었다는 것을 선언합니다. 율법은 사람의 살 동안만 그를 주관하는 것입니다. 율법은 죽은 자에게 해당사항이 없습니다. 인간은 예수 밖에 있을 때도 죽은 자이고, 예수 안에 있을 때도 죽은 자입니다. 다만, 예수 밖에 있을 때에는 죽은 자라는 것을 알지 못하고 죄가 속이는 대로 율법을 착각한 것이고, 예수 안에 있을 때에는 죽은 채로 율법을 완성하신 분의 은혜를 덧입고 있는 것입니다. 사도바울은 그리스도 예수 안에서 죄에 대하여는 죽은 자요 하나님을 대하여는 산자로 여기라고 합니다.

그러나 문제는 그리스도 예수 안에 있는 자가 현실적으로 느끼고 있는 것은 육신이 살아있다는 현상들입니다. 배고프고, 말하고, 자존심이 상하거나 기분이 좋아지거나 등등 말입니다. 즉 여전히 하나님에 대해서는 죽고 죄에 대해서는 살아있는 것입니다. 이 때 그러한 현상이 살아있다는 증거가 될 수 없다고 증언하는 육신이 필요합니다. 이 분이 바로 예수 그리스도이십니다. 사탄은 예수님이 성령에 의존하는지 아니면 자신의 육신에 의지하는지를 시험했습니다.

하나님께서는 율법이 육신으로 말미암아 연약하여 할 수 없는 그것을 하시기 위하여 자기 아들을 죄 있는 육신의 모양으로 보내어 육신의 죄를 없애시려고 그 육신에다 죄의 선고를 내리셨습니다.

십자가 대속으로 말미암아 육신을 좇지 않고 성령을 좇아 행하는 우리에게 율법의 요구를 이루어지게 하신 것입니다. 성도가 예수 안에서 죽은 채로 율법의 요구를 완성하신 분의 은혜를 덧입고 있다는 것이 바로 이런 의미입니다. 성도가 그리스도 예수 안에 있는 생명의 성령의 법의 적용대상이 되었다는 것은 동시에 죄와 사망의 법에서 해방되었다는 의미입니다. 죄와 사망의 법에서 해방되었다는 말은 율법을 완성하신 분의 은혜를 덧입고 있다는 것입니다. 이러한 상태를 정죄함이 없다고 하는 것입니다.

예수 안에서만 정죄함이 없다는 말은 예수 밖에는 정죄함 뿐이라는 의미로서, 십자가의 공로가 아니라면 나는 도저히 구원받을 수 없는 존재라는 사실까지 한꺼번에 쏟아져 내리게 됩니다. 그러니까 그리스도 예수 안에 있는 자가 죄와 사망의 법에서 해방되었다는 의미는 죄와 사망의 법의 적용을 받지 않게 되었다는 말이 아니라, 그 적용 위에 생명의 성령의 법까지 적용받고 있다는 의미인 것입니다. 이렇듯 생명의 성령의 법은 죄와 사망의 법이 적용되었다는 것을 전제로 해서만 비로소 의미가 있는 것입니다. 내가 이제 그리스도 예수 안에서 정죄함이 없다는 의미는 나는 예수님의 십자가 공로가 아니라면 죄인중의 괴수임이 분명하다는 것까지 포함되어 있다는 뜻입니다. 그러므로 율법은 그리스도 예수 안에 있는 자에게 여전히 유효합니다.

그럼에도 불구하고 죄와 사망의 법에서 해방되었다는 의미를 율법이 더 이상 적용되지 않는 듯이 해석하려는 욕구는 십자가를 빨리 던져버리고 싶어서입니다. 이제 신의 성품에 참여하게 되었다는 것을 자신이 직접 신이 되었다고 챙기고 싶은 것입니다. 따라서 죄와 상관없는 십자가란 없습니다. 죄가 없는데 무엇을 대속하기 위해 십자가를 져야 하느냐는 말입니다. 여전히 우리는 십자가 속에서 죽어야 할 대상입니다. 우리는 모두 죄인 중의 죄인뿐이라는 고백이 있는 자가 십자가 복음 안에 있는 생명을 누리는 자입니다.

그리스도인에게 있어 구약은 이제 율법이 아니라 복음입니다. 복음을 증거하고 소개하는 것은 당연히 해야 될 소중한 일입니다. 문제는 복음이 나와야 될 구약 해석에서 율법이 계속 튀어나오는 것이 문제입니다. 복음이란 하나님의 의입니다. 따라서 구약 본문을 가지고 어떻게 해석하면 '인간의 의'가 튀어나올 수밖에 없는지를 설명해야 하고, 또 같은 본문으로 하나님의 의, 복음은 어떻게 튀어나오는지를 모두 설명해야 합니다. 왜냐하면, 복음, 즉 하나님의 의, 십자가의 의는 그냥 단순하게 나오는 것이 아니라 인간의 의로 둘러싸인 채, 핍박을 받는 모습으로 늘 등장하기 때문입니다. 신약 내용을 가지고 다시 옛 성막 이야기로 돌아가게 되면 성막은 더 이상 율법이 아니라 복음으로 이해하게 됩니다. 즉 성막의 구조와 거룩함의 역할은 모두 장차 주의 이름으로 오실 그분의 일을 소개하는 모형임을 말합니다.

신앙생활

　기독교의 본질은 십자가입니다. 십자가는 신앙의 처음과 끝이며, 신앙의 핵심입니다. 십자가가 없는 기독교는 더 이상 기독교가 아닙니다. 그리스도인이 균형을 잃어버리고 우왕좌왕하며 이단에 휩쓸리는 이유는 십자가에서 벗어났기 때문에 나타나는 현상입니다.

　십자가에 죄를 못 박으면 의가 살아납니다. 십자가에 사탄을 못 박으면 생명을 누릴 수 있습니다. 십자가에 육체의 욕심을 못 박으면 성령이 다스립니다. 십자가에 세상을 못 박으면 천국을 누리게 됩니다. 그래서 사도 바울은 '날마다 죽노라' 선언했던 것입니다. 그러므로 십자가는 승리의 중심이 됩니다. 십자가는 모든 것을 십자가 중심으로 끌어당겨 통일하시어 하나님이 원하시는 대로 변화시킵니다. 이와 같이 나의 죄 된 자아인 본성이 뿌리 채 뽑히고 하나님과의 올바른 관계가 세워집니다. 이 때 예수와 함께 나도 죽는 것입니다. 그래서 예수 그리스도와 연합하게 됩니다.

　십자가 안에서 죽음과 부활과 성령 충만, 열매가 이루어집니다. 십자가와 따로 분리해서 생각하는 부활, 십자가가 중심이 되지 못한 성령 충만, 십자가 없는 열매는 있을 수 없는 것입니다. 십자가의 죽음, 부활, 성령 충만, 열매는 하나님께서 약속해 놓으신 사건이며 예수님을 통해 이루신 사건입니다. 예수님께서 십자가 위에서 '다 이루었다'고 하신 말씀에는 십자가 안에서 이루어진 굉장히 넓고

깊고 풍부한 영역까지를 다 포함하고 있습니다. 이 모두가 십자가를 통해서만 주어집니다.

그러나 문제는 십자가와 상관없이 신앙생활을 하는 것은 기독교 신앙이 아닌 일반 종교생활을 하는 것입니다. 사탄은 많은 사람들이 종교생활을 하는 것으로 만족하게 하려고 신앙생활을 방해하려고 혈안이 되어 있습니다. 그리스도 언약 안에서 새로운 생명이 태어나는 것을 저지하고 있는 것입니다. 한 알의 밀알이 땅에 떨어져 죽어야 많은 열매를 맺는데 열매를 맺지 못하도록 십자가를 멀리하게 합니다.

십자가에서 이루신 것, 즉 완성을 믿게 되면 심판으로부터 용서, 전인적인 구원, 죄와 사탄에 대한 승리, 육체와 세상에 대한 승리를 가져다줍니다. 루터는 말하기를 '참된 신학과 하나님을 아는 지식은 십자가에 달리신 그리스도 안에 있다'고 하였습니다. 종교 개혁가들이 외쳤던 표어는 '본질로 돌아가라'입니다. 그 근본이란 바로 예수 그리스도의 십자가입니다. 그리스도의 십자가는 기독교 신앙을 위한 판단 기준입니다. 기독교는 그 십자가에 기초하며 그것에 의해서 판단을 받습니다. 그래서 십자가는 기독교 신앙의 토대이며 기준입니다.

신약시대에 와서 성경전체에 대한 해석조차도 십자가로 출발해서 십자가로 끝날 수밖에 없습니다, 왜냐하면 십자가가 계시의 최종 해답이기 때문입니다. 십자가 안에서는 법을 지키는 것이 아니라 법을 완전케 하며 의를 이룹니다. 의는 인간이 행해야 할 문제가 아니라 구해야 하는 문제입니다. 하나님의 능력은 십자가의 약함을 통해 계시된다는 것과 생명은 죽음을 통해 얻어진다는 것입니다. 다시 살아나신 분은 오직 그리스도시며, 우리의 부활은 장차 주어질 일입니다.

따라서 이 땅에서 그리스도인의 삶의 열쇠는 여전히 십자가입니다. 부활을 십자가 죽음보다 우선시하는 것은 현실에서 도피하여 하늘의 영역으로 가고자하는 욕구이며 현재 우리가 처한 상황과 관계 없는 이상주의적 생각으로 발전시키는 것입니다. 바울은 부활을 내다보면서 이 현실에 있어 부활의 바탕은 오직 고난과 죽으심에 참여하는 데 있다고 보았습니다.^{빌 3:10-11} 자신의 죽음과 무관한 부활은 막연한 공상에 불과합니다. 그래서 사도 바울은 부활에 참여하기 위하여 십자가의 길로 간다고 하였던 것입니다.

십자가의 의의가 드러날 수 있도록 하기 위하여 그리스도인이 여전히 죄 있는 육신을 가지고 있는 것입니다. 새 언약이란 피와 살이기에 그 피와 살이 나와야만 하는 죄악된 바탕까지를 포함하는 내용을 담고 있는 것입니다. 십자가 안에서만 비로소 죄와 의가 다 밝혀지는 것입니다. 이것이 바로 하나님께서 주신 거룩입니다. 육을 영으로 이동시킨 동기는 예수님의 십자가 피흘리심입니다.

이제 회개하라 하시고 죽었다가 살아나신 그리스도께서 지금도 살아계셔서 십자가만이 복음이라고 우리를 복음의 현장으로 인도하시고 죽었다가 살아난 것, 십자가 복음으로 우리를 살리신 주님을 영원히 찬양합니다.

나가면서

하나님은 영원 전에 뜻하신 바를 성경을 통하여 언약하시고 선포하시고 이를 이루실 장소로 천지만물을 창조하셔서 하나님의 역사를 열심히 이루어 가십니다. 성경의 역사는 언약이 중심이 되어 그리스도를 위하여 그리스도로 통일되는 구속의 역사이며 교회는 이러한 과정 가운데 존재합니다. 그 핵심에는 '하나님의 언약'이 있으며 그 언약은 인간에 대한 하나님의 모든 계획을 총괄하고 있습니다. 하나님의 언약은 구약시대와 신약시대로 나누어 생각하게 되며 그 언약은 점진적이며 구체적이고 발전적 성격을 띠게 됩니다. 하나님의 언약은 창세 전 언약, 아담 언약, 노아 언약, 아브라함 언약, 모세 언약, 다윗 언약, 새 언약으로 이어지며 예수 그리스도가 오심으로 그 언약의 성취가 모두 이루어졌습니다. 오순절 성령이 오신 이후 나타난 교회는 언약의 거룩한 공동체이며 주님께서 재림하실 때 언약의 실체이신 그리스도의 신부가 되는 것입니다.

따라서 성경의 역사는 언약의 역사입니다. 특히 성경에 기록된 노아에서 그리스도까지의 구속역사가 하나님의 언약관계의 영역밖에 있었던 기간은 없었습니다. 결국 구약의 역사는 하나님의 언약의 예언과 성취를 통해 그리스도를 증거하고 있습니다. 노아 언약, 아브라함 언약, 모세 언약, 다윗 언약, 새 언약 등에서 언약을 말할 때, 언약이 우리에게 가르쳐주는 것은 하나님의 자기 영광 회복을 위한 거대한 창조경륜과 구속적 계획의 실현입니다. 따라서 인간역사의 중심에는 하나님의 언약이 자리 잡고 있으며 세상의 모든 일반역사 역시 언약중심으로 해석 되는 것입니다.

그러나 죄인인 인간들이 추구하며 이끌어 가는 역사는 본성적으로 그 언약을 벗어나려는 경향이 있습니다. 더 정확하게는 하나님을 떠난 인간들은 역사 가운데서 하나님의 구속사적 경륜으로부터 끊임없는 탈출을 시도하고 있는 것입니다. 그리하여 인간들은 하나님의 뜻과 관계없이 자신의 죄악의 역사를 만들어가게 됩니다. 노아시대의 홍수심판도 결국 하나님과 그의 언약의 말씀을 떠난 인간들에 대한 심판이었습니다. 하나님께서 베푸신 언약이 인간의 생명을 위한 것인 반면에, 언약을 벗어나서 행하는 인간의 역사는 영원한 죽음을 향해 나아갈 따름인 것입니다.

구약에서 장차 하나님의 나라를 보여주는 약속의 땅은 언약의 원칙이 적용되는 곳의 모형입니다. 신약의 천국은 언약 완성의 영역입니다. 하나님은 이스라엘 백성에게 언약을 알 수 있는 기회를 주기 위해서 그들을 곧바로 약속의 땅으로 데려가시지 않고 광야 길로 이끄셨습니다. 그것은 언약을 모르는 채 약속의 땅에 들어가면 그들은 언약으로 통치되는 약속의 땅에서 살아갈 권리가 사라지게 됩니다.

따라서 이스라엘 백성들은 낮에는 구름기둥 밤에는 불기둥으로 인도함을 받았습니다. 이는 인간 속에 있는 거룩하지 못한 것들을 끄집어내어 언약의 본질을 그들 앞에서 펼쳐 보이기 위함이었습니다. 극심한 상황과 형편에 불평하고 원망하는 것이 죄가 아니라 언약을 모르고 언약의 하나님을 모르는 것이 죄가 되었던 것입니다. 어떠한 환경과 형편에서도 하나님의 언약을 알고 언약으로 감사하는 이스라엘이 되도록 하는 것이 하나님께서 원하시는 것이었습니다.

구약시대의 사람들은 하나님의 언약을 알고 언약을 바라보는 것이었고 예수님 시대의 그리스도인은 예수님에 의해 성취된 언약 안에서 주를 바라보는 것입니다. 구약이나 신약이나 시대를 초월하여 언약 안에서 구원된 자로 발견된 것은 한 가지입니다. 그래서 그리스도인은 생존을 위해서 존재하는 자들이 아니라 언약의 하나님께서 자신의 언약대로 일관성 있게 일을 이루어가고 계심을 증명하기 위해서 부르심을 받아 나온 자들입니다. 따라서 우리의 관심은 하나님의 은혜로서 모든 것이 하나님의 언약대로 움직인다는 사실을 알고 하나님의 언약의 말씀에 초점이 모아져야 할 것입니다.

언약의 복음은 그리스도 안에서 통일된 십자가 복음이며, 이 복음은 우주만물 안으로 충만한 복음의 능력을 나타내고 있습니다. 언약의 특성이 다양하게 보이지만 언약의 본질은 같은 맥락 속에서 연속적이고 통일적인 것으로 이해할 수 있습니다. 그동안 살펴본 언약을 요약하면 다음과 같습니다.

첫째로 노아 언약에 관하여 생각할 때, 심판하는 근거는 땅의 은혜성이 보장되느냐 여부입니다. 땅의 회복을 가져온 것에 대한 것입니다. 은총을 베푼 증거물은 정결한 짐승의 희생입니다. 여기에서 은총 받은 자는 노아 식구뿐입니다. 언약을 거부하는 자는 함과 가나안입니다. 이는 덮어줌의 원리를 모르는데 있습니다.

둘째로 아브라함 언약에 관하여, 심판의 근거는 복의 민족이 출현하는 것입니다. 은총의 증거물은 할례 받은 자식의 희생입니다. 은총 받은 자는 아브라함과 그 자손입니다. 언약을 거부하는 자는 에서입니다. 거부한 것은 선택행위를 무시하고 혈통적 우선권을 주장한 것입니다.

셋째로 모세 언약에 관하여, 심판하는 근거는 율법을 어긴 것입니다. 은총을 베푼 증거물은 법궤에 발린 피에 있습니다. 은총 받은 자는 국가 이스라엘입니다. 언약을 거부하는 자는 이방 나라입니다. 거부한 것은 선택된 국가는 오직 이스라엘이라는 하나님의 선택의 특수성을 거부한 것입니다.

넷째로 다윗 언약에 관하여, 심판하는 근거는 선택된 왕이 따로 존재함에 있습니다. 은총을 베푼 증거물은 성전과 선지자의 고난입니다. 은총 받은 자는 남은 자입니다. 언약을 거부하는 자는 정치적 왕들입니다. 거부 정신은 힘으로 유지되는 국가와 종교를 수립하고자 한 것입니다.

마지막으로 새 언약에 관하여, 심판하는 근거는 심판주가 이 땅에 내려오심입니다. 은총을 베푼 증거물은 십자가 죽음과 부활입니다. 은총 받은 자는 유대인중 남은 자와 빈자리에 보충해서 들어가게 된 이 방인들입니다. 언약을 거부하는 자는 자기의 종교적 의와 성과를 축적하는 자입니다. 거부하는 태도는 인간에게 선할 가능성이 있음을 고집하는 것입니다.

성경은 예수님이 누구신가를 보이기 위한 언약의 말씀입니다. 따라서 성경에서 말하는 복음은 예수님의 활동이 중심이 됩니다. 그리스도인을 통하여 예수 그리스도의 십자가 복음이 증거 될 때는 이 중심에서 벗어난 세력과의 끊임없는 영적투쟁이 일어납니다. 이 땅에서 영적투쟁이 있다는 것은 우리가 구원받았음을 확인해주는 현상입니다.

구약성경 전체가 지향하는 것은 예수님의 십자가 사건의 내막을 증거 하는 것입니다. '엘로힘'은 하나님께서 자신을 스스로 호칭하시는 이름입니다. 언약을 말씀하실 때나 성취 과정에서는 주로 '여호와' 하나님으로 나타나십니다. 이것은 엘로힘 하나님께서 언약을 주시고 그 언약을 성취하실 때는 여호와 하나님으로 '일하신다'는 것입니다. 그래서 이스라엘 백성의 탄생과 인도하심에는 주로 여호와 하나님으로 나타내시는 것이 그 증거가 됩니다. 전쟁은 여호와께 속한 것으로 약속으로 오시는 분이 이루시는 과정이 나타납니다.

예수님은 우리의 구원문제나 자신의 애로사항이나 가정문제를 해

소하고 세상에서의 행복을 보장하려는 사적인 목적으로 오신 분이 아니라 하나님과 예수님 간의 언약을 이루기 위해서 오신 것입니다. 따라서 십자가의 의미는 은혜를 입어야 이해할 수 있습니다. 그 은혜는 성령이 임해야 하는데 성령께서는 못 박힌 그리스도의 십자가 안에서 오직 은혜로 주신 것을 알게 하고 하나님의 깊은 것을 통달하게 합니다. 성령 받은 자는 자신이 성령 받았음을 증거 하는 것이 아니라 이러한 십자가를 증거 하는 모습을 보이는 것입니다.

신약에서 영원한 생명은 예수님의 십자가를 통하여 주어집니다. 십자가란 모든 말씀을 다 이룬 상태를 말합니다. '십자가 안' 또는 '예수 그리스도 안'에서는 말씀 성취가 직렬하는 영역이기 때문에 하나님께서 약속하신 대로 생명이 주어집니다. 이 생명은 하나님께서 예수님이 행하신 의로 인해 그리스도인에게 거저 주신 것입니다.

이제 구원 얻은 자들에게는 십자가가 출발점입니다. 신약 없이 유대신학처럼 구약을 해석해내는 것은 위험천만한 것입니다. 신구약 관계에서, 구약과 상관없는 신약의 내용이란 없습니다. 모든 것이 구약에 뿌리를 두고 있습니다. 따라서 구약의 뿌리를 찾기 위해서는 놀랍게도 구약에서 시작하는 것이 아니라 신약의 예수님의 십자가에서 시작해야 합니다. 그리스도 안에서 통일된 십자가이기 때문입니다. 신구약의 연속성과 불연속성이라는 것은 하나님의 행함 차원에서는 '연속적'이요, 인간의 행함 차원에서는 '불연속적'이라는 것이 십자가에 둘 다 포함되어 있습니다.

십자가 앞에서 십자가 사건을 통해서 죄란 무엇인가가 새로이 밝혀지게 되며, 인간은 불연속적이며 한계적인 무능과 자신의 죄인 됨을 아는 것이 하나님께 영광이 됩니다. 즉 하나님 이름 앞에 내 이름을 부정하는 것이 바로 주님께 영광입니다. 이 영광을 위하여 그리스도인으로 부르심을 받은 것이며, 이러한 자를 하나님께서는 의롭다고 하십니다.

주님의 영광을 위하여 부르심을 받은 그리스도인의 믿음 속에는 하나님의 계시가 담겨 있습니다. 이는 하나님의 말씀의 능력이 그 사람 속으로 들어가서 일하고 있는 주님의 도구가 된 것입니다. 그리스도인의 삶은 본인이 결정해가는 삶이 아니라 자신 속에 들어와 있는 말씀이 결정짓는 삶이 되는 것입니다. 예수님을 믿는다는 것은 그리스도인이 새로운 능력을 갖거나 소유하는 것이 아니라 하나님과의 새로운 관계 안에 놓인 상태가 되었다는 것입니다. 예수님을 믿는다고 해서 사는 환경이 나아지거나 인격이 달라졌는지에 관심을 두면 자주 실망하게 됩니다. 그러나 믿게 하신 예수님의 관리와 간접 아래에 놓였다는 사실 자체가 중요한 것입니다.

믿음이란 눈에 보이지 않는 예수님을 믿는 것입니다. 그러나 예수님 때문에 변화된 세상의 특징들을 믿는 것을 믿음이라고 하지 않습니다. 복음을 전할 때, 예수님을 증거 해야 합니다. 그러나 예수님을 증거 하는 자신을 증거 하는 것을 조심해야 합니다. 마찬가지로 예수님에 의해서 일어난 변화에 주목하여 성경을 해석해서도 안 되는 것입니다. 축복과 저주는 사람 하기 나름이라고 여기는 사람이 중심이 아니라 예수 그리스도께서 이루신 복음이 중심이 되어 은혜로 축복이 주어집니다. 그래서 그리스도인이 전하는 예수님의 십자가 복음을 거부하는 자는 저주를 받습니다. 시작부터 끝까지 언약을 이루시는 데 신실하시고 성실하신 주님을 찬양합니다. 예수님의 주와 그리스도가 되심이 최종적인 언약의 내용입니다. 예수님을 만유의 주로 영광돌리는 언약백성으로 복음이 증거되길 원합니다.

이는 만물이 주에게서 나오고 주로 말미암고 주에게로 돌아감이라 그에게 영광이 세세에 있을지어다 아멘.

언약 복음

발 행 일	2020년 2월 20일 인쇄
	2020년 2월 20일 발행
저 자	한광수
발 행 인	한광수
펴 낸 곳	복음을 사모하는 사람들_미래비전개발원

출판등록   제2018-000225호

주   소   서울특별시 서초구 방배천로 18길 20, 4층
대표전화   02-575-9466

ISBN   979-11-965328-1-9

정가 : 15,000원

이 책의 어느 부분도 저작권자나 발행인의 승인없이
무단 복제하여 이용할 수 없습니다.